# PSAT

## 전국모의고사

### 제6회

시행일 : 2025.2.1.

## 정답 및 해설

헌 법 · 언어논리 · 자료해석 · 상황판단

법률저널

# 헌 법



제6회

정답 및 해설

## PSAT 헌법 정답

| 1 | 2 | 3 | 4 | 5 |
|---|---|---|---|---|
| ② | ④ | ① | ④ | ② |
| 6 | 7 | 8 | 9 | 10 |
| ③ | ① | ① | ② | ④ |
| 11 | 12 | 13 | 14 | 15 |
| ④ | ③ | ② | ① | ③ |
| 16 | 17 | 18 | 19 | 20 |
| ④ | ② | ③ | ④ | ① |
| 21 | 22 | 23 | 24 | 25 |
| ① | ② | ④ | ③ | ① |

## PSAT 헌법 해설

**1.** 정답 ②

① (×) 물이용부담금은 조세와 구별되는 것으로서 부담금에 해당한다. 물이용부담금은 한강수계관리기금의 재원을 마련하는 데에 그 부과의 목적이 있고, 그 부과 자체로써 수돗물 최종수요자의 행위를 특정한 방향으로 유도하거나 물이용부담금 납부의무자 이외의 다른 집단과의 형평성 문제를 조정하고자 하는 등의 목적이 있다고 보기 어려우므로, 재정조달목적 부담금에 해당한다(헌재 2020.8.28. 2018헌바425).

② (○) 수신료는 공영방송사업이라는 특정한 공익사업의 경비조달에 충당하기 위하여 수상기를 소지한 특정집단에 대하여 부과되는 특별부담금에 해당한다고 할 것이다(헌재 1999.5.27. 98헌바70).

③ (×) 개발부담금은 … '국가 또는 지방자치단체가 재정수요를 충족시키기 위하여 반대급부 없이 법률에 규정된 요건에 해당하는 모든 자에 대하여 일반적 기준에 의하여 부과하는 금전급부'라는 조세로서의 특징을 지니고 있다는 점에서 실질적인 조세로 보아야 할 것이다(헌재 2001.4.26. 99헌바39).

④ (×) 영화상영관 입장권 부과금 제도는, 영화예술의 질적 향상과 한국영화 및 영화·비디오물산업의 진흥·발전의 토대를 구축하기 위한 영화발전기금의 안정적 재원 마련이라는 정당한 입법목적을 위한 것으로 헌법적으로 정당화되는 재정조달목적 부담금이다(헌재 2008.11.27. 2007헌마860).

**2.** 정답 ④

① (○) **헌법 제61조** ① 국회는 국정을 감사하거나 특정한 국정사안에 대하여 조사할 수 있으며, 이에 필요한 서류의 제출 또는 증인의 출석과 증언이나 의견의 진술을 요구할 수 있다.

② (○) **국정감사 및 조사에 관한 법률 제3조(국정조사)** ① 국회는 재적의원 4분의 1 이상의 요구가 있는 때에는 특별위원회 또는 상임위원회로 하여금 국정의 특정사안에 관하여 국정조사(이하 "조사"라 한다)를 하게 한다.

③ (○) **국정감사 및 조사에 관한 법률 제2조(국정감사)** ① 국회는 국정전반에 관하여 소관 상임위원회별로 매년 정기회 집회일 이전에 국정감사(이하 "감사"라 한다) 시작일부터 30일 이내의 기간을 정하여 감사를 실시한다. 다만, 본회의 의결로 정기회 기간 중에 감사를 실시할 수 있다.

④ (×) **국정감사 및 조사에 관한 법률 제12조(공개원칙)** 감사 및 조사는 공개한다. 다만, 위원회의 의결로 달리 정할 수 있다.

**3.** 정답 ①

① (×) 일반적으로 집회는 일정한 장소를 전제로 하여 특정 목적을 가진 다수인이 일시적으로 회합하는 것을 말하는 것으로 일컬어지고 있고, 그 공동의 목적은 '내적인 유대 관계'로 족하다(헌재 2014.1.28. 2011헌바174 등).

② (○) 인간의 존엄성과 자유로운 인격발현을 최고의 가치로 삼는 우리 헌법질서 내에서 집회의 자유도 다른 모든 기본권과 마찬가지로 일차적으로는 개인의 자기결정과 인격발현에 기여하는 기본권이다(헌재 2003.10.30. 2000헌바67 등).

③ (○) 헌법 제21조 제2항은 "언론·출판에 대한 허가나 검열과 집회·결사에 대한 허가는 인정되지 아니한다."라고 규정함으로써 언론·출판에 대한 허가나 검열의 금지와 더불어 집회에 대한 허가금지를 명시하고 있다. 이는 집회의 자유에 있어서는 '집회의 일반적 금지, 행정권이 주체가 되는 예외적 허가'의 방식에 의한 제한을 허용하지 아니하겠다는 헌법적 결단을 분명히 밝힌 것이다(헌재 2009.9.24. 2008헌가25).

④ (○) **집회 및 시위에 관한 법률 제5조(집회 및 시위의 금지)** ① 누구든지 다음 각 호의 어느 하나에 해당하는 집회나 시위를 주최하여서는 아니 된다.
1. 헌법재판소의 결정에 따라 해산된 정당의 목적을 달성하기 위한 집회 또는 시위

**4.** 정답 ④

① (○) 자격취소로 인한 직업선택의 자유에 대한 제한이 과잉금지원칙에 위반되는지 여부를 판단함에 있어서는 다른 방법으로 직업의 자유를 제한하는 경우에 비하여 유연하고 탄력적인 심사가 필요하다(헌재 2020.5.27. 2018헌바264 등 참조).

② (○) 사회통념상 벌금형을 선고받은 피고인에 대한 사회적 비난가능성이 그리 높다고 보기 어려운데도, 이 사건 등록실효조항은 법인의 임원이 학원법을 위반하여 벌금형을 선고받으면 일률적으로 법인의 등록을 실효시키고 있고, 법인으로서는 대표자인 임원이건 그렇지아니한 임원이건 모든 임원 개개인의 학원법위반범죄와 형사처벌 여부를 항시 감독하여야만 등록의 실효를 면할 수 있게 되므로 학원을 설립하고 운영하는 법인에게 지나치게 과중한 부담을 지우고 있다. 또한 이로 인하여 법인의 등록이 실효되면 해당 임원이 더 이상 임원직을 수행할 수 없게 될 뿐 아니라, 학원 법인 소속 근로자는 모두 생계의 위협을 받을 수 있으며, 갑작스러운 수업의 중단으로 학습자 역시 불측의 피해를 입을 수밖에 없으므로 이 사건 등록실효조항은 학원 법인의 직업수행의 자유를 침해한다(헌재 2015.5.28. 2012헌마653).

③ (○) 국가가 온실가스 감축목표를 설정하고 그 이행을 추진하는 것은, 한편으로는 기후위기라는 위험상황에 직면하여 환경을 보전하는 보호조치로서의 성격을 가지지만, 다른 한편으로는 화석연료 사용 등 온실가스를 배출하는 방식의 경제활동이나 생활양식의 제한 또는 변경을 요구하고, 나아가 국가 산업 및 국민 생활 전반에 대한 구조적 변경의 문제와 연관되어 국토의 이용·개발과 보전에 관련된 광범위하고 다양한 제한 조치를 수반할 수 있으므로, 직업의 자유나 재산권 행사 등 국민의 자유를 제한하는 성격을 가진다(헌재 2024.8.29. 2020헌마389 등).

④ (×) 현행 변호사시험의 운영방식상 법학전문대학원 졸업자의 약 4분의 3이 변호사 시험에 최종합격하고 있고, 변호사 자격을 취득하지 못하는 결과가 발생하는 것은 법학전문대학원에서의 교육 수료와 변호사시험 합격을 조건으로 변호사 자격을 취득하는 현행 제도에 내재되어 있으므로, 변호사시험의 응시기회를 제한한 것이 과도한 제약이라고 할 수 없다. 다른 법학전문대학원에서 석사학위를 다시 취득하였다 하여 변호사시험에 재응시할 수 있도록 허용한다면 장기간 시험 준비로 인한 인력낭비를 방지하기 위한 응시기회제한조항의 입법목적을 달성할 수 없으므로, 위 조항이 그러한 예외를 인정하지 않는다 하여 침해의 최소성에 반한다고 할 수 없다. … 따라서 위 조항은 청구인들의 직업선택의 자유를 침해하지 아니한다(헌재 2016.9.29. 2016헌마47 등).

**5.** 정답 ②

① (×) **공직선거법 제16조(피선거권)** ① 선거일 현재 5년 이상 국내에 거주하고 있는 40세 이상의 국민은 대통령의 피선거권이 있다. 이 경우 공무로 외국에 파견된 기간과 국내에 주소를 두고 일정기간 외국에 체류한 기간은 국내거주기간으로 본다.

② (○) **공직선거법 제16조(피선거권)** ② 18세 이상의 국민은 국회의원의 피선거권이 있다.

③ (×) **공직선거법 제18조(선거권이 없는 자)** ① 선거일 현재 다음 각 호의 어느 하나에 해당하는 사람은 선거권이 없다.

2. 1년 이상의 징역 또는 금고의 형의 선고를 받고 그 집행이 종료되지 아니하거나 그 집행을 받지 아니하기로 확정되지 아니한 사람. 다만, 그 형의 집행유예를 선고받고 유예기간 중에 있는 사람은 제외한다.

④ (×) 주민자치제를 본질로 하는 민주적 지방자치제도가 안정적으로 뿌리내린 현 시점에서 지방자치단체의 장 선거권을 지방의회의원 선거권, 나아가 국회의원 선거권 및 대통령 선거권과 구별하여 하나는 법률상의 권리로, 나머지는 헌법상의 권리로 이원화하는 것은 허용될 수 없다. 그러므로 지방자치단체의 장 선거권 역시 다른 선거권과 마찬가지로 헌법 제24조에 의해 보호되는 기본권으로 인정하여야 한다(헌재 2016.10.27. 2014헌마797).

## 6. 정답 ③

① (×) **헌법 제88조** ② 국무회의는 대통령·국무총리와 15인 이상 30인 이하의 국무위원으로 구성한다.
③ 대통령은 국무회의의 의장이 되고, 국무총리는 부의장이 된다.
→ 국무총리는 국무위원이 아니다.

② (×) **정부조직법 제18조(국무총리의 행정감독권)** ② 국무총리는 중앙행정기관의 장의 명령이나 처분이 위법 또는 부당하다고 인정될 경우에는 대통령의 승인을 받아 이를 중지 또는 취소할 수 있다.

③ (○) **정부조직법 제19조(부총리)** ① 국무총리가 특별히 위임하는 사무를 수행하기 위하여 부총리 2명을 둔다.
② 부총리는 국무위원으로 보한다.

④ (×) 헌법상의 국무총리는 내각책임제하의 수상과는 달리 부통령제를 두는 대신에 설치한 행정부의 수반인 대통령의 단순한 보좌기관으로서 행정에 관하여 독자적인 권한을 가지지 못하고 대통령의 명을 받아 행정각부를 통할하는 기관이라는 점에 그 특색이 있다 할 것인바, 이와 같은 헌법상의 대통령과 국무총리의 지위에 비추어 볼 때 국무총리의 통할을 받는 "행정각부"에 모든 행정기관이 포함된다고 볼 수는 없다 할 것이다(헌재 1994.4.28. 89헌마221).

## 7. 정답 ①

① (×) **국민투표법 제58조(투표의 제한)** ② 투표인명부에 등재되었더라도 투표일에 투표권이 없는 자는 투표할 수 없다.

② (○) **국민투표법 제4조(투표권행사에 대한 보장)** 공무원·학생 또는 다른 사람에게 고용된 자가 투표인명부의 열람 또는 투표에 필요한 시간은 휴무 또는 휴업으로 보지 아니한다.

③ (○) **국민투표법 제97조(재투표)** ① 제93조의 규정에 의하여 국민투표의 전부 또는 일부의 무효판결이 있을 때에는 재투표를 실시하여야 한다.

④ (○) 청구인은 대통령 집무실 이전행위에 관하여 헌법 제72조에 따른 '국민투표'를 실시하지 아니한 것이 위헌이라고 주장한다. 그러나 헌법 제72조의 국민투표권은 대통령이 어떠한 정책을 국민투표에 부의한 경우에 비로소 행사가 가능한 기본권이라고 할 것이므로(헌재 2013.11.28. 2012헌마166 참조) 이 사건에서 그 침해의 가능성이 인정된다고 볼 수 없다(헌재 2022.4.5. 2022헌마346).

## 8. 정답 ①

① (×) **국회법 제39조(상임위원회의 위원)** ④ 국무총리, 국무위원, 국무총리실장, 처의 장, 행정각부의 차관, 그 밖의 국가공무원의 직을 겸한 의원은 상임위원을 사임'할 수 있다'.

② (○) **국회법 제65조의2(인사청문회)** ② 상임위원회는 다른 법률에 따라 다음 각 호의 어느 하나에 해당하는 공직후보자에 대한 인사청문 요청이 있는 경우 인사청문을 실시하기 위하여 각각 인사청문회를 연다.

1. 대통령이 임명하는 헌법재판소 재판관, 중앙선거관리위원회 위원, 국무위원, 방송통신위원회 위원장, 국가정보원장, 공정거래위원회 위원장, 금융위원회 위원장, 국가인권위원회 위원장, 국세청장, 검찰총장, 경찰청장, 합동참모의장, 한국은행 총재, 특별감찰관 또는 한국방송공사 사장의 후보자

③ (○) **국회법 제40조(상임위원의 임기)** ① 상임위원의 임기는 2년으로 한다. 다만, 국회의원 총선거 후 처음 선임된 위원의 임기는 선임된 날부터 개시하여 의원의 임기 개시 후 2년이 되는 날까지로 한다.

④ (○) 청구인이 국회법 제48조 제3항 본문에 의하여 침해당하였다고 주장하는 기본권은 청구인이 국회 상임위원회에 소속하여 활동할 권리, 청구인이 무소속 국회의원으로서 교섭단체소속 국회의원과 동등하게 대우받을 권리라는 것으로서 이는 입법권을 행사하는 국가기관인 국회를 구성하는 국회의원의 지위에서 주장하는 권리일지언정 헌법이 일반국민에게 보장하고 있는 기본권이라고 할 수는 없어서 헌법재판소법 제68조 제1항에서 말하는 기본권의 침해에는 해당하지 않으므로, 이러한 경우 국회의원은 개인의 권리구제수단인 헌법소원을 청구할 수 없다. 한편, 청구인은 위 법률조항이 결과적으로 무소속 내지 비교섭단체 국회의원을 선출한 선거구 국민들의 참정권 내지 선거권을 차별대우하였다고 주장하나, 이와 같은 기본권은 청구인 자신의 기본권이 아니므로, 기본권 침해의 자기관련성이 인정되지 아니한다(헌재 2000.8.31. 2000헌마156).

## 9. 정답 ②

① (○) 총포가 매우 다양한 만큼 모의총포 역시 각 총포에 대응하여 다양할 수밖에 없을 뿐만 아니라, 모의총포의 소재의 다양성, 제조기술의 발달 등에 따라 총포와 유사한 것으로서 규제 필요성이 인정되는 새로운 성능의 모의총포가 등장할 가능성도 충분하고, 모의총포의 기능과 관련하여 '탄환의 크기, 무게, 모양, 발사된 탄환의 운동에너지 등'과 '인명·신체상의 유해성'의 관계를 검증하고 어느 범위에서 소지 등을 금지할 것인지는 기술적·전문적 영역이라 할 것이므로 하위 법령에 위임할 필요성이 인정되며 총포의 범위는 관련 법령에서 자세히 규정하고 있으므로 그 범위가 비교적 명확하고, 총포와 '아주 비슷하게 보이는 것'이란 '눈에 보이는 유사성', 즉 모양의 유사성만을 뜻하는 것으로 볼 여지도 있으나 '총포·도검·화약류 등 단속법'이 총포 등의 취급에 관한 사항을 규제하여 총포 등으로 인한 위험과 재해를 미리 방지함으로써 공공의 안전을 유지하는 데 이바지함을 목적으로 한다는 점에 비추어 보면, '총포와 아주 비슷하게 보이는 것'으로서 하위 법령에서 규정될 모의총포란 '총포는 아니지만 총포와 같은 위협 수단이 될 수 있을 정도로 총포와 모양이 매우 유사하여 충분히 범죄에 악용될 소지가 있거나(모양의 유사성) 총포와 같이 인명이나 신체에 충분히 위해를 가할 정도의 성능을 갖춘 것(기능의 유사성)'이라고 충분히 예측할 수 있으므로 이 사건 법률조항이 죄형법정주의의 명확성원칙에 위반된다고 볼 수 없다(헌재 2011.11.24. 2011헌바18).

② (×) 이 사건 집행정지 요건 조항에서 집행정지 요건으로 규정한 '회복하기 어려운 손해'는 대법원 판례에 의하여 '특별한 사정이 없는 한 금전으로 보상할 수 없는 손해로서 이는 금전보상이 불능인 경우 내지는 금전보상으로는 사회관념상 행정처분을 받은 당사자가 참고 견딜 수 없거나 또는 참고 견디기가 현저히 곤란한 경우의 유형, 무형의 손해'를 의미한 것으로 해석할 수 있고, '긴급한 필요'란 손해의 발생이 시간상 임박하여 손해를 방지하기 위해서 본안판결까지 기다릴 여유가 없는 경우를 의미하는 것으로, 이는 집행정지가 임시적 권리구제제도로서 잠정성, 긴급성, 본안소송에의 부종성의 특징을 지니는 것이라는 점에서 그 의미를 쉽게 예측할 수 있다. 이와 같이 심판대상조항은 법관의 법 보충작용을 통한 판례에 의하여 합리적으로 해석할 수 있고, 자의적인 법해석의 위험이 있다고 보기 어려우므로 명확성 원칙에 위배되지 않는다(헌재 2018.1.25. 2016헌바208).

③ (○) '시정'과'변경'의 사전적인 의미, 심판대상조항은 영유아보육법 제38조 위반에 대한 제재규정이라는 점, 영유아보육법 제38조 위반 행위의 대표적인 모습은 어린이집이 보호자로부터 관할 시·도지사가 정한 한도액을 초과하여 보호자로부터 필요경비를 수납하는 것이라는 점을 종합적으로 고려하면, 심판대상조항이 규정하고 있는 '시정 또는 변경' 명령은 '영유아보육법 제38조 위반행위에 대하여 그 위법사실을 시정하도록 함으로써 정상적인 법질서를 회복하는 것을 목적으로 행해지는 행정작용'으로, 여기에는 과거의 위반행위로 인하여 취득한 필요경비 한도 초과액에 대한 환불명령도 포함됨을 어렵지 않게 예측할 수 있다. 따라서 심판대상조항은 명확성원칙에 위배되지 않는다(헌재 2017.12.28. 2016헌바249).

④ (○) 심판대상조항의 문언, 헌법재판소의 결정, 폭력행위처벌법의 입법연혁과 규율내용, 법규범의 체계적 구조에 비추어 '이 법에 규정된 범죄'는 '폭력행위처벌법에 규정되어 있는 범죄'로 해석할 수 있고, 그 의미 또한 법관의 보충적 해석에 따라 확정될 수 있다. '공용될 우려가 있는'은 '사용될 위험성이 있는'의 뜻으로, 역시 흉기나 그 밖의 위험한 물건의 종류, 그 물건을 휴대한 이유, 휴대하게 된 경위, 휴대 전후의 정황 등에 따라 판단할 수 있다. 그렇다면 심판대상조항은 죄형법정주의의 명확성원칙에 위배되지 않는다(헌재 2018.5.31. 2016헌바250).

## 10. 정답 ④

① (○) **헌법재판소법 제67조(결정의 효력)** ① 헌법재판소의 권한쟁의심판의 결정은 모든 국가기관과 지방자치단체를 기속한다.

② (○) 장래처분에 대한 권한쟁의심판은 원칙적으로 허용되지 아니하나, 그 장래처분이 확실하게 예정되어 있고 그로 인해 청구인의 권한을 사전에 보호해 주어야 할 필요성이 큰 경우에만 예외적으로 허용된다(헌재 2022.10.27. 2020헌라4).

③ (○) 권한쟁의심판의 당사자능력은 헌법에 의하여 설치된 국가기관에 한정하여 인정하는 것이 타당하므로, 법률에 의하여 설치된 청구인에게는 권한쟁의심판의 당사자 능력이 인정되지 아니한다(헌재 2022.12.22. 2022헌라5).

④ (×) 문화재청 및 문화재청장은 정부조직법 제36조 제3항, 제4항에 의하여 행정각부 장의 하나인 문화체육관광부장관 소속으로 설치된 기관 및 기관장으로서, 오로지 법률에 그 설치 근거를 두고 있으며 그 결과 국회의 입법행위에 의하여 그 존폐 및 권한범위가 결정된다. 따라서 이 사건 피청구인인 문화재청장은 '헌법에 의하여 설치되고 헌법과 법률에 의하여 독자적인 권한을 부여받은 국가기관'이라고 할 수 없다. 결국, 법률에 의하여 설치된 피청구인에게는 권한쟁의심판의 당사자능력이 인정되지 아니한다(헌재 2023.12.21. 2023헌라1).

## 11. 정답 ④

① (○) 국회의 위임 의결이 없더라도 국회의장은 국회에서 의결된 법률안의 조문이나 자구·숫자, 법률안의 체계나 형식 등의 정비가 필요한 경우 의결된 내용이나 취지를 변경하지 않는 범위 안에서 이를 정리할 수 있다고 봄이 상당하고, 이렇듯 국회의장이 국회의 위임 없이 법률안을 정리하더라도 그러한 정리가 국회에서 의결된 법률안의 실질적 내용에 변경을 초래하는 것이 아닌 한 헌법이나 국회법상의 입법절차에 위반된다고 볼 수 없다(헌재 2009.6.25. 2007헌마451).

② (○) **헌법 제50조** ① 국회의 회의는 공개한다. 다만, 출석의원 과반수의 찬성이 있거나 의장이 국가의 안전보장을 위하여 필요하다고 인정할 때에는 공개하지 아니할 수 있다.

③ (○) 정족수 의사정족수는 본회의나 위원회 회의를 개의 또는 개회하는데 필요한 최소한의 의원수를 말하며 의결정족수는 안건을 의결하는데 필요한 최소한의 출석 인원수를 말한다.

④ (×) **국회법 제92조(일사부재의)** 부결된 안건은 같은 회기 중에 다시 발의하거나 제출할 수 없다.
→ 일사부재의 원칙은 헌법이 아닌 국회법상 명시된 원칙이다.

## 12. 정답 ③

① (○) 대학의 자율도 헌법상의 기본권이므로 기본권제한의 일반적 법률유보의 원칙을 규정한 헌법 제37조 제2항에 따라 제한될 수 있고, 대학의 자율의 구체적인 내용은 법률이 정하는 바에 의하여 보장되며, 또한 국가는 헌법 제31조 제6항에 따라 모든 학교제도의 조직, 계획, 운영, 감독에 관한 포괄적인 권한 즉, 학교제도에 관한 전반적인 형성권과 규율권을 부여받았다고 할 수 있고, 다만 그 규율의 정도는 그 시대의 사정과 각급 학교에 따라 다를 수 밖에 없는 것이므로 교육의 본질을 침해하지 않는 한 궁극적으로는 입법권자의 형성의 자유에 속하는 것이라 할 수 있다(헌재 2006.4.27. 2005헌마1047 등).

② (○) 이 사건 법률조항은 극장운영자의 표현의 자유 및 예술의 자유도 필요한 이상으로 과도하게 침해하고 있으며, 표현·예술의 자유의 보장과 공연장 및 영화상영관 등이 담당하는 문화국가형성의 기능의 중요성을 간과하고 있다. 따라서 이 사건 법률조항은 표현의 자유 및 예술의 자유를 침해하는 위헌적인 규정이다(헌재 2004.5.27. 2003헌가1 등).

③ (×) 영진법 제21조 제7항 후문 중 '제3항 제5호' 부분의 위임 규정은 영화상영등급 분류의 구체적 기준을 영상물등급위원회의 규정에 위임하고 있는데, 이 사건 위임 규정에서 위임하고 있는 사항은 제한상영가 등급분류의 기준에 대한 것으로 그 내용이 사회현상에 따라 급변하는 내용들도 아니고, 특별히 전문성이 요구되는 것도 아니며, 그렇다고 기술적인 사항도 아닐 뿐만 아니라, 더욱이 표현의 자유의 제한과 관련되어 있다는 점에서 경미한 사항이라고도 할 수 없는데도, 이 사건 위임 규정은 영상물등급위원회 규정에 위임하고 있는바, 이는 그 자체로서 포괄위임금지원칙을 위반하고 있다고 할 것이다. 나아가 이 사건 위임 규정은 등급분류의 기준에 관하여 아무런 언급 없이 영상물등급위원회가 그 규정으로 이를 정하도록 하고 있는바, 이것만으로는 무엇이 제한상영가 등급을 정하는 기준인지에 대해 전혀 알 수 없고, 다른 관련규정들을 살펴보더라도 위임되는 내용이 구체적으로 무엇인지 알 수 없으므로 이는 포괄위임 금지원칙에 위반된다 할 것이다(헌재 2008.7.31. 2007헌가4).

④ (○) 헌법 제22조 제2항은 발명가의 권리를 법률로써 보호하도록 하고 있고, 이에 따라 특허법은 특허권자에게 업(業)으로서 그 특허발명을 실시할 권리를 독점적으로 부여하고 있다(특허법 제94조). 따라서 특허권자가 특허발명의 방법으로 생산한 물건을 판매하는 것은 특허권의 본질적 내용의 하나이다. 그런데 특허발명제품에 특허발명의 명칭이나 내용을 표시할 수 없다면 그 제품은 특허에 관한 설명력과 광고·유인효과를 전혀 가질 수 없어 특허제품으로서의 기능과 효과를 제대로 발휘하지 못하게 되고, 이러한 결과는 업으로서의 특허실시권을 사실상 유명무실하게 하는 것이다. 그러므로 특허권자가 그 특허발명의 방법에 의하여 생산한 물건에 발명의 명칭과 내용을 표시하는 것은 특허실시권에 내재된 요소이며, 그러한 표시를 제한하는 것은 곧 특허권에 대한 제한이라고 보아야 할 것이다(헌재 2000.3.30. 99헌마143).

## 13. 정답 ②

① (○) **헌법 제32조** ② 모든 국민은 근로의 의무를 진다. 국가는 근로의 의무의 내용과 조건을 민주주의원칙에 따라 법률로 정한다.

② (×) **헌법** 제32조 ① 모든 국민은 근로의 권리를 가진다. 국가는 사회적·경제적 방법으로 근로자의 고용의 증진과 적정임금의 보장에 노력하여야 하며, 법률이 정하는 바에 의하여 최저임금제를 시행'하여야' 한다.

③ (○) 헌법 제32조 ④ 여자의 근로는 특별한 보호를 받으며, 고용·임금 및 근로조건에 있어서 부당한 차별을 받지 아니한다.

④ (○) 헌법 제32조 ⑥ 국가유공자·상이군경 및 전몰군경의 유가족은 법률이 정하는 바에 의하여 우선적으로 근로의 기회를 부여받는다.

## 14. 정답 ①

① (○) 일반적으로 침해적 법령에 있어서는 법령의 수규자가 당사자로서 자신의 기본권침해를 주장하게 되지만, 예술·체육 분야 특기자들에게 병역 혜택을 주는 이 사건 법령조항과 같은 수혜적 법령의 경우에는, 수혜범위에서 제외된 자가 자신이 평등원칙에 반하여 수혜대상에서 제외되었다는 주장을 하거나, 비교집단에게 혜택을 부여하는 법령이 위헌이라고 선고되어 그러한 혜택이 제거된다면 비교집단과의 관계에서 청구인의 법적 지위가 상대적으로 향상된다고 볼 여지가 있는 때에 비로소 청구인이 그 법령의 직접적인 적용을 받는 자가 아니라고 할지라도 자기관련성을 인정할 수 있다(헌재 2010.4.29. 2009헌마340).

② (×) 헌법재판소는 일반법원과는 달리 일반법률의 해석이나 사실인정의 문제를 다루는 기관이 아니라 헌법재판소가 사실문제 판단에 깊이 관여할 수 없는 헌법해석기관이며 헌법소원의 기능이 주관적 기본권보장과 객관적 헌법보장기능을 함께 가지고 있으므로 권리귀속에 대한 소명만으로써 자기관련성을 구비한 여부를 판단할 수 있다고 할 것이다(헌재 199412.29. 89헌마2).

③ (×) 소비자들이 그동안 백화점 등의 셔틀버스를 이용할 수 있었던 것은 백화점 등의 경영자가 셔틀버스를 운행함으로써 누린 반사적인 이익에 불과한 것이므로, 이 사건 법률조항으로 인하여 더 이상 셔틀버스를 이용할 수 없게 되었다 하더라도, 이는 백화점 등에의 접근에 대한 편이성이 감소되었을 뿐이고, 이로 인하여 소비자의 상품선택권이 제한을 받는 것은 아니어서 이들에게는 청구인적격이 인정될 수 없다(헌재 2001.6.28. 2001헌마132).

④ (×) 이 사건 심판대상인 '공권력의 불행사'라는 것은 '연명치료 중단 등에 관한 법률의 입법부작위'인바, 위 입법부작위(또는 입법의무의 이행에 따른 입법행위)의 직접적인 상대방은 연명치료 중단으로 사망에 이르는 환자이고, 그 자녀들은 위 입법부작위로 말미암아 '환자가 무의미한 연명치료로 자연스런 죽음을 뒤로한 채 병상에 누어있는 모습'을 지켜보아야 하는 정신적 고통을 감수하고, 환자의 부양의무자로서 연명치료에 소요되는 의료비 등 경제적 부담을 안을 수 있다는 점에 이해관계를 갖지만, 이와 같은 정신적 고통이나 경제적 부담은 간접적, 사실적 이해관계에 그친다고 보는 것이 타당하므로, 연명치료중인 환자의 자녀들이 제기한 이 사건 입법부작위에 관한 헌법소원은 자신 고유의 기본권의 침해에 관련되지 아니하여 부적법하다(헌재 2009.11.26. 2008헌마385).

## 15. 정답 ③

① (×) 합격자 명단이 공고되면 누구나, 언제든지 이를 검색할 수 있으므로, 심판대상조항은 공공성을 지닌 전문직인 변호사의 자격 소지에 대한 일반 국민의 신뢰를 형성하는 데 기여하며, … 합격자 명단을 공고하는 경우, 시험 관리 당국이 더 엄정한 기준과 절차를 통해 합격자를 선정할 것이 기대되므로 시험 관리 업무의 공정성과 투명성이 강화될 수 있다. 따라서 심판대상조항이 과잉금지원칙에 위배되어 청구인들의 개인정보자기결정권을 침해한다고 볼 수 없다(헌재 2020.3.26. 2018헌마77 등).

② (×) 심판대상조항은 감염병이 유행하고 신속한 방역조치가 필요한 예외적인 상황에서 일시적이고 한시적으로 적용되는 반면, 인적사항에 관한 정보를 이용한 적시적이고 효과적인 방역대책은 국민의 생명과 건강을 보호하고 사회적·경제적인 손실 방지를 위하여 필요한 것인 점에서 그 공익의 혜택 범위와 효과가 광범위하고 중대하다. 따라서 심판대상조항은 과잉금지원칙에 반하여 청구인의 개인정보자기결정권을 침해하지 않는다(헌재 2024.4.25. 2020헌마1028).

③ (○) 심판대상조항에 따라 청구인과 같이 혼인의사의 합의가 없음을 원인으로 혼인무효판결을 받았으나 혼인무효사유가 한쪽 당사자나 제3자의 범죄행위로 인한 경우에 해당하지 않는 사람에 대해서는 등록부 재작성 신청권이 인정되지 않고, 정정된 등록부가 보존된다. 무효인 혼인의 기록사항 전체에 하나의 선을 긋고, 말소 내용과 사유를 각 해당 사항란에 기재하는 방식의 정정 표시는 청구인의 인격주체성을 식별할 수 있게 하는 개인정보에 해당하고, 이와 같은 정보를 보존하는 심판대상조항은 청구인의 개인정보자기결정권을 제한한다(헌재 2024.1.25. 2020헌마65).

④ (×) 이 사건 시행령조항은 신원확인기능의 효율적 수행을 도모하고, 신원확인의 정확성 내지 완벽성을 제고하기 위하여 열 손가락 지문 전부를 주민등록증 발급신청서에 날인하도록 규정하고 있는바, 지문정보가 유전자, 홍채, 치아 등 다른 신원확인수단에 비하여 간편하고 효율적이며, 일정한 범위의 범죄자나 손가락 일부의 지문정보를 수집하는 것만으로는 열 손가락 지문을 대조하는 것과 그 정확성 면에서 비교하기 어렵다는 점 등을 고려하면, 이 사건 시행령조항이 과도하게 개인정보자기결정권을 침해하였다고 볼 수 없다(헌재 2015.5.28. 2011헌마731).

## 16. 정답 ④

① (○) 공선법 제9조의 '공무원'이란 원칙적으로 국가와 지방자치단체의 모든 공무원 즉, 좁은 의미의 직업공무원은 물론이고, 적극적인 정치활동을 통하여 국가에 봉사하는 정치적 공무원(예컨대, 대통령, 국무총리, 국무위원, 도지사, 시장, 군수, 구청장 등 지방자치단체의 장)을 포함한다(헌재 2005.6.30. 2004헌바33).

② (○) 공선법 제9조의 '공무원'이란, 위 헌법적 요청을 실현하기 위하여 선거에서의 중립의무가 부과되어야 하는 모든 공무원 즉, 구체적으로 '자유선거원칙'과 '선거에서의 정당의 기회균등'을 위협할 수 있는 모든 공무원을 의미한다. … 다만, 국회의원과 지방의회의원은 정당의 대표자이자 선거운동의 주체로서의 지위로 말미암아 선거에서의 정치적 중립성이 요구될 수 없으므로, 공선법 제9조의 '공무원'에 해당하지 않는다(헌재 2004.5.14. 2004헌나1; 헌재 2005.6.30. 2004헌바33 참조).

③ (○) 우리나라는 직업공무원제도를 채택하고 있는데, 이는 공무원이 집권세력의 논공행상의 제물이 되는 엽관제도를 지양하고 정권교체에 따른 국가작용의 중단과 혼란을 예방하고 일관성있는 공무수행의 독자성을 유지하기 위하여 헌법과 법률에 의하여 공무원의 신분이 보장되는 공직구조에 관한 제도이다. 여기서 말하는 공무원은 국가 또는 공공단체와 근로관계를 맺고 이른바 공법상 특별권력관계 내지 특별행정법관계 아래 공무를 담당하는 것을 직업으로 하는 협의의 공무원을 말하며 정치적 공무원이라든가 임시적 공무원은 포함되지 않는 것이다(헌재 1989.12.18. 89헌마32 등).

④ (×) 선거에 있어서의 정치적 중립성은 행정부와 사법부의 모든 공직자에게 해당하는 공무원의 기본적 의무이다. 더욱이, 대통령은 행정부의 수반으로서 공정한 선거가 실시될 수 있도록 총괄·감독해야 할 의무가 있으므로, 당연히 선거에서의 중립의무를 지는 공직자에 해당하는 것이고, 이로써 공선법 제9조의 '공무원'에 포함된다(헌재 2004.5.14. 2004헌나1).

→ 대통령의 정치적 중립의무는 헌법상 직업공무원제도로부터 도출되는 헌법상 요청이라기보다는, 대통령의 국가의 원수 및 행정부 수반으로서의 지위에 따라 당연히 요청되는 것이라고 볼 수 있다.

## 17. 정답 ②

① (○) 심판대상조항이 나이를 기준으로 하여 연장자에게 우선하여 보상금을 지급하는 것 역시 보상금 수급권이 갖는 사회보장적 성격에 부합하지 아니한다. 비록 독립유공자를 주로 부양한 자나, 협의에 의해 지정된 자를 보상금 수급권자로 할 수 있도록 하는 일정한 예외조항을 마련해 놓고 있으나, 조부모에 대한 부양가능성이나 나이가 많은 손자녀가 협조하지 않는 경우 등을 고려하면 그 실효성을 인정하기도 어렵다. 비금전적 보훈혜택 역시 유족에 대한 보상금 지급과 동일한 정도로 유족들의 생활보호에 기여한다고 볼 수 없으므로, 이 사건 심판대상조항은 합리적인 이유없이 상대적으로 나이가 적은 손자녀인 청구인을 차별하여 평등권을 침해한다(헌재 2013.10.24. 2011헌마724).

② (×) 평등권의 침해 여부에 대한 심사는 그 심사기준에 따라 자의금지원칙에 의한 심사와 비례의 원칙에 의한 심사로 크게 나누어 볼 수 있다. 자의심사의 경우에는 차별을 정당화하는 합리적인 이유가 있는지만을 심사하기 때문에 그에 해당하는 비교대상간의 사실상의 차이나 입법목적(차별목적)의 발견·확인에 그치는 반면에, 비례심사의 경우에는 단순히 합리적인 이유의 존부문제가 아니라 차별을 정당화하는 이유와 차별간의 상관관계에 대한 심사, 즉 비교대상간의 사실상의 차이의 성질과 비중 또는 입법목적(차별목적)의 비중과 차별의 정도에 적정한 균형관계가 이루어져 있는가를 심사한다(헌재 2001.2.22. 2000헌마25).

③ (○) 이 사건 법률조항은 헌법이 특별히 양성평등을 요구하는 경우나 관련 기본권에 중대한 제한을 초래하는 경우의 차별취급을 그 내용으로 하고 있다고 보기 어려우며, 징집대상자의 범위 결정에 관하여는 입법자의 광범위한 입법형성권이 인정된다는 점에 비추어 이 사건 법률조항이 평등권을 침해하는지 여부는 완화된 심사기준에 따라 판단하여야 한다(헌재 2011.6.30. 2010헌마460).

④ (○) 헌법상 평등의 원칙은 국가가 언제, 어디에서 어떤 계층을 대상으로 하여 제도의 개선을 시작할 것인지를 선택하는 것을 방해하지 않는다. 말하자면 국가는 합리적인 기준에 따라 능력이 허용하는 범위 내에서 법적 가치의 상향적 구현을 위한 제도의 단계적인 개선을 추진할 수 있는 길을 선택할 수 있어야 한다. 그것이 허용되지 않는다면 모든 사항과 계층을 대상으로 하여 동시에 제도의 개선을 추진하는 예외적인 경우를 제외하고는 어떠한 제도의 개선도 평등의 원칙 때문에 그 시행이 불가능하다는 결과에 이르게 되어 불합리할 뿐만 아니라 평등의 원칙이 실현하고자 하는 가치에도 어긋나기 때문이다(헌재 2005.9.29. 2004헌바53 등).

## 18. 정답 ③

① (×) 부진정입법부작위의 경우에는 진정입법부작위의 경우와는 달리, 불완전한 법규 자체를 대상으로 그것이 헌법위반이라는 적극적인 헌법소원을 하여야 하고, 헌법재판소법에서 정한 청구기간도 준수하여야 한다(헌재 2022.5.31. 2022헌마767).

② (×), ④ (×) 삼권분립의 원칙, 법치행정의 원칙을 당연한 전제로 하고 있는 우리 헌법하에서 행정권의 행정입법 등 법집행의무는 헌법적 의무라고 보아야 할 것이다. 그런데 이는 행정입법의 제정이 법률의 집행에 필수불가결한 경우로서 행정입법을 제정하지 아니하는 것이 곧 행정권에 의한 입법권 침해의 결과를 초래하는 경우를 말하는 것이므로, 만일 하위 행정입법의 제정 없이 상위 법령의 규정만으로도 집행이 이루어질 수 있는 경우라면 하위 행정입법을 하여야 할 헌법적 작위의무는 인정되지 아니한다(헌재 2005.12.22. 2004헌마66).

③ (○) 진정입법부작위에 대한 헌법소원심판청구는 헌법에서 기본권 보장을 위해 법률에 명시적으로 입법위임을 하였음에도 입법자가 이를 이행하지 않고 있는 경우이거나, 헌법 해석상 특정인의 기본권을 보호하기 위한 국가의 입법의무가 발생하였음이 명백함에도 입법자가 아무런 입법조치를 취하지 않고 있는 경우에 한하여 허용된다(헌재 2013.8.29. 2012헌마840 참조).

## 19. 정답 ④

①(○), ②(○) 형사법상 책임원칙은 기본권의 최고이념인 인간의 존엄과 가치에 근거한 것으로, 형벌은 범행의 경중과 행위자의 책임 즉 형벌 사이에 비례성을 갖추어야 함을 의미한다. 따라서 기본법인 형법에 규정되어 있는 구체적인 법정형은 개별적인 보호법익에 대한 통일적인 가치체계를 표현하고 있다고 볼 때, 사회적 상황의 변경으로 인해 특정 범죄에 대한 형량이 더 이상 타당하지 않을 때에는 원칙적으로 법정형에 대한 새로운 검토를 요하나, 특별한 이유로 형을 가중하는 경우에도 형벌의 양은 행위자의 책임의 정도를 초과해서는 안된다(헌재 2004.12.16. 2003헌가12).

③ (○) 법정형의 종류와 범위를 정하는 것이 기본적으로 입법자의 권한에 속하는 것이라고 하더라도, … (헌재 2007.11.29. 2006헌가13).

④ (×) 법관은 아동학대범죄의 종류에 따라 보호법익의 중대성, 아동학대범죄의 불법성과 죄질, 형사정책적 측면 등 여러 요소를 종합하여 피해가 작고 사안이 경미하다면 집행유예의 선고도 얼마든지 가능하다. 결국 심판대상조항이 각 죄의 정한 형의 2분의 1을 가중하도록 하고 있다고 하더라도 법관은 구체적인 행위의 태양, 그 죄질의 정도와 수법 등을 종합적으로 고려하여 그 법정형의 범위 내에서 행위자의 책임에 따른 적절한 선고형을 결정하여 형벌을 과하는 것이 가능하므로, 심판대상조항이 형벌의 개별화 원칙에 반한 과잉형벌이라고 할 수 없다. … 이러한 사정을 종합하여 보면, 초·중등학교 교원이 자신이 보호하는 아동에 대하여 아동학대범죄를 범한 때에는 그 죄에 정한 형의 2분의 1까지 가중하여 처벌하도록 한 심판대상조항은 입법재량의 범위를 벗어났다거나 책임과 형벌 간의 비례원칙에 어긋나는 과잉형벌을 규정하였다고 보기 어렵다(헌재 2021.3.25. 2018헌바388).

## 20. 정답 ①

① (×) 입법권이 사법권에 간섭하는 것을 최소화하여 사법의 자주성과 독립성을 보장한다는 측면과 사법권의 적절한 행사에 요구되는 판사의 근무와 관련하여 내용적·절차적 사항에 관해 전문성을 가지고 재판 실무에 정통한 사법부 스스로 근무성적평정에 관한 사항을 정하도록 할 필요성에 비추어 보면, 판사의 근무성적평정에 관한 사항을 하위법규인 대법원규칙에 위임할 필요성을 인정할 수 있다. 또한 관련조항의 해석과 판사에 대한 연임제 및 근무성적평정제도의 취지 등을 고려할 때, 이 사건 근무평정조항에서 말하는 '근무성적평정에 관한 사항'이란 판사의 연임 등 인사관리에 반영시킬 수 있는 것으로 사법기능 및 업무의 효율성을 위하여 판사의 직무수행에 요구되는 것, 즉 직무능력과 자질 등과 같은 평가사항, 평정권자 및 평가방법 등에 관한 사항임을 충분히 예측할 수 있으므로 이 사건 근무평정조항은 포괄위임금지원칙에 위배된다고 볼 수 없다(헌재 2016.9.29. 2015헌바331).

② (○), ③ (○) 남북정상회담의 개최는 고도의 정치적 성격을 지니고 있는 행위라 할 것이므로 특별한 사정이 없는 한 그 당부를 심판하는 것은 사법권의 내재적·본질적 한계를 넘어서는 것이 되어 적절하지 못하지만, 남북정상회담의 개최과정에서 재정경제부장관에게 신고하지 아니하거나 통일부장관의 협력사업 승인을 얻지 아니한 채 북한측에 사업권의 대가 명목으로 송금한 행위 자체는 헌법상 법치국가의 원리와 법 앞에 평등원칙 등에 비추어 볼 때 사법심사의 대상이 된다고 판단한 원심판결을 수긍한 사례(대판 2004.3.26. 2003도7878).

④ (○) 법무사법 제4조 제1항 제2호에서 법무사시험에 합격한 자에게 법무사의 자격을 인정하는 것은 법무사시험이 합리적인 방법으로 반드시 실시되어야 함을 전제로 하는 것이고, 따라서 법무사법 제4조 제2항이 대법원규칙으로 정하도록 위임한 이른바 "법무사시험의 실시에 관하여 필요한 사항"이란 시험과목·합격기준·시험실시방법·시험실시시기·실시횟수 등 시험실시에 관한 구체적인 방법과 절차를 말하는 것이지 시험의 실시여부까지도 대법원규칙으로 정하라는 말은 아니다(헌재 1990.10.15. 89헌마178).

## 21. 정답 ①

① (×), ④ (○) 이 사건 법률조항은 형사보상청구권의 제척기간을 1년으로 규정하고 있으나, 형사보상청구권은 위에서 열거하는 어떠한 사유에도 해당하지 아니하고 달리 그 제척기간을 단기로 규정해야 할 합리적인 이유를 찾기 어렵다. 특히 형사보상청구권은 국가의 형사사법작용에 의해 신체의 자유라는 중대한 법익을 침해받은 국민을 구제하기 위하여 헌법상 보장된 국민의 기본권이므로 일반적인 사법상의 권리보다 더 확실하게 보호되어야 할 권리이다. 그럼에도 불구하고 아무런 합리적인 이유 없이 그 청구기간을 1년이라는 단기간으로 제한한 것은 입법 목적 달성에 필요한 정도를 넘어선 것이라고 할 것이다 … 따라서 이 사건 법률조항은 입법목적 달성에 필요한 정도를 넘어서 국민의 기본권을 제한한 것으로서 피해의 최소성원칙에 위배된다 할 것이다(헌재 2010.7.29. 2008헌가4).

② (○), ③ (○) 헌법 제28조의 형사보상청구권은 국가의 형사사법권이라는 공권력에 의해 인신구속이라는 중대한 법익의 침해가 발생한 국민에게 그 피해를 보상해주는 기본권이다. 이러한 형사보상청구권은 국가의 공권력 작용에 의하여 신체의 자유를 침해받은 국민에 대해 금전적인 보상을 청구할 권리를 인정하는 것이므로 형사보상청구권이 제한됨으로 인하여 침해되는 국민의 기본권은 단순히 금전적인 권리에 불과한 것이라기보다는 실질적으로 국민의 신체의 자유와 밀접하게 관련된 중대한 기본권이라고 할 것이다. 반면 형사보상청구권과 직접적인 이해관계를 가진 당사자는 형사피고인과 국가밖에 없는데, 국가가 무죄판결을 선고받은 형사피고인에게 넓게 형사보상청구권을 인정함으로써 감수해야 할 공익은 경제적인 것에 불과하고 그 액수도 국가 전체 예산규모에 비추어 볼 때 미미하다고 할 것이다. 또한 형사피고인에게 넓게 형사보상청구권을 인정한다고 하여 법적 혼란이 초래될 염려도 전혀 없다. 그렇다면 이 사건 법률조항은 국가의 재정이라는 공익을 보호하기 위하여 신체의 자유와 밀접하게 관련된 국민의 재산적 권리를 과도하게 제한하는 것으로서 법익의 균형성을 갖추었다고 할 수 없다(헌재 2010.7.29. 2008헌가4).

## 22. 정답 ②

① (○) 법원조직법 제8조는 "상급법원의 재판에 있어서의 판단은 당해사건에 관하여 하급심을 기속한다."고 규정하지만 이는 심급제도의 합리적 유지를 위하여 당해사건에 한하여 구속력을 인정한 것이고 그 후의 동종의 사건에 대한 선례로서의 구속력에 관한 것은 아니다(헌재 2002.6.27. 2002헌마18).

② (×) **헌법 제102조** ② 대법원에 법률이 정하는 바에 의하여 대법관이 아닌 법관을 둘 수 있다.

③ (○) **법원조직법 제52조(겸임 등)** ① 대법원장은 법관을 사건의 심판 외의 직(재판연구관을 포함한다)에 보하거나 그 직을 겸임하게 할 수 있다.

④ (○) **공직선거법 제222조(선거소송)** ① 대통령선거 및 국회의원선거에 있어서 선거의 효력에 관하여 이의가 있는 선거인·정당(후보자를 추천한 정당에 한한다) 또는 후보자는 선거일부터 30일 이내에 당해 선거구선거관리위원회위원장을 피고로 하여 대법원에 소를 제기할 수 있다.

## 23. 정답 ④

ㄱ. (○), ㄴ. (○) 국회가 의결한 예산 또는 국회의 예산안 의결은 헌법소원의 대상이 된다고 볼 수 없다. 예산도 일종의 법규범이고 법률과 마찬가지로 국회의 의결을 거쳐 제정되지만 예산은 법률과 달리 국가기관만을 구속할 뿐 일반국민을 구속하지 않는다. 가사 예산이 정부의 재정행위를 통하여 국민의기본권에 영향을 미친다고 하더라도 그것은 관련 법령에 근거한 정부의 구체적인 집행행위로 나타나는 것이지 예산 그 자체나 예산안의 의결행위와는 직접 관련성이 없다. 그렇다면 피청구인의 이 사건 예산안 의결은 헌법재판소법 제68조 제1항 소정의 공권력의 행사에 해당한다고 볼 수 없다(헌재 2006.4.25. 2006헌마409).

ㄷ. (○) 국가의 '모든' 수입과 지출이 예산안에 계상되어야 한다(예산회계법 제18조 제2항 본문 참조)는 예산총계주의원칙(이른바 예산완전성의 원칙)과 국가의 모든 수입과 지출이 '하나의' 예산안에 편성되어야 한다는 예산단일성의 원칙에 입각할 때, 국가의 일반회계와는 별도로 독립하여 운용되는 기금이나 특별회계 등 특별예산제도는 원칙적으로 허용되지 아니한다. 따라서 특별부담금의 수입에 의한 특별회계는 객관적이고 합리적인 근거가 제시되는 경우에 한하여 극히 예외적으로만 인정되어야 한다(헌재 2003.12.18. 2002헌가2).

## 24. 정답 ③

① (○) 가해학생에 대한 각 조치별 적용기준을 학교폭력의 태양이나 심각성, 피해학생의 피해 정도나 가해학생에 미치는 교육적 효과 등 여러 가지 요소를 종합적으로 고려하여 정하는 것이 피해학생의 보호와 가해학생의 선도 및 교육에 보다 효과적인 방법이 될 수 있으므로, 대통령령에 위임할 필요성이 인정된다. 또한, 구 학교폭력예방법 제17조는 가해학생에 대한 조치의 경중 및 각 조치의 병과 여부 등 조치별 적용 기준의 기본적인 내용을 법률에서 직접 규정하고 있으므로, 이 사건 조치별 적용기준 위임규정에 따라 대통령령에 규정될 내용은 자치위원회가 가해학생에 대한 조치의 내용을 정함에 있어 고려해야 할 학교폭력의 태양이나 정도, 피해학생의 피해 정도나 피해 회복 여부, 가해학생의 태도 등 세부적인 기준에 관한 내용이 될 것임을 충분히 예측할 수 있다. 따라서 이 사건 조치별 적용기준 위임규정은 포괄위임금지원칙에 위배되지 않는다(헌재 2023.2.23. 2019헌바93 등).

② (○) 가해학생의 접촉, 협박이나 보복행위를 금지하는 것은 피해학생과 신고·고발한 학생의 안전한 학교생활을 위한 불가결한 조치이다. 이 사건 접촉 등 금지조항은 가해학생의 의도적인 접촉 등만을 금지하고 통상적인 학교 교육활동 과정에서 의도하지 않은 접촉까지 모두 금지하는 것은 아니며, 학교폭력의 지속성과 은닉성, 가해학생의

접촉, 협박 및 보복행위 가능성, 피해학생의 피해 정도 등을 종합적으로 고려하여 이루어지는 것이므로, 가해학생의 일반적 행동자유권을 침해한다고 보기 어렵다(헌재 2023.2.23. 2019헌바93 등).

③ (×) 이 사건 학급교체조항은 학교폭력의 심각성, 가해학생의 반성 정도, 피해학생의 피해 정도 등을 고려하여 가해학생과 피해학생의 격리가 필요한 경우에 행해지는 조치로서 가해학생은 학급만 교체될 뿐 기존에 받았던 교육 내용이 변경되는 것은 아니다. 피해학생이 가해학생과 동일한 학급 내에 있으면서 지속적으로 학교폭력의 위험에 노출된다면 심대한 정신적, 신체적 피해를 입을 수 있으므로, 이 사건 학급교체조항이 가해학생의 일반적 행동자유권을 과도하게 침해한다고 보기 어렵다(헌재 2023.2.23. 2019헌바93 등).

④ (○) 자치위원회의 가해학생에 대한 조치 요청이나 학교장의 조치는 모두 학교폭력 사실이 인정되는 것을 전제로 의무화된 것이고, 의무화 규정 도입 당시 학교 측의 불합리한 처리나 은폐가능성을 차단하고 학교폭력에 대한 교사와 학교의 책임을 강화하려는 사회적 요청이 있었으며, 가해학생 측에 의견진술 등 적정한 절차가 보장되고, 가해학생 측이 이에 불복하는 경우 민사소송이나 행정소송 등을 통하여 다툴 수 있다는 점 등을 고려하면, 이 사건 의무화 규정이 가해학생의 양심의 자유와 인격권, 일반적 행동자유권을 침해한다고 보기 어렵다(헌재 2023.2.23. 2019헌바93 등).

## 25. 정답 ①

① (×) 구 도시 및 주거환경정비법상 사업시행자에게 사업시행계획의 작성권이 있고 행정청은 단지 이에 대한 인가권만을 가지고 있으므로 사업시행자인 조합의 사업시행계획 작성은 자치법적 요소를 가지고 있는 사항이라 할 것이고, 이와 같이 사업시행계획의 작성이 자치법적 요소를 가지고 있는 이상, 조합의 사업시행인가 신청시의 토지 등 소유자의 동의요건 역시 자치법적 사항이라 할 것이며, 따라서 2005. 3. 18. 법률 제7392호로 개정된 도시 및 주거환경정비법 제28조 제4항 본문이 사업시행인가 신청시의 동의요건을 조합의 정관에 포괄적으로 위임하고 있다고 하더라도 헌법 제75조가 정하는 포괄위임입법금지의 원칙이 적용되지 아니하므로 이에 위배된다고 할 수 없다. 그리고 조합의 사업시행인가 신청시의 토지 등 소유자의 동의요건이 비록 토지 등 소유자의 재산상 권리·의무에 영향을 미치는 사업시행계획에 관한 것이라고 하더라도, 그 동의요건은 사업시행인가 신청에 대한 토지 등 소유자의 사전 통제를 위한 절차적 요건에 불과하고 토지 등 소유자의 재산상 권리·의무에 관한 기본적이고 본질적인 사항이라고 볼 수 없으므로 법률유보 내지 의회유보의 원칙이 반드시 지켜져야 하는 영역이라고 할 수 없고, 따라서 개정된 도시 및 주거환경정비법 제28조 제4항 본문이 법률유보 내지 의회유보의 원칙에 위배된다고 할 수 없다(대판 2007.10.12. 2006두14476).

② (○) 규율대상이 국민의 기본권 및 기본적 의무와 관련한 중요성을 가질수록 그리고 그에 관한 공개적 토론의 필요성 또는 상충하는 이익 사이의 조정 필요성이 클수록, 그것이 국회의 법률에 의해 직접 규율될 필요성은 더 증대된다(대판 2015.8.20. 2012두23808 全).

③ (○) 국민에게 납세의 의무를 부과하기 위해서는 조세의 종목과 세율 등 납세의무에 관한 기본적, 본질적 사항은 국민의 대표기관인 국회가 제정한 법률로 규정하여야 하고, 법률의 위임 없이 명령 또는 규칙 등의 행정입법으로 과세요건 등 납세의무에 관한 기본적, 본질적 사항을 규정하는 것은 헌법이 정한 조세법률주의 원칙에 위배된다. 특히 법인세, 종합소득세와 같이 납세의무자에게 조세의 납부의무뿐만 아니라 스스로 과세표준과 세액을 계산하여 신고하여야 하는 의무까지 부과하는 경우에는 신고의무 이행에 필요한 기본적인 사항과 신고의무불이행 시 납세의무자가 입게 될 불이익 등은 납세의무를 구성하는 기본적, 본질적 내용으로서 법률로 정하여야 한다(대판 2015.8.20. 2012두23808 全).

④ (○) 구 쌀소득 등의 보전에 관한 법률(이하 '구 쌀소득보전법') 제13조의2 제1항 후문에 따른 2배의 추가징수 기준인 '지급한 금액'이 해당 농업인 등이 등록된 모든 농지에 관하여 수령한 직불금 전액인지 아니면 거짓이나 그 밖의 부정한 방법으로 수령한 직불금액으로 한정되는 것인지가 위 조항의 문언만으로는 명확하지 않다.
거짓·부정을 이유로 하는 직불금 추가징수는 침익적 행정처분이고, 침익적 행정처분의 근거가 되는 행정법규는 엄격하게 해석·적용하여야 하며, 그 의미가 불명확한 경우 행정처분의 상대방에게 불리한 방향으로 해석·적용하여서는 아니 된다. 따라서 위와 같이 이 사건 조항에서 말하는 '지급한 금액'의 의미가 명확하지 않은 이상, 이것이 '지급한 직불금 전액'을 의미한다고 함부로 단정할 수 없다(대판 2019.2.21. 2014두12697 全).

# 2025년도 국가공무원 5급 공채·외교관후보자 제1차시험·
# 지역인재 7급·법원행시 대비
# 언 어 논 리



제6회

정답 및 해설

## PSAT 언어논리 정답

| 1 | 2 | 3 | 4 | 5 |
|---|---|---|---|---|
| ③ | ③ | ④ | ① | ⑤ |
| 6 | 7 | 8 | 9 | 10 |
| ④ | ② | ① | ⑤ | ③ |
| 11 | 12 | 13 | 14 | 15 |
| ① | ④ | ① | ③ | ② |
| 16 | 17 | 18 | 19 | 20 |
| ① | ③ | ⑤ | ④ | ⑤ |
| 21 | 22 | 23 | 24 | 25 |
| ④ | ④ | ② | ① | ④ |
| 26 | 27 | 28 | 29 | 30 |
| ② | ③ | ⑤ | ② | ⑤ |
| 31 | 32 | 33 | 34 | 35 |
| ① | ② | ③ | ④ | ⑤ |
| 36 | 37 | 38 | 39 | 40 |
| ② | ③ | ⑤ | ② | ① |

## PSAT 언어논리 해설

**1. 정답 ③**

① (×) 고종에게는 '병약한 황태자'라는 오래된 인식을 극복할 필요가 있었다. 자신을 하늘에서 내려온 황제로 지칭한 것은 태종이다.

② (×) 태종의 사군구지론에는 평양 이북과 요동을 회복한다는 의미를 지닐 뿐, 백제 전 지역에 대한 지배, 즉 삼국통일전의 의미는 포함되지 않는다.

③ (○) 고종은 648년의 합의와는 달리 백제 고지를 기미지배하였다.

④ (×) 신라왕이 계림주대도독의 지위가 된다는 것은 신라가 연합군의 일원이 아닌 당의 기미지배 대상으로 전락함을 의미했다.

⑤ (×) 당은 백제·고구려 고지에 대한 기미지배에 실패하고 676년 신라군에 패배하였다.

**2. 정답 ③**

① (×) 한국 정부가 확진자들의 이동 상황을 추적한 대응 방식은 'K-방역'으로 불리며 타국의 모범 사례가 되었고 성공적이라는 평가를 받았다.

② (×) 감염병예방법 등 현행 법률 체계는 사생활을 침해할 수 있는 등의 여러 문제에 대해 제대로 대응하지 못하고 있다.

③ (○) 개인정보보호법은 정보 주체의 동의를 받아야만 정보를 수집, 처리할 수 있다고 하고 있어 개인정보자기결정권을 규정하고 있다.

④ (×) 코로나 19 확진 관련자들은 사생활 침해에 관한 사항을 초기에 공론화하지 못하였다.

⑤ (×) 언론의 보도와 이에 따른 누리꾼들의 뉴스 댓글 또는 SNS를 통한 2차 정보 생성에 의한 개인정보 침해가 발생한다.

**3. 정답 ④**

① (×) 블록체인은 네트워크에 참여한 모든 사람이 함께 검증하고 검증한 것이 변하지 않도록 연결고리를 만드는 기술이다.

② (×) 2008년 세계금융위기 직후에 각국 정부는 양적 완화 정책을 펼쳤다.

③ (×) 사토시 나카모토는 집중화, 중앙화된 조직이 아닌 다수가 주도하는 대안적 모델을 만들고자 하였다.

④ (○) 디지털 커머닝은 현재 가상자본 축적을 위한 기술로 작동하고 있다.

⑤ (×) 블록체인 기반의 기술이 설계되었을 당시에는 투기 무법 시대가 도래하리라고 상상하지 못하였을 것이기에 규제방안의 필요성이 제기되었는지 여부는 알 수 없다.

**4. 정답 ①**

① (○) 에스트라디올 분비의 감소는 근육량 감소와 체지방 증가를 발생시키므로 분비 증가는 이에 반대되는 효과를 불러 일으킴을 알 수 있다.

② (×) 조직 내에 흡수되지 못한 포도당은 혈중 유리지방산을 증가시킨다.

③ (×) 폐경으로 인해 체중이 감소하는지 여부를 알 수 없다.

④ (×) 렙틴은 체지방량에 비례하여 생성된다.

⑤ (×) 신체활동 감소가 렙틴의 수치를 증가시키므로 신체활동을 할수록 렙틴의 수치가 증가하는지 여부는 알 수 없다.

**5. 정답 ⑤**

① (×) 시인 거리 밖에 있는 지점에서도 그 섬에 의존하여 항해할 수가 있다.

② (×) 섬이 있는 곳에는 육지와 바다 표면의 온도 차가 존재한다.

③ (×) 조선시대 전기 함경도 이남 어부들은 양양까지는 연안을 따라 내려온 다음에 태양과 달을 가늠하여 대청봉을 이정표로 삼고 남동쪽으로 사선 항해를 하여 울릉도에 도착했다.

④ (×) 너울성 파도는 그 형태를 그대로 유지한 채 아주 먼 거리로 전달될 수 있다.

⑤ (○) 천문항법이 발달하기 이전의 시기에도 울릉도의 존재로 인해 시인 거리 밖에서 항해하는 구간이 존재하긴 하였을 것이다. 의외로 넓지 않았다는 서술을 통해 알 수 있다.

**6. 정답 ④**

① (○) 이동성은 물리적 이동성과 트랜스미디어적인 이동성을 모두 아우른다.

② (○) 숏폼은 전통적인 롱폼 콘텐츠의 파라텍스트로 인식되어 왔다.

③ (○) 모바일 플랫폼을 기반으로 생산의 측면에서 상시적인 제작과 공유가 가능해져 숏폼이 동영상 콘텐츠의 한 형식으로 자리 잡았다.

④ (×) 숏폼은 기존의 롱폼 동영상 콘텐츠의 서사적 특성들을 수용한다.

⑤ (○) 전통적인 롱폼 동영상 콘텐츠의 형식이 공급과 향유의 통로가 다변화되고 있다.

**7. 정답 ②**

① (×) 지속가능발전은 미래세대가 그들의 욕구를 충족시킬 수 있는 기반을 저해하지 않고 현세대의 욕구를 충족시키는 발전을 의미한다.

② (○) 자원부국이나 저개발 국가는 경제성장이 지상과제가 되었다.

③ (×) 지속가능발전은 부의 증가에 대해 현실적으로 영원히 지속되기는 어렵다고 보지만, 아담 스미스는 부의 무한성장을 주장하였다.

④ (×) 생산성이 제고되더라도 빈곤계층이 존재한다.

⑤ (×) 지속가능발전은 인류의 지속가능한 발전을 뜻하며 생태주의와는 구별된다.

**8. 정답 ①**

㉠: 피아제는 타인과의 의사소통을 목적으로 하는 사회적 언어체계가 나타나기 이전에는 의사소통을 목적으로 하지 않는 비사회화된 언어체계가 나타날 것으로 보았다.

㉡: 비고츠키는 사회적 언어체계가 먼저 나타난다고 보았으며, 아동의 인지 발달 후에는 외현화된 언어표현이 사라지고 내적 언어체계를 발달시킨다고 보았으므로 그 전에는 타인의 지식을 받아들이는 외현화된 언어표현의 기능을 설명하였을 것이다.

㉢: 내적 언어 체계는 궁극적으로 사회적 언어가 내면화된 것이므로 인지적 갈등보다는 타인과의 사회적 상호작용이 빈칸에 적절하다.

## 9. 정답 ⑤

㉠: 서구 세력권은 러-우 전쟁에서 자유주의 진영으로서 그 국제질서를 유지, 강화하려는 입장에 속한다. 수정주의는 중러 세력권에 해당한다.

㉡: 1980년대 말부터 러시아는 선진 사회들과 동등하거나 비슷한 존재로 인식되기를 기대하였으나, 실제로는 독자적인 정치, 경제적 발전의 길을 탐색하기 시작했다고 봄이 타당하다.

㉢: 러시아는 확대 유럽에서 확대 유라시아로의 정책 전환을 하였으므로 유라시아 지역 통합을 시도하였다고 보아야 한다.

## 10. 정답 ③

① (×) 자율주행 자동차를 위한 인공지능 기술은 인지, 예측, 판단의 모든 분야에서 활용되고 있다는 내용을 해당 문단의 마지막 문장을 통해 알 수 있다.

② (×) 인지 기술은 상호작용을 검출하는 것이 아닌 객체를 검출하는 기술이다.

③ (○) 자차량의 현 주행상태만을 고려하게 되면 예측을 할 수 없으므로 자차량, 객체, 도로환경을 모두 고려할 수 있는 딥러닝 아키텍처로 문장을 수정해야 한다.

④ (×) 시스템이 다양한 상황에 마주하게 될 수 있으므로 규칙 기반의 시나리오대로 정해지고 분류되어서는 안 될 것이다.

⑤ (×) 해당 문장 앞부분에 양질의 데이터를 확보해야 하는 문제점들이 제기되었다고 하였으므로 낮은 질의 데이터를 확보하여서는 안될 것이다.

## 11. 정답 ①

① (×) 개방성이 높은 사람은 다양한 정보를 수집하고 여러 관점을 받아들이고 이를 전파시키는 데 적극적이다.

② (○) 신경증이 높은 사람은 기존 매체에 대한 불신을 극복하고 부족한 정보를 추가로 습득하기 위하여 루머를 이용하기도 한다.

③ (○) 외향성이 높은 사람은 사람들에게 영향력을 미치기 위해 자신의 의견을 표출하고자 하는 의지가 높다.

④ (○) 친화성이 높은 사람은 어떠한 행동이 다른 사람을 위한 행동이라고 인식되면 그 행동을 더 많이 할 것이다.

⑤ (○) 성실성이 높은 사람들은 신뢰할 수 있는 정보원으로부터 정보를 얻고자 하는 의지가 강하다.

## 12. 정답 ④

① (×) 수중 로봇에 센서들의 좌표계를 설계한 대로 정확하게 장착이 안된다.

② (×) 정렬 불량이 존재한 상태에서는 추측 항법에 적용할 시 오차가 시간이 흐를수록 누적이 되므로 반드시 바로잡아야 할 문제이다.

③ (×) 단위 사원수는 오일러 각에서 발생한 짐벌락 문제를 해결할 수 있다.

④ (○) 오일러 각은 종속적인 특성을 갖는다.

⑤ (×) 단위 사원수는 오일러 각을 이용할 때보다 연산 속도가 빨라 많이 사용하고 있는 방법이다.

## 13. 정답 ①

① (○) 낮은 산도를 지니는 음식의 경우 치아를 부식시키며 평균 산도가 매우 낮은 음료들로 법랑질 부식도를 측정한 결과 음료의 산도가 낮으면 법랑질 표면경도 감소에 유의미한 영향을 미치므로 산도가 낮을수록 법랑질 표면경도가 감소함을 알 수 있다.

② (×) 산도가 낮은 음식은 산도가 강한 음식이고 음료 섭취 등과 함께 치아 부식의 외인적 요인을 구성한다.

③ (×) 국민건강영양조사 통계자료에 따르면 음료의 섭취량이 2008년에 비해 2016년에 약 177%정도 증가하여 200% 이상 증가하지는 않았다.

④ (×) 오렌지주스와 대부분의 에너지 음료는 강한 산성으로 낮은 산도를 지닌다.

⑤ (×) 거칠기를 측정하는 연구는 전체적인 부식의 정도를 파악하기에 한계가 있다.

## 14. 정답 ③

① (○) 17세기의 붕당정치는 정치에 참여할 수 있는 사회 구성원이 급격히 확대되었다.

② (○) 조선의 정치인들은 처음에 송나라 학자인 구양수와 주희를 통해 자신들의 붕당을 합리화하였다.

③ (×) 사헌부와 사간원의 논의는 피혐, 처치의 제도로서 만장일치를 그 원칙으로 하였다.

④ (○) 제3자가 피혐을 한 인물들의 동기나 절차에 대해 정당성 여부를 검토하여 국왕에게 출사 혹은 관직의 교체를 건의하는 처치를 수행하였다.

⑤ (○) 피혐과 처치를 수정하려는 시도들은 자기 의견을 적극적으로 개진할 수 있어야 한다는 원론에 부딪혀 붕당정치체제 하 별다른 변화를 빚어낼 수 없었다.

## 15. 정답 ②

조건에 맞게 사무관들의 회의 참석 가능 여부를 표로 나타내면 다음과 같다.

| | A | B | C | D | E | F | G |
|---|---|---|---|---|---|---|---|
| 월오전 | | | X | | | | X |
| 월오후 | | | | | | | X |
| 수오전 | X | X | X | X | | X | |
| 수오후 | X | X | | X | | | |
| 금오전 | | | X | | | | |
| 금오후 | | | | | | | |

세 번째 조건에 의해 A -> B 이고 대우명제에 의해 ~B -> ~A이다.

네 번째 조건에 의해 D -> B ∧ F 이고 대우명제에 의해 ~B ∨ ~F -> ~D이다.

이를 모두 정리하면 수요일 오전 회의에 참석할 수 있는 최대 사무관의 수는 E와 G로 두 명이다.

## 16. 정답 ①

을의 발언이 거짓일 경우 갑과 을이 모두 거짓을 말하게 되므로 조건에 위배된다. 그러므로 을은 참을 말하고 있다. 을의 발언에 의해 갑도 참을 말하고 있음을 알 수 있다. 이때 정이 참을 말하고 있다면 병이 거짓말을 하고 있을 것이고, 정이 거짓을 말하고 있다면 병이 참을 말하고 있는 것이다. 이러한 조건에 관계 없는 무가 무조건 참을 말하고 있다고 결론 내릴 수 있다.

즉, 갑과 을, 그리고 무가 참을 확실하게 말하고 있음을 알 수 있다. 이때, 갑은 2위나 3위로 정보다 높은 순위를 기록하였고, 을은 2위나 3위로 무보다 높은 순위를 기록하였음을 알 수 있다.

이를 통해 1위를 제외하고 갑과 을이 2위나 3위를 기록하였고, 정과 무가 4위나 5위를 기록하였음을 알 수 있다. 갑, 을, 정, 무의 정확한 순위를 확정할 수는 없지만, 제외된 1위는 무조건 병이 기록하였음을 알 수 있다.

## 17. 정답 ③

ㄱ. (○) A는 첫 번째 문장에서 도서정가제의 본래 취지가 가격에 민감한 이해관계자 보호임을 명시하고 있다. B는 마지막에서 두 번째 문장을 통해 도서정가제로 가격 경쟁에 취약한 이해관계자를 보호함으로써 콘텐츠의 다양성을 증진할 수 있다고 보았다.

ㄴ. (○) B는 도서정가제 적용에 예외를 두는 경우를 상정하였으나 A는 별도의 기준을 마련하지 않고 적용하는 도서정가제로 인해 독자 겸 소비자, 예비간행물 판매업자로서의 기본권이 침해되고 있다고 보았다.

ㄷ. (×) A와 B 모두 가격에 민감한 이해관계자를 보호한다는 도서정가제의 취지를 이해하고 있으므로 중・고등학생 보호를 위해서라면 도서정가제가 적용되어야 함을 주장할 것이다.

## 18. 정답 ⑤

ㄱ. (×) 갑은 원자력 발전소의 내진설계가 충분하기 때문에 원자력 발전소의 지진피해에 대해서는 걱정할 필요가 없다는 입장이다. 따라서 원자력과 관련된 공포가 지진에 의한 것이 아니라는 것은 갑의 주장과 양립가능하다. 그러나 그 자체가 갑의 주장을 강화한다고 보기는 어렵다. 원자력 발전소의 내진설계가 부실하더라도 지진에 의한 공포가 발생하지 않을 수 있는데, 이 경우에 갑의 주장을 강화한다고 보기는 어렵다.

ㄴ. (×) 을은 개인의 측면에서 원자력 위험을 판단할 수 없고 관리할 수 없기 때문에 공포가 발생한다고 보고 있다. 따라서 원자력 발전소의 균열에 대해 사후 대처가 잘 이루어지더라도, 이는 개인의 관리가 아닌 사회적인 조정기능이므로 개인의 공포가 줄어든다고 볼 수 없다. 따라서 을의 주장은 약화되지 않는다.

ㄷ. (×) 갑은 지진으로 인한 방사능 유출은 걱정하지 않아도 된다는 입장이지만, 그렇다고 인적 재해에 의해 방사능 유출이 이루어진다고 보고 있지는 않다. 따라서 자연재해보다 인적재해에 의해 방사능 유출이 이루어질 가능성이 더 크다는 것은 갑의 주장과는 무관하다.

## 19. 정답 ④

㉠: 상징적 상호작용 이론가들은 사회는 사회를 구성하는 행위자의 관찰을 통해서만 이해될 수 있다고 보았으므로 미시적 수준에서 관찰하는 것이 타당하다.

㉡: 객체로서의 자아, 사회화된 자아는 인식의 객체이자 대상이다.

㉢: 객체로서의 자아를 인식하는 자아는 인식의 주체이다.

㉣: 해당 문장 마지막 부분에 다른 사람이 보는 자신을 상상한다는 서술이 나와 있고 개인의 자아 정체성이 다른 사람과의 상호작용 속에서 형성된다는 서술이 있으므로 사회적 대상으로 바라본다는 서술이 타당하다.

## 20. 정답 ⑤

ㄱ. (×) 현상의 규칙성과 인과관계를 통해 객관적 사실만을 연구의 대상으로 삼는 실증주의는 반실증주의의 반기를 맞으며 반실증주의의 사회학 방법론 중 하나가 상징적 상호작용이론이다.

ㄴ. (○) 쿨리는 타인과의 상징적 의사소통이 자아정체성 발생과 유지에 매우 중요하다는 점을 강조하며, 집단이라는 맥락 속의 의사소통과 자아정체성을 연결한다.

ㄷ. (○) 마지막 문단에서 상징적 상호작용이론이 온라인의 확장된 시공간에서도 적용될 수 있음이 서술되었으며 이 때 상호작용에는 커뮤니케이션, 즉 상징을 교환하는 행위가 필요함을 알 수 있다.

## 21. 정답 ④

① (×) 아리스토텔레스의 분배적 정의의 원칙이란 같은 투입을 한 사람에게 같은 보상을 하고 다른 투입을 한 사람들에게 다른 보상을 해야 공정한 분배라는 것이다.

② (×) 형평이론에서는 한 개인의 보상이 그 사람이 전체 결과를 산출하는 과정에서 각 개인이 기여한 비율에 비례하여 분배가 되면 이를 공정한 분배로 볼 수 있고 만일 그 비율이 어긋난다면 공정하지 않다고 본다.

③ (×) 형평이론에서는 공정성의 개념을 투입에 대한 산출의 비율로 인식한다.

④ (○) 형평이론에서는 공정성이라는 것이 독립적인 것이 아니라 비교를 통한 사회적 요소를 가지고 있다는 점을 드러내었다.

⑤ (×) 공정성에 대한 형평이론적 관점에서는 한 개인이 가지고 있는 지위나 역사보다는 개인의 장점, 능력 등에 보다 초점을 맞추고 있다.

## 22. 정답 ④

① (×) 외부 환경의 변화를 스스로 인식하는 것은 지능형 서비스 로봇이며 산업용 로봇이 이에 부합하는지는 알 수 없다.

② (×) 감정 표현을 하는 로봇은 인간으로부터 더 큰 신뢰를 얻게 되고, 또 더 많이 사용될 것이다.

③ (×) 브리질은 도구, 사이보그 연장 아바타, 협력상대의 네 종류 로봇은 어떠한 경우에도 감정 로봇이 사용자에게 도움이 된다고 설명한다.

④ (○) 패트릭 로젠탈은 "인공지능에게 사람의 감정을 인식할 수 있게 하면 행복을 추구하는 쪽으로 작동하게 할 수 있다" 고 보았다.

⑤ (×) 인공지능의 안전성을 확보하려면 사람들이 원하는 감정을 길들여야 한다.

## 23. 정답 ②

① (×) 시간이 존재하기 위해서는 각자 서로 독립적인 것들인 순간들을 끌어모아 하나로 융합되도록 결합시켜 줄 수 있는 어떤 융합작용이 필요하다.

② (○) 이미 지나가거나 아직 오지 않은 순간들을 하나로 밀집시킨 시간적 두께를 가지고 존재하는 '살아 있는 현재'가 만들어진다.

③ (×) 과거는 서로 하나가 되도록 압축되어오는 개별적인 경험들의 모습으로 존재한다.

④ (×) 미래는 과거의 경우와 같은 개별적인 경험들의 압축으로부터 얻어진 일반적인 전망의 모습으로 살아 있는 현재 안에 들어와 존재하는 것이다.

⑤ (×) 순간들에 대한 종합작용이 시간의 성립을 위한 조건인 한 일반성의 생산도 역시 시간의 성립을 위한 조건이다.

## 24. 정답 ①

① (○) 유전자편집은 유전적 변이를 일으키는 형태의 유전자치료를 위해서는 필수적이다.

② (×) 유전자편집, 유전자선별, 그리고 미토콘드리아 대체 기술 모두 유전병을 제거한 맞춤 출산을 가능하게 한다.

③ (×) 유전자편집은 DNA의 특정 서열을 인식하여 자르는 제한효소가 발견되면서 본격적으로 시작되었다.

④ (×) 징그핑거나 탈렌의 경우 특정 유전자 서열을 인식할 수 있는 단백질을 제작한다.

⑤ (×) 징크핑거나 탈렌 등이 아니라 크리스퍼 가위의 경우 제작이 간단하여 저렴하고 손쉽게 제작될 수 있을 것이다.

## 25. 정답 ④

① (×) 중국의 과거제가 우리나라에 처음 도입된 것은 고려 광종 때의 일이다.

② (×) 고려시대 명경업에서는 유교 경전을 시험하였다.

③ (×) 수 문제는 문벌귀족을 견제하기 위하여 종래 문벌 편중의 폐단에서 벗어나 상하 빈부의 차별 없이 널리 일반 서민으로부터 직접 관리를 등용하기 위해 과거를 실시하였다.

④ (○) 음서 출신자들은 5품 이상의 관직에 진급해 다시 자손들에게 누대에 걸쳐 음직을 전수하였다.

⑤ (×) 아들이 없더라도 손자, 동생, 사위 등에게 음직이 전수되기도 하였다.

## 26. 정답 ②

① (×) 사회보장기본법은 정책목표로서 모든 국민이 건강하고 문화적인 생활을 유지하는 것으로 설정하였다.

② (○) 사회보장기본법의 정책목표나 정책지표는 추상적으로 선언 수준이고 구체적인 정책수단은 생략되거나 개별법률에 위임되어 있어 사회보장 행정기관 내부에서 규범력을 지닌다고 보기 어렵다.

③ (×) 사회보장기본법이 아닌 국민기초생활보장법이 공공부조의 기본법으로서의 기능을 하고 있다.

④ (×) 국민기초생활보장법도 정책수단의 구체적인 내용을 시행령이나 보건복지부령으로 위임하고 있다.

⑤ (×) 사회보장 행정기관에서는 규범에 기초해 행정을 하기 보다는 공공부조의 예산을 정해놓고 그에 맞추어 역으로 최저생계비의 내용과 수준을 정한다.

## 27. 정답 ③

㈎: 의도하지 않은 결과들이란 우리가 기술을 비롯한 인간 행위의 결과가 거의 항상 예상하지 못한 방향으로 흐르는 것과 같은 의미이다. 즉, 우리가 세상을 이해하고 통제하고 있어 의도된 결과를 늘 산출해낼 수 있다는 오만에 대한 반례가 되는 것이다.

(나): 바로 위의 문단에서 세상에 던져진 기술은 인간, 다른 기술, 사회적 요소들과 결합해서 기술시스템 혹은 사회기술시스템을 만든다고 하였다. 즉, 개별기술이 어떤 요소들과 연결망을 만들어 어떤 기술시스템을 형성하는가에 따라 전혀 다른 결과가 나타나므로 조금 다른 네트워크와 결합한다는 내용이 들어가야 한다.

## 28. 정답 ⑤

글의 전반적인 요지는 인류가 이기심에서 벗어나지 못한 채 기술의 편리성과 유용성에만 가치를 둔다면 공유지의 비극에 갇히게 된다는 것이다. 만약 인류가 생명공학 기술에 대해 윤리적 반성과 성찰을 미루게 된다면 공동체 연대의 상실과 이기심으로 인해 결국 개인의 삶과 재산에 치명적 손실을 가져다 주는 것이다. 이는 개인주의와 반대되는 연대감, 협동과 같은 인류의 자산을 잊게 되는 결과를 초래한다.

## 29. 정답 ②

ㄱ. (×) 1·2문단, 프로이트에 따르면 죽음과 분신은 섬뜩함을 일으키는 표상이므로 이를 억압한다면 섬뜩함을 느끼지 않을 수 있다. 그러나 2문단에 따르면 일상적이고 친숙한 것이 반복적으로 나타난다면 자아가 섬뜩함을 느낄 수 있다고 한다. 따라서 죽음과 분신을 억압하더라도, 일상적인 것의 반복으로 인해서 섬뜩함을 느낄 수 있다.

ㄴ. (×) 1·3문단, 문명의 건설을 위해 억압된 것은 죽음이다. 그러나 '살아있는 시체'는 죽은 자의 생환으로서 좀비를 지칭하는 기표이다. 이는 삶과 죽음 어느 쪽에도 완전히 속하지 않는다. 또한 죽은 자의 생환이 곧 죽음의 회귀라는 점에서, '살아있는 시체'는 죽음과 같은 것이 아니다. 따라서 죽음이 아닌 '살아있는 시체'가 문명의 건설을 위해 억압된 것으로 보기는 어렵다.

ㄷ. (○) 3문단, 뱀파이어는 인간에게 익숙하게 교정되었다는 점에서, 프로이트가 섬뜩함의 표상으로 내세운 죽음과 분신, 반복의 모든 요소를 가지고 있는 좀비가 보다 섬뜩함을 더 일으킨다고 볼 수 있다.

## 30. 정답 ⑤

① (×) 1문단, 해시계는 기계식 시계가 출현하고서도 계속 사용되었지만, 물시계 역시도 기계식 시계가 등장한 이후에 계속 사용되었는지는 추론할 수 없는 내용이다.

② (×) 2·3문단, 물시계는 탈진기부에서 기계식 시계는 동력부에서 중력이 작용한다는 점에서 서로 다르다.

③ (×) 2문단, 물시계가 물의 부력을 이용한다는 것은 알 수 있지만, 표면장력까지 이용한다는 것은 주어진 내용만으로는 추론할 수 없는 내용이다.

④ (×) 1문단, 해시계는 중력을 이용하지는 않지만 정확성 덕분에 수 세기에 걸쳐 계속 사용되었다. 따라서 중력을 이용하는 시계가 그렇지 않은 시계보다 더 정확하다는 것은 추론할 수 없다. 제시된 내용만으로 알 수 있는 것은, 중력을 이용하는 시계와 이용하지 않는 시계의 메커니즘 차이 정도이다.

⑤ (○) 2·3문단, 마지막 부분에서 탈진장치는 시간차를 만들어내는 메커니즘을 가지고 있고, 2문단에서 탈진장치가 있는 탈진기부는 톱니바퀴의 움직임을 제어하는 부분이다. 따라서 시간차는 톱니바퀴의 움직임을 제어하는 부분과 관련이 있음을 추론할 수 있다.

## 31. 정답 ①

A : 지휘자가 손을 든다.

B : 바이올린이 연주된다.

C : 비올라가 연주된다.

D : 첼로가 연주된다.

E : 재석이가 지루하다.

A -> B ∨ ~C

D ∧ E -> ~B

E -> A ∨ C

C <-> D

~E이기 위해서는 D ∧ B 라는 조건이나 ~A ∧ ~C 라는 조건이 필요하다.

① (○) A ∧ D // C <-> D이므로 A ∧ C이고, 따라서 B가 된다. 두 번째 조건에서 D ∧ B 이므로 ~E임을 알 수 있다.

② (×) ~A ∨ ~C // ~A ∧ C인 경우를 배제할 수 없다. 이 경우 ~B인 경우가 가능하기 때문에 E가 되더라도 모순이 발생하지 않는다.

③ (×) C -> A // C-> A이면 B임을 알 수 있다. 그러나 C라는 보장은 없다. 즉, ~C인 상태에서도 모순이 발생하지 않는다. 이 경우 B라 하더라도 ~D이므로 ~E라는 보장이 없다.

④ (×) B ∨ C // 필요한 조건은 D ∧ B이다. 즉 B만 있는 경우에는 C가 보장되지 않아 ~E라는 보장도 없다.

⑤ (×) B ∧ ~D // D ∧ B 조건에 반대된다. 한편 ~D는 곧 ~C를 의미하지만, B라고 해서 ~A가 보장되지는 않는다. 따라서 ~A ∧ ~C라는 조건도 충족되지 않는다.

## 32. 정답 ②

① (○) 3문단, 이익논변에 대한 한계로 인간이 얻는 이익이 동물의 고통보다 작은 경우에는 동물실험을 찬성하는 논거가 되지 못한다.

② (×) 인간의 도덕적 심성을 저해한다는 것은 동물실험을 반대하는 일반적인 근거는 될 수 있지만, ㉠의 '이러한 주장'들의 한계에 해당하지 않는다. 즉, 동물실험에 찬성하는 모든 주장들에 대한 것이 아니라 ㉠에 대한 것이므로 적절하지 않다고 볼 수 있다.

③ (○) 4문단, 대안 부재 논변에 대한 한계로 동물실험을 대체할 수 있는 다양한 방안들이 개발된다면, 더 이상 동물실험을 찬성하는 논거가 되지 못한다.

④ (○) 2문단, 유사성 논변에 대한 한계로 인간과 동물이 유사하지 않다면, 동물실험의 결과를 인간에게 일반화할 수 없기 때문에 동물실험을 찬성하는 논거가 되지 못한다.

⑤ (○) 3문단, 이익논변에 대한 한계로 동물실험으로 인한 고통은 구체적이고, 이익은 가상적이고 구체적이지 않다면 계산이 어렵기 때문에 동물실험을 찬성하는 논거로 보기 어려워진다.

## 33. 정답 ③

다음 글의 내용을 정리하면 아래와 같다.

체조 -> 유연

~훈련 -> ~유연

보디빌딩 -> ~유연에 관심

~유연에 관심 -> ~유연

경륜 ∨ 보디빌딩

ㄱ. (○) 갑은 훈련을 열심히 하지 않으므로 체조선수는 아니다. 보디빌딩선수인 갑은 유연하지 않은 모든 선수에게 관심이 있을 것이다.

ㄴ. (○) 보디빌딩선수는 유연하지 않은 모든 선수에게 관심이 있고, 그러한 선수는 모두 그 자신도 유연하지 않다. 보디빌딩선수인 어떤 경륜선수는 유연하지 않은 모든 선수에게 관심이 있을 것이므로 ㄴ은 참이다.

ㄷ. (×) 만일 병이 체조선수이면서 경륜선수인데 유연한 경우에는 ㄷ이 반드시 참이 아닐 수 있다.

## 34. 정답 ④

조건에 맞게 사무관들의 선정 가능 여부를 나타내면 다음과 같다.

~(갑∧을∧병∧정∧무)

(갑∧을)∨(~갑∧~을)

을 -> 병∨~갑

~갑 -> ~정

~정 -> 갑∧~병

~갑 -> ~무

무 -> ~병

이 때 네 번째 조건과 다섯 번째 조건을 조합하면 갑은 무조건 선정된다.

갑이 선정되고 두 번째 조건에 의하면 을도 선정된다.

을이 선정되고 세 번째 조건에 의하면 병이 선정된다.

병이 선정되고 다섯 번째 조건에 의하면 정이 선정된다.
병이 선정되고 일곱 번째 조건에 의하면 무가 선정되지 않는다.

### 35. 정답 ⑤

① (○) 1문단, 미리 준비된 미장센은 연출가 중심의 방법론이라고 볼 수 있는데, 스타니슬랍스키는 이러한 연출가 중심의 연극을 지지하지 않았다. 그리고 그는 배우에게 강제로 무엇인가를 요구할 수 없다는 생각을 신념처럼 가지고 있었다는 점에서, 미장센보다는 배우의 자유로운 연기를 더 중시했다고 추론할 수 있다.

② (○) 1·2문단, 연극예술은 배우예술이고 배우예술은 체험의 예술이라는 점, 배우는 체험하지 못한 역할을 무대 위에서 구현할 수는 없다는 점 등에 비추어봤을 때, 연극예술이 성공하기 위해서 배우의 체험이 중요하다고 볼 수 있다.

③ (○) 2문단, 배우가 역할을 이해하고 그 역할을 수행하기 위해서 역할을 자각하는 것은 당연히 필요하다. 한편, 2문단 10번째 줄에 따르면 역할을 연기하는 배우로서의 자신을 자각하는 것도 필요하다는 점에서, 타당한 추론이다.

④ (○) 2문단, 스타니슬랍스키에 따르면 배우와 역할 사이의 거리를 완전히 지울 수는 없으며, 오히려 역할을 연기하는 배우로서의 자신을 자각하는 것이 필요하다는 점에서 역할 그 자체가 될 수도 없고 될 필요도 없다고 볼 수 있다.

⑤ (×) 2·3문단, 배우예술의 완성에 대해서는 두 가지가 언급되어 있다. 하나는 배우가 '역할'인 동시에 '역할을 연기하는 배우'로서 이중의 존재가 될 때 배우 예술이 완성될 수 있으며, 또 하나는 감정의 내적 진행이 합리적이고 체계적으로 전달할 수 있는 것이 배우 예술의 완성을 위한 필요조건이라는 것이다. 따라서 감정의 내적 진행이 잘 전달될 수 있다고 하더라도 곧바로 배우 예술이 완성된다고 보기는 어렵다.

### 36. 정답 ②

ㄱ. (×) 갑은 성상을 숭배하는 것을 반대하고 있을 뿐, 감각을 통해 신을 느낄 수 없다고 주장하고 있지는 않다. 즉, 신을 감각으로 느끼는 것과 성상을 숭배하는 것은 별개의 문제이므로 갑이 동의하지 않을지는 알 수 없다.

ㄴ. (○) 을의 주장을 보면, 신적 본질을 인위적으로 묘사할 수 없다고 한다. 이는 곧 인간이 성상을 통해 신적 본질을 묘사할 수 없다고 보는 것이므로 그에 대한 주장에 을 역시 동의할 것이다. 다만 을은 신이 가시적 사물을 통해 스스로 나타났다면, 그 사물에 대한 숭배를 인정하고 있다.

ㄷ. (×) 을의 경우는 '보는 형상'들에 의해서 정신적인 것을 파악한다고 하므로, 신이 나타난 가시적 사물에 대한 숭배를 인정할 것이다. 그러나 갑은 애초에 어떤 성상도 신적 본질을 묘사할 수 없다고 하고 있다. 따라서 가시적 사물에 대한 숭배를 인정하지 않을 것이다. 설령 신이 직접 나타난 사물에 대해서는 다르게 본다고 하더라도, 그에 대한 내용은 언급되어 있지 않으므로 동의할지는 모르는 것이다.

### 37. 정답 ③

ㄱ. (○) 1문단, 억제이론의 바탕이 되는 고전주의 범죄학은 개인의 행위로부터 얻어지는 '잠재적' 쾌락과 고통을 합리적으로 계산하여 법을 위반하게 된다는 것을 전제로 한다. 또한 3문단에 따르더라도 법을 위반하면 반드시 처벌된다는 처벌의 확실성에 의해서도 일반예방효과가 나타난다고 보고 있다.

ㄴ. (○) 2문단, 처벌의 신속성이란 형사제재가 범행후에 얼마나 빨리 이루어지는가를 의미하며, 범죄에 대한 처벌이 신속하다면 범죄로부터 잃는 것이 더 많다고 계산하게 된다. 따라서 동일한 처벌이더라도 그것이 신속하게 이루어지는지, 아닌지에 따라 범죄예방효과는 다를 수 있다고 보아야 한다.

ㄷ. (×) 3문단, 특별예방효과가 재범을 줄이려는 시도에 해당하지만, 전과자에게도 일반예방효과가 있다는 점에서 두 가지 중 무엇이 더 중요하다고 볼 근거는 제시되어 있지 않다.

### 38. 정답 ⑤

ㄱ. (○) 1문단, 소크라테스에 따르면 그릇된 행위는 무지에서 비롯된다. 이는 자신의 무지를 안다고 하더라도, 무지 자체가 해결되지 않는 한 그릇된 행위가 이루어질 수 있다고 추론할 수 있다. 즉, 자신의 무지를 아는 것과 무지하지 않은 것은 다르다고 보아야 한다. 따라서 소크라테스의 주장을 약화하지는 않는다.

ㄴ. (○) 2문단, 소크라테스는 소피스트들이 세속적인 가치만을 추구한다고 비판하기는 하지만, 그들의 대화가 자신의 무지를 깨닫게 하기 위한 것이 아니라고 비판하고 있지는 않다. 따라서 소피스트들의 대화가 자신의 무지를 깨닫게 하기 위한 것이라는 것과 소크라테스의 주장은 별개로 볼 수 있다. 따라서 소크라테스의 주장을 약화하지는 않는다.

ㄷ. (○) 2·3문단, 소크라테스는 대화를 통해 자신의 무지를 깨닫고 성찰할 수 있다고 보고 있다. 그러나 반드시 아포리아에 도달해야만 자신의 무지를 깨닫는다고 보고 있지는 않다. 아포리아에 이르기 전이라 하더라도 대화 자체를 통해 자신의 무지를 깨달을 수 있다면, 이는 소크라테스의 주장을 약화시킨다기보다는 일맥상통하는 것으로 보아야 한다.

### 39. 정답 ②

ㄱ. (×) 암호라는 어원이 아라비아 숫자 0을 의미하는 단어라는 것은 맞지만, 최초의 암호가 아라비아 숫자 0을 이용하였다는 것은 추론할 수 없는 내용이다.

ㄴ. (○) 시저암호는 알파벳 순서대로 정수로 표현한 후 암호화하는 것이다. 따라서 세 자리 뒤의 다른 알파벳으로 대치된다는 규칙을 알더라도, 알파벳의 순서를 모른다면 암호화 방법을 모르는 것이라 할 수 있다. 따라서 암호문을 평문으로 변환하지 못할 것이다.

ㄷ. (×) $K_1$가 1이고, $K_2$가 29인 경우에도 시저암호와 같은 결과가 된다.

### 40. 정답 ①

정석적으로 풀기 위해서는 I LOVE YOU를 08 11 14 21 04 24 14 20 으로 변환한 다음, O CSZR EFY을 의미하는 14 2 18 25 17 4 5 24가 나오기 위해서 더해야 하는 값 즉, 06 17 04 04 13 06 17 04를 구하고 이를 다시 문자로 변환해서 GREENGRE를 구해야 한다. 이에 따르면 GREEN이 비밀키가 된다.

그러나 보다 빠르게 풀기 위해서는, 5번째 글자만 보면 된다. 각 선지의 글자에서 5번째 글자가 G N B K E로 모두 다르기 때문이다. 따라서 평문의 5번째 글자인 E(04)가 암호문의 R(17)이 되기 위해서는 N(13)이 필요하다. 따라서 ①이 답이 된다.

# 자 료 해 석



제6회

정답 및 해설

## PSAT 자료해석 정답

| 1 | 2 | 3 | 4 | 5 |
|---|---|---|---|---|
| ① | ③ | ④ | ⑤ | ④ |
| 6 | 7 | 8 | 9 | 10 |
| ④ | ③ | ③ | ② | ② |
| 11 | 12 | 13 | 14 | 15 |
| ④ | ① | ⑤ | ② | ④ |
| 16 | 17 | 18 | 19 | 20 |
| ⑤ | ① | ⑤ | ③ | ② |
| 21 | 22 | 23 | 24 | 25 |
| ⑤ | ① | ② | ① | ⑤ |
| 26 | 27 | 28 | 29 | 30 |
| ② | ③ | ③ | ⑤ | ④ |
| 31 | 32 | 33 | 34 | 35 |
| ② | ④ | ② | ② | ⑤ |
| 36 | 37 | 38 | 39 | 40 |
| ④ | ① | ⑤ | ① | ③ |

## PSAT 자료해석 해설

### 1. 정답 ①

1. 첫 번째 조건에서 B의 자산은 14,656백만 원이고, C의 자산은 24,860백만 원이다. 따라서 각주 2에 따라 순자산을 구하면, 순자산이 150억 원 이상인 기업은 C(약 190억 원), D(약 153억 원)이다. C와 D는 '나무' 혹은 '바람'이다.
2. 두 번째 조건에서 각주 3에 따라 부채비율을 구하면, C는 약 30.2%이고 D는 약 32%이다. 따라서 D가 '나무', C가 '바람'이다.
3. 세 번째 조건에서 A의 금융자산은 1,807백만 원이고 D의 금융자산은 3,440백만 원이다. 순자산에서 금융자산이 차지하는 비중은 A가 약 12.3%, B가 약 20.2%, C가 약 36%, D가 약 22.7%이다. 따라서 비중의 차이가 20%p 이상이 되기 위해서는 A와 C가 '바람' 혹은 '바다'이며, 위에서 C가 '바람'이므로 A가 '바다'이다.
4. 나머지 B는 '하늘'이 된다.

### 2. 정답 ③

ㄱ. (○) 전국의 전체 자전거도로는 25,250km이며, 전국 전체 자전거도로에서 자전거보행자겸용도로가 차지하는 비중은 약 75.1%이다. 전국의 75.1%보다 비중이 높은 도는 경기도(82.8%), 강원도(81.0%), 충청남도(80.4%)로 총 3개이다.

ㄴ. (×) 충청북도의 자전거전용도로는 249km이므로 자전거도로 종류를 길이가 긴 것부터 나열하면 자전거보행자겸용도로, 자전거전용도로, 자전거우선도로, 자전거전용차로 순이다. 강원도의 자전거우선도로는 152km이고, 전라북도의 자전거전용도로는 276km, 전라남도의 자전거우선도로는 230km이다. 따라서 충청북도와 순서가 동일한 도는 전라북도, 경상북도, 경상남도로 3개이다.

ㄷ. (×) 강원도는 자전거우선도로가 152km이므로 강원도 전체 자전거도로에서 차지하는 비중이 10% 이상인 자전거도로는 자전거보행자겸용도로 밖에 없다.

ㄹ. (○) 전국 자전거전용차로에서 각 도가 차지하는 비중은 경기도 28.0%, 강원도 7.0%, 충청북도 8.8%, 충청남도 1.5%, 전라북도 6.4%, 전라남도 6.4%, 경상북도 18.4%, 경상남도 7.9%이다. 전국 자전거전용도로에서 각 도가 차지하는 비중은 경기도 17.6%, 강원도 2.9%, 충청북도 6.8%, 충청남도 7.4%, 전라북도 7.5%, 전라남도 6.2%, 경상북도 11.2%, 경상남도 11.8%이다. 따라서 전국 자전거전용차로에서 차지하는 비중이 전국 자전거전용도로에서 차지하는 비중보다 작은 도는 충청남도, 전라북도, 경상남도이다.

### 3. 정답 ④

① (×) 쓰레기 수거율은 2018 ~ 2022년 각각 약 91.6%, 97.5%, 86.9%, 93.2%, 96.0%이다. 따라서 쓰레기 수거율이 95% 이상인 연도는 2019, 2022년으로 2개이다.

② (×) 청소구역 인구 당 쓰레기 배출량은 2019년에 약 4.46톤이고 2020년에 약 4.21톤이다. 따라서 2020년에는 2019년 대비 감소한다.

③ (×) 쓰레기 처리량에서 재활용에 의한 처리가 차지하는 비중은 <표 1>의 처리량과 <표 2>의 처리방법별 처리량을 활용하여 구할 수 있다. 2020년에는 재활용에 의한 처리가 차지하는 비중은 2,279/3,178 = 약 71.7%로 75% 미만이다.

④ (○) 2019년 이후 쓰레기 처리량이 많은 연도순으로 나열하면, 2022년, 2021년, 2019년, 2020년이다. 쓰레기 처리량에서 소각에 의한 처리가 차지하는 비중이 낮은 연도부터 나열하면, 2022년(약 9.9%), 2021년(약 10.9%), 2019년(약 11.6%), 2020년(약 14.1%)이다. 따라서 2019년 이후 쓰레기 처리량이 많은 연도일수록 쓰레기 처리량에서 소각에 의한 처리가 차지하는 비중이 낮다.

⑤ (×) 2022년의 전년 대비 쓰레기 처리량의 변화율은 약 12.5%로 15% 미만이다.

### 4. 정답 ⑤

ㄱ. (×) 37세는 성인 요금, 15세는 청소년 요금, 9세는 아동 요금이 적용되므로, 교통카드로 순환버스를 탑승한 경우의 총 요금은 1,100 + 560 + 350 = 2,010원이다. 동일한 버스를 현금으로 탑승할 경우의 총 요금은 1,200 + 800 + 350 = 2,350원이다. 따라서 각주 3에 따라 할인율은 340/2,350 = 약 14.4%로 15% 미만이다.

ㄴ. (○) 10세 乙은 아동 요금이 적용되나 3년 후 乙은 13세이므로 청소년 요금이 적용된다. 즉, 아동 요금과 청소년 요금의 교통카드 요금의 증가율을 비교하면 된다. 간선, 순환, 마을버스의 요금 증가율은 60%로 동일하다.

ㄷ. (○) 28세이므로 성인 요금이 적용되며, 3:45에 출발지에서 출발한 버스는 심야버스에 해당한다. 따라서 4:30에 교통카드로 탑승한 경우의 요금은 2,150원이다. 반면 출발지에서 5:40에 출발한 간선버스는 심야버스에 해당되지 않으며, 조조할인 시간에 해당되나 각주 1에 따라 조조할인은 교통카드 이용 시에 적용되므로 현금 요금이 적용되어 요금은 1,300원이다. 따라서 전자의 요금은 후자보다 약 65.4% 비싸다.

ㄹ. (○) 간선, 순환, 광역, 마을버스는 모두 아동의 조조할인 할인율은 20%이다. 또한 성인의 조조할인 할인율은 모두 20% 초과 30% 미만이고, 청소년의 조조할인 할인율은 모두 30% 이상이다. 따라서 간선, 순환, 광역, 마을버스별로 조조할인의 할인율이 큰 연령대부터 순서대로 나열하면, 청소년, 성인, 아동으로 동일하다.

### 5. 정답 ④

ㄱ. (○) 철도사고 총 건수가 2013년 이후 지속적으로 감소하였는지 여부와 철도사고 중 사상사고 건수의 비중이 2018년에 전년 대비 감소하였는지를 알기 위해서는 2013년부터 2017년까지의 철도사고 종류별 사고 건수에 대한 자료가 추가로 필요하다.

ㄴ. (○) <표 2> 사상사고 종류별 사상자 수에 관한 자료만 담고 있다. 따라서 사상사고 종류별 사고건수가 2018년부터 2022년까지 매년 여객 공중, 직무사상사고 순이었는지 알기 위해서는 사상사고 종류별 사고 건수에 대한 자료가 추가로 필요하다.

ㄷ. (×) <표 2>의 각주 2에 따르면 사상자란 사망자와 부상자의 합을 의미하므로 사상자 중 부상자의 비중은 <표 2>만으로도 구할 수 있다. 따라서 사상자 중 부상자의 수 및 비중에 관한 자료는 추가로 필요하지 않다.

ㄹ. (○) <표 2>에서 부상자 수는 구할 수 있으나, 부상자 중 중상자와 경상자의 비중은 알 수 없다. 따라서 2018년부터 2022년까지 부상자 중 경상자 및 중상자의 비중에 관한 자료가 추가로 필요하다.

## 6. 정답 ④

① (○) 2018 ~ 2022년 재심사 인용률은 각각 약 76.6%, 63.0%, 67.7%, 71.1%, 81.3%이고, 심사 인용률은 각각 약 62.0%, 61.0%, 62.1%, 65.6%, 72.9%이다. 따라서 재심사 인용률이 심사 인용률보다 매년 높다.

② (○) 2019년과 2020년에는 출원 건수의 전년 대비 증가율이 5% 미만이고 2021년에는 출원건수가 전년 대비 감소한다. 2022년 출원 건수의 전년 대비 증가율이 약 6.6%이다.

③ (○) 재심사 거절 건수는 '재심사 건수 - 재심사 인용 건수'로 구할 수 있다. 2019년부터 2022년까지의 재심사 거절 건수는 20,649건, 18,062건, 14,874건, 7,899건으로 매년 감소한다.

④ (×) 2021년 등록률은 약 97.6%이나, 2022년 등록률은 약 98.6%로 전년 대비 증가한다.

⑤ (○) 심사 거절 건수가 두 번째로 낮은 해는 2021년이다. 한편 2018 ~ 2022년 재심사율은 각각 약 95.0%, 97.0%, 96.0%, 98.0%, 95.5%로 역시 2021년이 가장 높다.

## 7. 정답 ③

1. 농업 면적은 '토지 면적 × 토지 면적 대비 농업 면적 비율'로 구할 수 있다. A의 농업 면적은 29,515㎢이고 B ~ E의 농업 면적은 30,000㎢ 이상이다. 따라서 A는 '갑'국이 아니다.
2. B의 쌀, 보리, 밀 생산량의 합은 약 1,680천 톤이므로 B의 농업 면적 대비 쌀, 보리, 밀 생산량 합의 비중은 약 52.3톤/㎢으로 50톤/㎢ 이상이다. 반면, 농업 면적 대비 쌀, 보리, 밀 생산량 합의 비중이 C는 약 14.4톤/㎢, D는 약 29.6톤/㎢, E는 약 44.3톤/㎢으로 50톤/㎢ 미만이다. 따라서 B는 '갑'국이 아니다.
3. E국을 제외하고는 쌀, 보리, 밀 순으로 생산량이 많다. E국은 보리, 쌀, 밀 순으로 생산량이 많다. 따라서 E는 '갑'국이 아니다.
4. 쌀, 보리, 밀 생산량의 합은 C국이 511,651톤이고 D국이 964,534톤이다. C국과 D국의 쌀 비중은 각각 약 79.2%, 72.6%로 모두 70% 이상이다. 보리의 비중은 C국이 약 16.9% D국이 약 23.4%이다. 따라서 D국은 '갑'국이 아니며, C국이 '갑'국에 해당한다.

## 8. 정답 ③

ㄱ. (×) 기술사는 기능장보다 필기 접수자 수는 많으나 필기 합격자 수는 적다.

ㄴ. (○) 각주 3에 따라 필기 합격률을 구하면, 기능장은 약 56.8%이고 기능사는 약 52.1%이다. 이 외에 기술사는 약 7.6%, 기사는 약 44.4%, 산업기사는 약 40%로 50% 미만이다.

ㄷ. (○) 기술사의 실기 응시율은 100%로 가장 높다. 또한, 실기 합격률은 기술사와 기능사만 50%를 초과하는데, 기능사가 약 50.6%이고 기술사가 약 56.7%이다. 따라서 기술사는 실기 응시율과 실기 합격률이 가장 높은 종목이다.

ㄹ. (×) 기사의 실기 응시율만 85% 미만(약 84.3%)으로 가장 낮다. 실기 합격률은 기사가 약 39.1%이고 기능장이 약 32.5%이다. 따라서 실기 합격률이 가장 낮은 종목은 기능장이다.

## 9. 정답 ②

ㄱ. (○) 각주 2에 따라 평균 역간 거리를 구하면, 우측으로 통행하는 지하철 노선 중 평균 역간 거리가 1km 이상인 노선은 2호선 ~ 5호선, 7호선 ~ 9호선으로 총 7개이다.

ㄴ. (×) 8호선은 5호선보다 역 수가 적으나 표정속도가 빠르다.

ㄷ. (○) 총 주행시간은 총길이/속도로 구할 수 있다. 표정속도로 노선을 정차 없이 주행할 경우 총 주행시간이 1.5시간 이상인 노선은 1호선, 2호선, 5호선, 7호선, 9호선으로 총 5개이다.

ㄹ. (×) 최고속도로 노선을 정차 없이 주행할 경우 총 주행시간이 2/3(0.6667)시간 이상인 노선은 1호선, 2호선, 7호선으로 3개이다.

## 10. 정답 ②

① (○) 전월 대비 단기 임산물은 7월, 8월, 11월, 12월에 감소한다. 또한 9월에는 전월 대비 5배 이상이므로 증가율은 400% 이상이다.

② (×) 2022년 임업 수입은 1분기 ~ 4분기 임업 수입의 합으로 구할 수 있다. 2022년 임업 수입은 16,906천 원이고, 수입원별로는 목재가 932천 원, 수실류가 5,244천 원, 버섯류가 1,464천 원, 조경재가 4,078천 원, 기타가 4,392천 원, 채취임산물이 796천 원이다. 따라서 목재의 비중은 약 5.5%로 5% 이상이며, 수실류의 비중은 약 31.0%로 30% 이상이다.

③ (○) <표>의 목재 및 채취임산물의 임업 수입 수치와 일치한다.

④ (○) 2분기에 수실류는 약 9%, 조경재는 약 30% 미만, 기타가 약 45% 이상임을 확인한다. 3분기에는 수실류가 약 35% 이상, 조경재가 약 30% 이상, 기타가 약 25% 미만임을 확인한다.

⑤ (○) <표>에서 임업 수입의 전월 대비 증가액을 구하면 일치한다.

## 11. 정답 ④

ㄱ. (×) 과세표준이 3,500만 원인 경우, '갑'국의 개정 전 소득세는 1,500 × 0.06 + 2,000 × 0.15 = 390만 원이다. 반면 '갑'국의 개정 후 소득세는 1,500 × 0.04 + 2,000 × 0.16 = 380만 원이다. 따라서 '갑'국의 소득세는 개정 전이 개정 후보다 크다.

ㄴ. (○) 과세표준이 7,500만 원인 경우, '갑'국의 개정 전 소득세는 1,500 × 0.06 + 3,000 × (0.15 + 0.24) = 1,260만 원이고 개정 후 소득세는 1,500 × 0.04 + 3,000 × (0.16 + 0.20) = 1,140만 원이다. '을'국의 개정 전 소득세는 1,500 × 0.08 + 3,000 × (0.12 + 0.20) = 1,080만 원이고 개정 후 소득세는 1,500 × 0.07 + 3,000 × (0.15 + 0.18) = 1,095만 원이다. 따라서 '갑'국과 '을'국 모두 개정 여부와 관계없이 1,000만 원 이상이다.

ㄷ. (×) 개정 후 세율을 비교하면, 첫 구간에서는 '을'국의 세율이 더 높고 두 번째부터 네 번째 구간까지는 '갑'국의 세율이 더 높다. 그러나 마지막 3억 원 초과 구간에서는 '을'국의 세율이 더 높다. 따라서 과세표준이 3억 원을 초과할 경우 '을'국의 소득세가 더 클 수 있다. 예를 들어, 과세표준이 5억 원인 경우, '갑'국의 개정 후 소득세는 14,440만 원이지만 '을'국의 개정 후 소득세는 14,705만 원으로, '을'국의 개정 후 소득세가 '갑'국의 개정 후 소득세보다 크다.

ㄹ. (○) 과세표준이 9,000만 원에서 25,000만 원으로 상승할 경우, '을'국의 개정 전 소득세의 인상 정도는 6,000 × 0.25 + 10,000 × 0.32 = 4,700만 원이다. 반면 '을'국의 개정 후 소득세의 인상 정도는 6,000 × 0.24 + 10,000 × 0.30 = 4,440만 원으로 개정 전 소득세의 인상 정도보다 작다. 구체적 계산이 없더라도 9,000만 원 초과 1.5억 원 이하 구간과 1.5억 원 초과 3억 원 이하 구간 모두 개정 전 세율이 개정 후 세율보다 높으므로 소득세 인상 정도도 클 것이다.

## 12. 정답 ①

1. <표>에서 2018년 대비 2020년 설비투자 증가율과 2020년 대비 2022년 설비투자 증가율이 모두 10% 미만인 것은 C뿐이다. 따라서 C가 정밀이다.
2. <표>에서 2020년 대비 2022년 설비투자 증가율이 15% 이상인 것은 A와 B이다. 다만, B의 2018년 대비 2020년 설비투자 증가율은 5% 미만이므로 A가 일반, B가 전자이다.
3. 나머지 D는 기타이다.

## 13. 정답 ⑤

ㄱ. (×) <표>의 각주 2에 따르면 비중은 전국 사업체 수에서 지역별 사업체 수가 차지하는 비중이다. 따라서 2020년 전국 스포츠산업 사업체 수의 자료가 추가로 없더라도 지역별 사업체 수와 비중을 통해 첫 번째 문단에서 전국 사업체 수가 약 95,000개 이상임을 알 수 있다. 또한 두 번째 문단의 2020년 전국의 분류별 사업체 수 혹은 비중 또한 동일하게 구할 수 있으므로 2020년 전국 스포츠산업 사업체 수 및 분류별 비중에 관한 자료는 추가로 필요하지 않다.

ㄴ. (○) 두 번째 문단에서 2020년부터 지난 3년 동안 스포츠산업 분류별 사업체 수의 변화 추이를 작성하기 위해서는 2018년과 2019년의 전국 스포츠산업 분류별 사업체 수에 관한 자료가 추가로 필요하다.

ㄷ. (○) <표>에는 서울, 경기, 부산의 지역별 사업체 수만 주어져 있으므로, 첫 번째 문단에서 부산의 스포츠산업 사업체 수가 광역시 중 가장 많은지를 작성하기 위해서는 6개 광역시의 스포츠산업 사업체 수에 관한 자료가 추가로 필요하다.

ㄹ. (○) <그림>에서는 분류별 스포츠산업 매출액 비중만 주어져 있으므로 마지막 문단에서 스포츠산업 매출액의 변화추이와 매출액 수치를 작성하기 위해서는 2018 ~ 2020년 스포츠산업 전체 매출액에 관한 자료가 추가로 필요하다.

## 14. 정답 ②

① (○) 전체 로봇산업 연구개발 건수에서 자체개발이 차지하는 비중이 50% 이상이기 위해서는 자체개발 이외의 용도 건수의 합이 자체개발 건수보다 적으면 된다. 2020년 자체개발 이외의 용도 건수의 합은 897건으로 자체개발보다 적고, 2021년에도 자체개발 이외의 용도 건수의 합은 450건으로 자체개발보다 적다.

② (×) 전체 로봇산업 연구개발 금액은 2020년에 393,963백만 원이고 2021년에 272,639백만 원이다. 따라서 전체 로봇산업 연구개발 금액에서 정부지원이 차지하는 비중은 2020년에 약 54.9%이고 2021년에 약 43.6%이므로 비중은 15%p 미만 감소한다.

③ (○) 2020년 대비 2021년에 로봇산업 연구개발 건수의 감소율은 타 국가 지원만 50% 이상(약 64.7%)으로 가장 크다. 금액의 감소율도 타 국가 지원만 50% 이상(약 82.4%)으로 가장 크다.

④ (○) 로봇산업 연구개발 건수 당 금액은 2020년에는 정부지원만 200백만 원 이상(약 253백만 원)으로 가장 크다. 2021년에도 정부지원만 250백만 원 이상(약 277백만 원)으로 가장 크다.

⑤ (○) 로봇산업 연구개발 건수 당 금액은 정부지원은 2020년 253백만 원에서 2021년 277백만 원으로 증가한다. 외부지출은 2020년 20백만 원에서 2021년 42백만 원으로 증가한다. 타 국가 지원은 73백만 원에서 37백만 원으로 감소한다. 자체개발은 2020년 170백만 원에서 2021년 204백만 원으로 증가한다. 따라서 건수 당 금액이 증가하는 용도는 정부지원, 외부지출, 자체개발로 3개이다.

## 15. 정답 ④

① (○) <보고서> 두 번째 문단 세 번째부터 다섯 번째 문장까지의 설명과 부합한다.

② (○) <보고서> 두 번째 문단 첫 번째와 두 번째 문장의 설명과 부합한다.

③ (○) <보고서> 첫 번째 문단의 설명과 부합한다.

④ (×) <보고서> 마지막 문단 두 번째 문장에서 과속에 따른 사고의 부상자 수는 2019년에 전년 대비 30% 이상 증가하여야 한다. 그러나 자료에는 1,612명에서 2,074명으로 증가하여 약 28.6% 증가하여 <보고서>의 설명과 부합하지 않는다.

⑤ (○) <보고서> 마지막 문단 마지막 문장의 설명과 부합한다.

## 16. 정답 ⑤

① (×) 2020년 전체 스팸 수신량은 534통이고 그 중 음성 스팸 수신량은 143통이므로 음성 스팸 수신량의 비중은 약 26.8%이다.

② (×) 2022년 4분기 도박, 불법대출, 금융 스팸 수신량의 합은 35 + 31 + 37 = 103통이다. 그 중 금융 스팸 수신량은 37통이므로 차지하는 비중은 약 36.0%이다.

③ (×) 도박 스팸 수신량에서 도박 문자 스팸 수신량이 차지하는 비중은 2020년 약 71.0%, 2021년 약 68.6%, 2022년 약 66.9%로 매년 감소한다.

④ (×) 불법대출 스팸 수신량은 2021년 12월에 12통에서 2022년 1월에 10통으로 감소한다.

⑤ (○) 도박, 불법대출, 금융 스팸 수신량의 합은 2021년 6월에 34통이고 7월에 41통으로 증가율은 약 20.6%이다. 2022년 6월에는 29통이고 7월에는 35통으로 증가율은 약 20.7%이다.

## 17. 정답 ①

1. C의 진료실 인원은 2019년부터 2021년까지 매년 감소한다. 또한 2019년 대비 2021년 진료실 인원의 변화율이 약 3.4%로 3% 이상이다. 따라서 C는 '갑'국이 아니다.
2. 진료실 인원 당 진료비는 A, D, E국은 매년 200만 원 이상이나 B국은 2019년과 2020년에 각각 192.3만 원과 199.9만 원으로 200만 원 미만이다. 따라서 B는 '갑'국이 아니다.
3. A, D, E는 모두 2019년 대비 2021년에 급여일수가 증가하였으나, D는 증가율이 약 4.7%로 5% 미만이다. 따라서 D는 '갑'국이 아니다.
4. A와 E는 모두 2019년부터 2021년까지 매년 급여비가 증가하였으나 E는 2019년 대비 2020년에 급여일수의 증가율이 급여비의 증가율보다 커 급여일수 당 급여비가 감소한다. 따라서 E는 '갑'국이 아니다.
5. 따라서 A가 '갑'국에 해당한다.

## 18. 정답 ⑤

① (○) 전체 평생교육기관에서 비형식 평생교육기관이 차지하는 비중이 80% 이상이기 위해서는 비형식 평생교육기관이 준형식 평생교육기관의 4배 이상이면 된다. 2021년과 2022년 모두 4배 이상이므로 비중은 80% 이상이다.

② (○) 2021년 비형식 평생교육기관의 강사 당 학생 수는 원격이 1,200명 이상으로 가장 많다. 언론부설은 약 48.5명이고 비형식 기타는 약 44.2명이다. 따라서 강사 당 학생 수가 많은 기관부터 나열하면, 원격, 언론부설, 비형식 기타 순이다.

③ (○) 비형식 평생교육기관과 준형식 평생교육기관의 합으로 전체 평생교육기관 수를 구하면, 2022년에 A는 2,311개, B는 470개, C는 870개, D는 1,238개, E는 1,012개이다. 따라서 특수 대학원이 차지하는 비중이 20% 이상인 지역은 약 21.7%인 E뿐이다.

④ (○) <표 1>과 <표 2>를 비교하면 모든 평생교육기관에서 직원이 증가한다.

⑤ (×) 기관 당 강사 수가 가장 많은 평생교육기관은 2021년에는 준형식 기타(약 28.1명)이다. 반면, 2022년 기관 당 강사 수는 방송통신대학이 약 29.6명이고 준형식 기타는 약 26.7명으로 방송통신대학이 더 많다.

## 19. 정답 ③

ㄱ. (○) <표 1>과 <표 2>의 평생교육기관별 강사 수와 일치한다. 전체 강사 수는 비형식과 준형식 평생교육기관의 강사 수의 합과 일치한다.

ㄴ. (×) <표 3>의 전체 기관 수와 <표 2>의 전체 기관 수가 동일하므로 지역은 A ~ E로만 구분됨을 알 수 있다. 2022년 전체 평생교육기관 5,901개 중 지역별 평생교육기관 비중은 A가 2,311개로 약 39.2%이고, D는 1,238개로 약 21%이다. 그러나 그래프에는 A가 40% 이상, D가 25% 이상으로 나타나 있으므로 옳지 않다.

ㄷ. (×) 2022년 E의 비형식 평생교육기관은 761개이고 준형식 평생교육기관은 251개이므로 비형식과 준형식의 비는 약 3 : 1이다. 따라서 비형식 평생교육기관의 비중은 약 75%이다. 그러나 그래프에는 80% 이상으로 나타나 있으므로 옳지 않다.

ㄹ. (○) 대략적으로 2021년 비형식에서 원격이 차지하는 비중이 약 90%이고 언론부설이 1% 이상, 기타가 10% 미만임을 확인한다. 마찬가지로 준형식에서 특수 대학원의 비중이 35% 미만이고 기타가 70% 이상, 언론부설이 약 3% 임을 확인한다.

## 20. 정답 ②

ㄱ. (○) 공장 수가 가장 적은 지역은 원의 크기가 가장 작은 D이다. 한편 A ~ E 지역의 총면적은 각각 553백 $m^2$, 1,113백 $m^2$, 888백 $m^2$, 561백 $m^2$, 779백 $m^2$이다. 따라서 공장 수 대비 총 면적은 각각 약 187$m^2$, 143$m^2$, 274$m^2$, 693$m^2$, 224$m^2$이며, 공장 수가 가장 적은 D가 공장 수 대비 총 면적이 가장 크다.

ㄴ. (×) C는 E보다 제조시설 면적이 크지만 공장 수는 적다.

ㄷ. (×) 총 면적이 가장 작은 지역은 A이다. 부대시설 면적 대비 제조시설 면적은 x/y이므로 원점과 각 지역을 이은 기울기가 클수록 부대시설 면적 대비 제조시설 면적이 작다. 따라서 부대시설 면적 대비 제조시설 면적은 D가 가장 작다.

ㄹ. (○) B와 D의 공장 수 대비 부대시설 면적은 각각 약 0.56백 $m^2$, 3.4백 $m^2$로, D가 B의 약 6.1배이다.

## 21. 정답 ⑤

① (○) 2021년 전년 대비 수출액이 증가한 바이오 분야는 의약, 화학·에너지, 의료기기, 장비·기기, 서비스이고 전부 2021년 전년 대비 수입액도 증가한다.

② (○) 전체 바이오 수출액에서 의약이 차지하는 비중은 2020년 약 32.3%에서 2021년 약 29.6%로 감소한다. 전체 바이오 수출액에서 식품이 차지하는 비중 또한 2020년

약 24%에서 2021년 약 19.8%로 감소한다.

③ (○) 순수출액이 (+)값이라는 것은 수출액이 수입액보다 크다는 것을 의미한다. 2020년에 수출액이 수입액보다 큰 바이오 분야는 의약, 화학·에너지, 식품, 의료기기, 서비스로 총 5개이다. 2021년에는 화학·에너지, 식품, 의료기기, 서비스로 총 4개이다.

④ (○) 2021년 수입액의 전년 대비 증가율이 가장 큰 바이오 분야는 증가율이 약 120%인 의약이다. 의약의 2021년 수출액의 전년 대비 증가율은 약 8%로 10% 미만이다.

⑤ (×) 2021년 바이오 전체 수출액의 전년 대비 증가율은 약 18.3%이다. 따라서 2021년 수출액의 전년 대비 증가율이 전체보다 큰 바이오 분야는 의료기기(약 39%)와 서비스(약 43.2%)로 2개이다.

## 22. 정답 ①

두 번째 정보에서 2018년 보일러 에너지로 모든 에너지원을 사용하는 부문은 A, B이므로 A와 B는 산업 혹은 발전이다. 세 번째 정보에서 2018년 대비 2021년에 보일러 에너지 사용량이 증가하는 에너지원의 수는 A가 3개, B가 1개, C가 0개, D가 2개이다. 따라서 A가 산업이고, B가 발전이다. 네 번째 정보에서 부문별 전체 보일러 에너지 사용량 중 전력이 차지하는 비중이 두 번째로 큰 부문은 2018년과 2021년에 모두 D이다. 따라서 D는 수송이다. 따라서 A는 산업, B는 발전, C는 건물, D는 수송이다.

ㄱ. (○) 2018년 전체 보일러 에너지 사용량에서 발전 부문이 차지하는 비중은 약 72.3%이나, 2021년에는 약 65.5%로 2018년 대비 감소한다.

ㄴ. (○) 2018년 건물과 발전의 가스 보일러 에너지 사용량은 각각 5,768백 toe, 915백 toe로 건물이 발전보다 많다. 마찬가지로 2021년에는 건물과 발전이 각각 5,086백 toe, 4,910백 toe로 건물이 발전보다 많다.

ㄷ. (×) 산업 부문의 연료 보일러 에너지 사용량은 석탄, 석유, 가스 보일러 에너지 사용량의 합으로 구할 수 있다. 2018년 산업 부분의 연료 보일러 에너지 사용량은 122,709백 toe이며, 이 중 가스가 차지하는 비중은 약 38.5%로 40% 미만이다.

ㄹ. (×) 2018년 수송 부문의 보일러 에너지 사용량에서 가스가 차지하는 비중은 약 77.8%이나, 2021년에는 80%로 2018년 대비 증가한다.

## 23. 정답 ②

기업은 확대 혹은 둔화로만 응답하므로, 100을 기준으로 지수가 1 내려갈 때마다 '확대' 응답 업체의 비중은 0.5%p 감소하고 '둔화' 응답 업체의 비중은 0.5%p 증가한다. 예를 들어, 지수가 100인 경우 '확대' 응답 업체와 '둔화' 응답 업체의 비중이 각각 50%로 동일하지만, 지수가 99인 경우 '확대' 응답 업체와 '둔화' 응답 업체의 비중은 각각 49.5%와 50.5%가 된다.

① (×) 2022년 12월 대기업의 매출 지수는 92다. 따라서 '확대' 응답 업체의 비중은 46%이고 2022년 12월 매출 확대로 응답한 대기업은 50개의 46%인 23개이다.

② (○) 2022년 11월 중소기업의 수출 지수는 90이다. 따라서 '둔화' 응답 업체의 비중은 55%이고 2022년 11월 수출 둔화로 응답한 중소기업은 400개의 55%인 220개이다. 한편 2022년 11월 대기업의 수출 지수는 88이다. 따라서 '확대' 응답 업체의 비중은 44%이고 2022년 11월 수출 확대로 응답한 대기업은 50개의 44%인 22개이다. 이를 종합하면, 2022년 11월 수출 둔화로 응답한 중소기업은 수출 확대로 응답한 대기업의 10배이다.

③ (×) 2021년 12월 중소기업의 생산 지수는 96이다. 따라서 '둔화' 응답 업체의 비중은 52%이고 2021년 12월 생산 둔화로 응답한 중소기업은 400개의 52%인 208개이다. 한편 2021년 11월 중소기업의 생산 지수는 97이다. 따라서 '둔화' 응답 업체의 비중은 51.5%이고 2021년 11월 생산 둔화로 응답한 중소기업은 400개의 51.5%인 206개이다. 이를 종합하면, 2021년 12월 생산 둔화로 응답한 중소기업은 전월 대비 2개 증가한다.

④ (×) 2021년 11월 대기업의 수출 지수는 116이다. 따라서 '확대' 응답 업체의 비중은 58%이고 2021년 11월 수출 확대로 응답한 대기업은 50개의 58%인 29개이다. 한편 2021년 11월 대기업의 내수판매 지수는 112이다. 따라서 '확대' 응답 업체의 비중은 56%이고 2021년 11월 내수판매 확대로 응답한 대기업은 50개의 56%인 28개이다. 이를 종합하면, 수출과 내수판매 모두 확대라 응답한 대기업은 최소교집합에 따라 29 + 28 − 50 = 7개이다.

⑤ (×) 2022년 12월 중소기업의 매출 지수는 74이다. 따라서 '둔화' 응답 업체의 비중은 63%이고 2022년 12월 매출 둔화로 응답한 중소기업은 400개의 63%인 252개이다. 한편 2022년 11월 중소기업의 매출 지수는 82이다. 따라서 '둔화' 응답 업체의 비중은 59%이고 2022년 11월 매출 둔화로 응답한 중소기업은 400개의 59%인 236개이다. 이를 종합하면, 2022년 12월 매출 둔화라 응답한 중소기업은 전월 대비 약 6.8% 증가한다.

## 24. 정답 ①

ㄱ. (○) <표 1>의 수치와 일치한다.

ㄴ. (×) 6급의 비중은 약 29.6%로 30% 미만이고 1 ~ 5급의 합은 21,028명이므로 258,841명에서 차지하는 비중이 약 8.1%로 10% 미만임을 확인한다.

ㄷ. (○) <표 1>을 통해 확인할 수 있다.

ㄹ. (×) 2급은 80명에서 74명으로 감소하므로 증가율이 -7.5%이고 3급은 375명에서 389명으로 증가하므로 증가율이 약 3.7%로 5% 미만임을 확인한다.

## 25. 정답 ⑤

ㄱ. (×) 매출규모별 전체 종사자에서 남자가 차지하는 비중은 매출규모가 작은 것부터 순서대로 약 53.7%, 약 52.6%, 약 29.6%, 약 29.1%, 40.2%이다. 따라서 매출규모가 가장 큰 10억 원 이상에서 남자 비중이 가장 작지 않다.

ㄴ. (○) 최소 매출액의 합은 업체 수에 매출규모의 최솟값을 곱하여 구할 수 있다. 즉, 5천원 미만은 0원, 5천만 원 이상 1억 원 미만은 5천만 원, 1억 원 이상 5억 원 미만은 1억 원, 5억 원 이상 10억 원 미만은 5억 원, 10억 원 이상은 10억 원으로 계산하여 도출할 수 있다. 따라서 한의약산업 매출액의 합은 10,250 × 0 + 2,911 × 5천만 원 + 11,637 × 1억 원 + 2,630 × 5억 원 + 1,369 × 10억 원 = 399,325천만 원이다. 따라서 매출액의 합은 적어도 3.8조 원 이상이다.

ㄷ. (○) 업체 당 종사자 수는 매출규모가 적은 것부터 순서대로 약 1.39명, 1.89명, 3.67명, 6.03명, 28.23명이다. 따라서 매출규모가 클수록 업체 당 종사자 수가 많다.

## 26. 정답 ②

ㄱ. (○) 부산의 2016년 종량제봉투 판매수입은 60,044백만 원이고 광주의 2021년 수집운반처리비는 59,292백만 원이다. 2016년 대비 2021년 수집운반처리비의 증가율은 인천이 약 74.3%이고 그 외 광역시는 모두 40% 미만이므로 인천의 증가율이 가장 크다. 2016년 대비 2021년 종량제봉투판매수입의 증가율은 인천이 약 45.3%이고 그 외 광역시는 모두 40% 미만이므로 인천의 증가율이 가장 크다.

ㄴ. (×) 2021년 6대 광역시 전체 주민부담률은 약 48.9%이다. 부산, 광주, 대전, 울산은 2021년 주민부담률이 모두 50% 이상이고 대구는 약 44.8%, 인천은 약 41.2%이다. 따라서 2021년 주민부담률이 6대 광역시 합계보다 큰 광역시는 부산, 광주, 대전, 울산으로 4개이다.

ㄷ. (○) 2016년 주민부담률은 부산 약 58.7%, 대구 약 46.1%, 인천 약 49.4%, 광주 약 46.2%, 대전 약 41.0%, 울산 약 60.5%이다. 2021년 주민부담률은 부산 약 50.6%, 대구 약 44.8%, 인천 약 41.2%, 광주 약 58.3%, 대전 약 51.4%, 울산 약 64.3%이다. 따라서 2016년 대비 2021년 주민부담률이 상승하는 광역시는 광주, 대전, 울산으로 3개이다.

ㄹ. (×) 전체에서 차지하는 비중이 25% 이상이기 위해서는 광역시별 종량제봉투 판매수입의 4배가 6대 광역시 종량제봉투 판매수입 합계보다 큰지 확인하면 된다. 2016년에는 부산의 비중만 25% 이상이다. 2021년에는 부산의 종량제봉투 판매수입의 4배는 268,180백만 원으로 6대 광역시 종량제봉투 판매수입 합계보다 적다. 따라서 2021년에는 전체에서 차지하는 비중이 25% 이상인 광역시는 없다.

## 27. 정답 ③

① (○) 대전시본청의 지방세는 708,527백만 원이므로 대덕구 지방세의 약 4.5배 이상이다.

② (○) 재정자립도가 가장 낮은 행정구역은 동구이며, 동구의 인구 수는 2,267백 명으로 1770백 명인 대덕구에 이어 두 번째로 적다.

③ (×) 대덕구의 세대 수는 758백 세대이다. 세대 수가 대전광역시 전체에서 차지하는 비중이 20% 이상인 행정구역은 서구와 유성구이다. 유성구의 지방세가 대전광역시 전체에서 차지하는 비중은 약 22.5%이나 서구의 지방세가 대전광역시 전체에서 차지하는 비중은 약 19.7%로 20% 미만이다.

④ (○) 1인 당 지방세가 80만 원 미만인 행정구역은 동구(약 55.6만 원)와 중구(약 65.7만 원)로 2개이다. 서구는 약 81.5만 원, 유성구는 약 128.4만 원, 대덕구는 약 89.1만 원으로 80만 원 이상이다.

⑤ (○) 1세대 당 지방세는 유성구가 약 308.8만 원으로 가장 높으며 동구, 중구, 서구의 1세대 당 지방세는 200만 원 미만이므로 약 208.1만 원인 대덕구가 두 번째로 높다. 대덕구의 세대 수는 758백 세대로 세대 수가 가장 적다.

## 28. 정답 ③

ㄱ. (○) 대리 이하 직급의 평균 연봉은 3,500만 원이므로 사원 2명, 주임 1명, 대리 2명의 연봉의 합은 17,500만 원이다. 사원의 연봉은 3,000만 원, C의 연봉이 3,300만 원, 대리 이하 직급의 평균 연봉이 3,500만 원임을 고려하면, C의 직급은 주임이며 주임의 연봉은 3,300만 원이다. C가 대리가 될 경우 대리 이하 직급의 평균 연봉이 3,300만 원 이상일 수 없기 때문이다. 따라서 대리의 연봉은 (17,500 - 6,000 - 3,300)/2 = 4,100만 원이고, 주임에서 대리로 진급할 때의 연봉 상승률은 800/3,300 ≒ 24.2%이므로 25% 미만이다.

ㄴ. (○) A ~ I 전체 연봉 합계가 43,000만 원이고 보기 ㄱ에서 구한 사원, 주임, 대리의 연봉을 고려하면, 과장 2명과 차장 1명, 부장 1명의 연봉의 합계는 43,000 - 17,500 = 25,500만 원이다. F의 연봉은 5,500만 원이고 H의 연봉은 8,000만 원이므로 과장, 차장, 부장의 연봉 중 5,500만 원과 8,000만 원이 있다. 직급이 높을수록 연봉이 높아야 함을 추가로 고려하면, 과장의 연봉이 5,500만 원이고 부장의 연봉이 8,000만 원일 수밖에 없다. 따라서 차장의 연봉은 6,500만 원이 된다. 따라서 F의 직급은 과장이고 H의 직급은 부장이다.

ㄷ. (×) 과장의 연봉은 5,500만 원이고 대리의 연봉은 4,100만 원이므로 과장과 대리의 연봉 차이는 1,400만 원이다. 차장의 연봉은 6,500만 원이고 부장의 연봉은 8,000만 원이므로 차장과 부장의 연봉 차이는 1,500만 원이다. 따라서 차장과 부장의 연봉 차이가 과장과 대리의 연봉 차이보다 크다.

## 29. 정답 ⑤

ㄱ. (×) <표 2>의 전체 건축물 수를 이용하면, 상업용 건축물은 2021년에 126,931동이고 2022년에는 127,517동이다. 따라서 상업용 건축물은 2021년과 2022년에 증가한다.

ㄴ. (×) 개인 소유의 주거용 건축물은 주거용 건축물과 개인 소유 건축물의 최소교집합으로 구할 수 있다. 개인 소유 건축물은 2021년에 387,850동이고 2022년에 383,050동이다. 따라서 2021년 개인 소유의 주거용 건축물은 최소 435,702 + 387,850 - 585,636 = 237,916동이고 2022년에는 최소 420,608 + 383,050 - 581,157 = 232,501동으로 24만 동 미만일 수 있다.

ㄷ. (○) 2020년 법인 소유 건축물은 28,229동이다. 2018 ~ 2022년 전체 건축물에서 법인 소유 건축물이 차지하는 비중은 각각 약 4.22%, 4.51%, 4.76%, 4.98%, 4.97%로 매년 5% 미만이다.

ㄹ. (○) 전체 건축물은 매년 감소하고 사회용 건축물은 2022년에 가장 많다. 따라서 전체 건축물에서 사회용 건축물이 차지하는 비중은 2022년에 가장 높다.

## 30. 정답 ④

① (○) <표>의 수치와 일치한다.

② (○) 교통 구조인원은 약 20%, 승강기 구조인원은 약 29%, 갇힘 구조인원은 약 11%임을 확인한다. 산악 구조인원은 약 6% 화재, 수난, 기계 구조인원은 각각 3% 미만임을 확인한다.

③ (○) 구조인원 중 승강기 사고 구조인원의 비중은 2018년까지 증가하다가 2019년 감소함을 확인한다. 또한 2016년까지는 20% 미만이었고 2018년과 2019년에는 25% 이상임을 확인한다.

④ (×) 구조건수 당 구조인원은 2017년에 약 0.18명이고 2018년에 약 0.15명, 2019년에 약 0.14명이다. 2017년에 구조건수가 구조인원의 6배 미만임을 통해 그래프의 수치가 틀렸음을 확인할 수 있다.

⑤ (○) 구조건수의 전년 대비 증가율은 2016년에는 25% 이상, 2017년에는 7% 이상, 2018년에는 2% 미만, 2019년에는 9% 정도임을 확인한다.

## 31. 정답 ②

① (○) <표 1>에서 2018년 기준 도시 폐기물 OECD 하위 3개국인 아이슬란드, 룩셈부르크, 에스토니아의 도시 폐기물량은 매년 증가한다.

② (×) 2017년 OECD 전체 도시 폐기물량 중 미국의 도시 폐기물이 차지하는 비중은 약 28.7%이나, 2018년에는 약 29.6%로 증가한다.

③ (○) <표 2>는 2018년 기준 도시 폐기물 OECD 상위 10개국에 관한 자료이다. 그러나 2018년 기준 상위 10개국의 2015년 도시 폐기물량의 합이 OECD 전체에서 차지하는 비중도 약 85.5%이므로 2015년 기준 도시 폐기물 OECD 상위 10개국의 폐기물이 OECD 전체 도시 폐기물량에서 차지하는 비중은 반드시 85% 이상이다.

④ (○) 2018년 기준 도시 폐기물 OECD 상위 5개국의 도시 폐기물량을 구하면, 2015년 559,151천 톤, 2016년 577,504천 톤, 2017년 589,434천 톤, 2018년 629,812천 톤이다. 따라서 매년 OECD 전체 도시 폐기물량의 50% 이상이다.

⑤ (○) 2016년 도시 폐기물량의 전년 대비 증가율은 중국이 약 6.4%로 5% 이상이고 대한민국은 약 4.9%로 5% 미만이다. 2017년에는 대한민국의 도시 폐기물량은 전년 대비 감소하고 중국은 전년 대비 증가하므로 중국의 증가율이 대한민국의 증가율보다 크다. 2018년에는 중국의 증가율은 약 9.5%로 5% 이상이고 대한민국의 증가율은 약 4.8%로 5% 미만이다. 따라서 2016년부터 2018년까지 도시 폐기물량의 전년 대비 증가율은 매년 중국이 대한민국보다 크다.

## 32. 정답 ④

ㄱ. (○) 전체 응답자 수는 6,000명으로 동일하므로 종이책과 전자책의 '읽음' 응답자 수의 비교만으로 독서율을 비교할 수 있다. 종이책의 전체 '읽음' 응답자 수는 2,443명이고 전자책의 전체 '읽음' 응답자 수는 1,139명으로 종이책의 전체 '읽음' 응답자 수가 전자책의 2배 이상이므로 독서율도 2배 이상이다.

ㄴ. (×) 남성의 전자책 독서율은 약 20.1%로, 여성의 약 17.9%보다 높다.

ㄷ. (○) 종이책 독서율이 높은 연령대부터 순서대로 나열하면, 20대(약 60.3%), 30대(약 56.2%), 40대(약 44.5%), 50대(약 33.9%), 60대 이상(약 22.6%) 순이다. 전자책 독서율이 높은 연령대부터 순서대로 나열하면, 20대(약 50.5%), 30대(약 38.4%), 40대(약 13.8%), 50대(약 5.2%), 60대 이상(약 2.3%) 순으로 순서가 동일하다.

ㄹ. (○) 40대 이상의 종이책 독서율은 1,288/4,020 = 약 32.0%이다. 30대의 전자책 독서율은 370/964 = 약 38.4%이다. 따라서 40대 이상의 종이책 독서율이 30대의 전자책 독서율보다 낮다.

## 33. 정답 ②

갑, 을, 병의 평균 점수를 이용해 점수를 채우면 갑의 사회는 95점, 을의 영어는 88점, 병의 수학은 98점이다. 국어의 최솟값은 80점이므로 정 혹은 무의 국어 점수가 80점이어야 한다. 무의 평균은 88.75이므로 국어와 사회 점수의 합이 186점이어야 한다. 따라서 무의 국어 점수가 80점이라면, 무의 사회 점수가 106점이 되므로 각주에 부합하지 않는다. 따라서 정의 국어 점수가 80점이고 무의 국어 점수는 92점이다. 따라서 무의 사회 점수는 94점이다. 사회 평균 점수가 92.2점이므로 정의 사회 점수는 88점이고, 정의 평균 점수가 87점이므로 정의 영어 점수는 93점이다. 이를 바탕으로 <표>의 빈칸을 채우면 다음과 같다.

| | 국어 | 영어 | 수학 | 사회 | 평균 |
|---|---|---|---|---|---|
| 갑 | 88 | 92 | 82 | 95 | 89.25 |
| 을 | 91 | 88 | 75 | 88 | 85.5 |
| 병 | 82 | 85 | 98 | 96 | 90.25 |
| 정 | 80 | 93 | 87 | 88 | 87 |
| 무 | 92 | 82 | 87 | 94 | 88.75 |
| 평균 | 86.6 | 88 | 85 | 92.2 | – |
| 최솟값 | 80 | 82 | 75 | 88 | – |
| 최댓값 | 92 | 93 | 98 | 96 | – |

따라서 평균이 두 번째로 높은 과목은 영어, 최솟값이 두 번째로 낮은 과목은 국어, 최댓값이 가장 높은 과목은 수학이다.

## 34. 정답 ②

ㄱ. (○) A방식은 국어, 영어, 수학의 평균으로 순위를 부여하므로 국어, 영어, 수학의 총점으로 순위를 부여하는 것과 동일하다. 국어, 영어, 수학의 총점은 갑 262점, 을 254점, 병 265점, 정 260점, 무 261점이다. 따라서 A방식에 의할 경우, 병이 1위이다. B방식에 의할 경우, 과목별로 갑 ~ 무에게 부여되는 점수는 다음과 같다.

| | 국어 | 영어 | 수학 | 사회 | 합계 |
|---|---|---|---|---|---|
| 갑 | 3 | 3 | 2 | 3 | 11 |
| 을 | 3 | 3 | 1 | 1 | 8 |
| 병 | 2 | 2 | 4 | 4 | 12 |
| 정 | 1 | 4 | 3 | 1 | 9 |
| 무 | 4 | 1 | 3 | 3 | 11 |

따라서 B방식에 의할 경우에도, 병이 1위이다.

ㄴ. (×) B방식으로 산정할 때, 국어, 영어, 수학은 갑 ~ 무에게 부여된 점수의 합이 13점이다. 그러나 사회의 경우 갑 ~ 무에게 부여된 점수의 합은 12점이다.

ㄷ. (○) 국어, 영어, 수학의 총점은 갑 262점, 을 254점, 병 265점, 정 260점, 무 261점이므로, A방식에 의할 경우 1위 병, 2위 갑, 3위 무, 4위 정, 5위 을이다. B방식에 의할 경우 갑과 무의 점수의 합이 동일하므로 수학 성적이 높은 무가 높은 순위가 된다. 따라서 B방식에 의할 경우 1위 병, 2위 무, 3위 갑, 4위 정, 5위 을이다. 따라서 A방식과 B방식으로 산정한 순위가 다른 학생은 갑과 무로 두 명이다.

ㄹ. (×) 갑의 국어 성적이 91점이 될 경우 갑의 국어, 영어, 수학의 총점은 265점이 되어 병과 동점이 된다. A방식에서 평균이 동일한 경우 영어 성적이 높은 학생을 높은 순위로 하므로 갑이 1위가 된다. B방식에 의할 경우 국어 평균은 87.2점으로 상승하나, 갑 ~ 무에게 부여된 점수는 변동이 없다. 또한 갑의 국어 성적만 변경될 경우 영어, 수학, 사회에 부여된 점수 또한 변동이 없다. 따라서 B방식으로 산정한 순위는 바뀌지 않으며 병이 여전히 1위이다.

## 35. 정답 ⑤

① (○) 2019 ~ 2021년 비금융법인의 순자산은 각각 25,267천억 원, 23,085천억 원, 26,759천억 원이며, 금융법인의 순자산은 각각 3,676천억 원, 4,179천억 원, 4,885천억 원이다. 따라서 2019 ~ 2021년 비금융법인 순자산은 금융법인 순자산의 각각 약 6.9배, 5.5배, 5.5배로 매년 5배 이상이다.

② (○) 2019 ~ 2021년 금융법인의 비금융자산에서 비금융생산자산이 차지하는 비중은 각각 약 59.0%, 57.8%, 58.0%로 2019년에 가장 높다.

③ (○) 전년 대비 비금융법인의 금융자산 증가율은 2020년과 2021년 모두 약 13%이다. 전년 대비 금융법인의 금융자산 증가율은 2020년과 2021년 모두 10% 미만이다.

④ (○) 2020 ~ 2021년 비금융법인의 순자산 증가율은 각각 약 -8.6%, 15.9%이며, 금융법인의 순자산 증가율은 각각 약 13.7%, 16.9%이다. 따라서 전년 대비 순자산의 증가율이 가장 높은 해는 비금융법인과 금융법인 모두 2021년으로 동일하다.

⑤ (×) 2020 ~ 2021년 비금융법인의 자산 증가폭은 각각 6,802천억 원, 9,197천억 원이며, 금융법인의 자산 증가폭은 각각 8,734천억 원, 8,685천억 원이다. 따라서 2021년에는 비금융법인의 전년 대비 자산 증가폭이 금융법인의 전년 대비 자산 증가폭보다 크다.

## 36. 정답 ④

① (○) <보고서> 첫 번째 문단의 내용과 일치한다.

② (○) <보고서> 두 번째 문단의 내용과 일치한다. 각주에 따라 전체 인구는 유소년인구과 생산가능인구, 고령인구의 합으로 구할 수 있다.

③ (○) <보고서> 세 번째 문단의 내용과 일치한다.

④ (×) <보고서> 마지막 문단의 두 번째 문장과 일치하지 않는다. 전체 출생자 수는 남자 출생자와 여자 출생자를 합하여 구할 수 있으며, 2015년에 출생자 수는 410,869명이고 2019년에 출생자 수는 311,276명으로 감소율이 약 24.2%로 25% 미만이다.

⑤ (○) <보고서> 마지막 문단의 내용과 일치한다. 여자 사망자 수는 전체 사망자에서 남자 사망자 수를 빼서 구할 수 있다.

## 37. 정답 ①

1. 전입과 전출은 A ~ E지역 간에서만 이루어지므로 전출 기준 %의 합이 100%가 되어야 한다. 따라서 2020년 C에서 B로 이동한 인구는 C지역 인구의 15%이고, E에서 C로 이동한 인구는 E지역 인구의 10%이다. 그런데 2020년 1월 1일 0시 기준 E지역 인구가 3,000명이므로 2020년 E에서 C로 이동한 인구는 300명이고, 2020년 C에서 B로 이동한 인구와 A에서 C로 이동한 인구 역시 300명이다. 이때 2020년 C에서 B로 이동한 인구와 A에서 C로 이동한 인구는 각각 C지역과 A지역 인구의 15%이므로, 2020년 1월 1일 0시 기준 A지역과 C지역의 인구는 각각 2,000명으로 동일하다.
2. 2020년 1월 1일 0시 기준 A ~ E지역 인구의 합이 11,000명이며 A, C, E지역 인구의 합이 7,000명이므로, B지역 인구를 x명이라고 하면 D지역 인구는 (4,000 - x)명이다. 한편 2021년 1월 1일 0시 기준 인구는 2020년 1월 1일 0시 기준 인구에서 전출 인구를 빼고 전입 인구를 더하여 계산할 수 있다. 2021년 1월 1일 0시 기준 A의 인구가 2,275명이며 2020년 A의 전출 인구는 600명이므로, 2020년 A의 전입 인구는 875명이어야 한다. 그런데 B ~ E지역에서 A지역으로 전입 온 인구는 각각 0.05x, 400, 400-0.1x, 150명이므로 x, 즉 2020년 1월 1일 0시 기준 B지역 인구는 1,500명이며 D지역 인구는 2,500명이다.
3. 이를 바탕으로 2020년 A ~ E지역 전입·전출자 수를 구하면, 다음과 같다.

| | A | B | C | D | E |
|---|---|---|---|---|---|
| A | 1,400 | 200 | 300 | 100 | 0 |
| B | 75 | 1,140 | 75 | 120 | 90 |
| C | 400 | 300 | 1,200 | 0 | 100 |
| D | 250 | 150 | 0 | 1,850 | 250 |
| E | 150 | 330 | 300 | 240 | 1,980 |

4. 2020년 1월 1일 0시 대비 2021년 1월 1일 0시에 인구 변화분은 2020년 전입자 수에서 전출자 수를 뺀 값의 절댓값으로 구할 수 있다. A ~ E 지역의 인구 변화분은 각각 275명, 620명, 125명, 190명, 580명으로, 변화분이 가장 큰 지역은 B이고 가장 작은 지역은 C이다.

## 38. 정답 ⑤

1. 결승 진출 횟수에서 우승 횟수를 뺀 횟수가 준우승 횟수가 되고, 준결승 진출 횟수에서 결승 진출 횟수를 뺀 횟수가 준결승에 진출하였으나 패배한 횟수가 된다. 이를 정리하면 다음과 같다.

| | 갑 | 을 | 병 | 정 | 무 |
|---|---|---|---|---|---|
| 우승 횟수 | 5 | 6 | 2 | 3 | 5 |
| 준우승 횟수 | 2 | 3 | 0 | 8 | 5 |
| 준결승에 진출하였으나 패배한 횟수 | 6 | 6 | 9 | 1 | 7 |

2. 위 표를 이용하여 테니스 대회에서 받은 상금의 합을 계산하면 다음과 같다.
갑 = 5 × 220 + 2 × 150 + 6 × 30 = 1,580만 달러
을 = 6 × 220 + 3 × 150 + 6 × 30 = 1,950만 달러
병 = 2 × 220 + 0 × 150 + 9 × 30 = 710만 달러
정 = 3 × 220 + 8 × 150 + 1 × 30 = 1,890만 달러
무 = 5 × 220 + 5 × 150 + 7 × 30 = 2,060만 달러
3. 따라서 상금의 합이 가장 큰 선수는 '무'이다.

## 39. 정답 ①

ㄱ. (○) 폭 대비 길이가 가장 긴 다리는 폭 대비 길이가 600배 이상인 B이다. B를 제외하고는 폭 대비 길이가 500배 미만이다. B는 폭이 11.5m로 가장 좁다.

ㄴ. (×) 사장교인 다리를 준공년도가 빠른 것부터 나열하면, F, I, H, D, B이다. 그러나 사장교인 다리를 폭이 넓은 것부터 나열하면, I, D, F, H, B이다.

ㄷ. (○) 사장교 중 길이가 가장 긴 다리는 I이고 I의 폭은 33.4m이다. 현수교 중 길이가 가장 긴 다리는 C이고 C의 폭은 25m이다. 따라서 I의 폭은 C의 폭보다 약 1.34배 넓다.

ㄹ. (×) A보다 길이가 2.5배(약 6.91km) 이상 긴 다리는 B, C, F, I이다. A의 폭 대비 길이는 113.8m이고 C의 폭 대비 길이는 296.8m이므로 3배 미만이다.

40. 정답 ③

<정보>를 통해 빈칸을 먼저 채우면, 자녀독립기 재활 서비스 이용 응답자 수는 8,000 × 0.5% = 40명이고, 노인기 보육 서비스 이용 응답률은 0.4%이므로 노인기 응답자 수는 10,000명이다. 또한 설문조사는 '갑'국 국민 40,000명을 대상으로 하였으므로 자녀 출생전기의 응답자 수는 2,000명이다. 노인기 정신건강 서비스 이용 응답자 수는 10,000 × 0.9 = 90명이므로 미혼기 신체건강 서비스 이용 응답자 수는 900명이 되어야 한다. 따라서 미혼기 신체건강 서비스 이용률은 900/3,000 = 30%이다.

ㄱ. (×) 자녀성장기는 노인기보다 평균 이용 서비스 개수가 많다. 그러나 자녀성장기 성인돌봄 서비스 이용 응답자 수는 17,000 × (2.6% + 0.7% + 1.6%) = 833명이고 노인기 성인돌봄 서비스 이용 응답자 수는 10,000 × (7.8% + 1.1% + 7.7%) = 1,660명이므로 성인돌봄 서비스 이용 응답자 수는 노인기가 자녀성장기보다 많다.

ㄴ. (○) 자녀성장기 아동돌봄 서비스 이용 응답자 수는 17,000 × (21.4% + 80.7% + 2.2% + 1.9%) = 18,054명이다. 자녀성장기 응답자는 총 17,000명이므로 2개 이상의 아동돌봄 서비스를 이용한 응답자는 최대 1,054명으로 1,100명 이하이다.

ㄷ. (○) 자녀성장기 주거 서비스 이용 응답자 수는 17,000 × 4.6% = 782명이고 자녀독립기 건강 서비스 이용 응답자 수는 8,000 × (57.8% + 1.7% + 0.5%) = 4,800명이다. 따라서 자녀독립기 건강 서비스 이용 응답자 수는 자녀성장기 주거 서비스 이용 응답자 수의 약 6.14배이다.

ㄹ. (×) 신체건강 서비스 이용 응답자 수는 자녀출생전기가 2,000 × 46.3% = 926명으로 미혼기 3,000 × 30% = 900명보다 많다. 그러나 문화서비스 이용 응답자 수는 미혼기가 3,000 × 3.2% = 96명으로 자녀출생기 2,000 × 2.8% = 56명보다 많다.

# 2025년도 국가공무원 5급 공채·외교관후보자 제1차시험·
# 지역인재 7급·법원행시 대비

# 상 황 판 단

제6회

## 정답 및 해설



## PSAT 상황판단 정답

| 1 | 2 | 3 | 4 | 5 |
|---|---|---|---|---|
| ④ | ③ | ③ | ④ | ③ |
| 6 | 7 | 8 | 9 | 10 |
| ② | ② | ① | ② | ③ |
| 11 | 12 | 13 | 14 | 15 |
| ③ | ② | ③ | ② | ③ |
| 16 | 17 | 18 | 19 | 20 |
| ① | ① | ③ | ④ | ⑤ |
| 21 | 22 | 23 | 24 | 25 |
| ③ | ④ | ⑤ | ⑤ | ② |
| 26 | 27 | 28 | 29 | 30 |
| ⑤ | ④ | ① | ② | ③ |
| 31 | 32 | 33 | 34 | 35 |
| ① | ① | ③ | ② | ⑤ |
| 36 | 37 | 38 | 39 | 40 |
| ⑤ | ① | ① | ④ | ④ |

## PSAT 상황판단 해설

**1.** 정답 ④

① (×) 제□□조 제1항에 따라, 다양성위원회는 다양성위원장을 포함해 7명 이상으로 이루어지므로, 총 7명 이상의 위원으로 구성한다.

② (×) 제□□조 제3항에 따라 다양성위원장이 부득이한 사유로 직무를 수행할 수 없을 때에는 위원회(제○○조에 따르면 방송통신위원회) 위원장이 지명한 다양성 위원이 그 직무를 대행한다

③ (×) 제□□조 제4항에 따라, 보궐 위원의 임기는 전임자의 잔임 기간인 바, 6개월이다.

④ (○) 다양성 위원회의 최소 구성원 수는 다양성 위원장을 포함해 7명이다. 제◇◇조 제1항에 따라, 임시회의는 재적위원 3분의 1 이상의 요구가 있어야 하는바, 최소 3명의 요구가 있어야 임시회의가 개최될 수 있다.

⑤ (×) 다양성 위원회의 최소 구성원수는 7명이고, 이 중 제척된 위원이 1명 존재한다면, 재적위원은 6명이다. 이때, 제◇◇조 제2항에 따라, 다양성위원회 의사는 재적위원 과반수 출석과 출석위원 과반수 찬성으로 의결한다. 이때, 재적위원의 과반수는 4명, 이 중 과반수의 찬성은 3명인바, 틀린 선지이다.

**2.** 정답 ③

① (×) 제○○조 제1항에 따를 때, A백화점은 최종가격표기 대상 영업소가 아니기 때문에, 부가가치세를 별도로 표기하지 아니하여도 벌칙을 받지 아니한다.

② (×) 면적이 100m²라면 제○○조 제1항 제2호의 영업소가 아니므로, 옥외가격표기 대상 영업소가 아닌바, 이를 표기하지 아니하여도 된다.

③ (○) 제□□조 제2항 제2호, 제3호의 조항을 볼 EO, 아무리 외부에서 육안으로 확인할 수 있더라도, 옥외가격표기는 영업소의 외부에 표기하여야 하는바, 내벽에만 표기한 경우 제◎◎조 제1호에 따라 5백만원 이하의 과태료를 부과할 수 있다.

④ (×) 제△△조 제2항 제3호어 따라 닭 등 1마리 단위로 제공하는 품목은 100g당 가격으로 표시하지 아니할 수 있으므로 과태료 부과대상이 아니다.

⑤ (×) 제△△조 제2항 제2호의 사항을 위반하였으므로 제◎◎조 제2호에 따른 과태료 부과 대상이나, 벌금의 부과 대상은 아닌바 틀린 선지이다.

**3.** 정답 ③

A는 누적벌점이 10점이고, 퇴사 횟수가 2회이다. 그러나, 제△△조 제5호 단서에 따르면, 질병 퇴사는 퇴사 횟수에 포함되지 않으므로, 2023년도 2학기 수업 기간에 폐렴으로 인해 자진 퇴사한 것은 퇴사 횟수에 포함되지 않는다. 즉, 퇴사횟수는 1회인바, 2024년도 1학기 수업 기간에 기숙사에 입사할 수 있다.

B의 벌점은 제◇◇조 제1항에 따를 때 매 학기 누적되므로, 무단외박 3회로 9점, 음주 후 주사로 5점, 전열기구 사용으로 8점이다. 이를 모두 합치면 누적 벌점은 22점이다. 게다가, 제◇◇조 제2항에 따라 전열기구 사용이 적발되면 강제퇴사된다. 이는 결국 제△△조 제3호에 따라, 강제 퇴사 후 1년이 지나지 아니한 경우이기도 하여, 재입사가 불가하다.

c의 벌점은 사생실 개인 물건 방치 후 퇴사로 인한 4점, 외부인의 숙박 허용으로 인한 10점으로 누적 벌점은 14점이다. 그러나 외부인의 숙박 허용은 벌점 10점으로, 퇴사 사유이다. 이에 따라 c는 2022년도 2학기 수업 기간에 강제 퇴사되었다. 이후, 제△△조 제3호에 따라 강제 퇴사된지 1년 이상이 지났으므로, 재입사가 가능하다.

**4.** 정답 ④

① (×) 첫 번째 조항에 따라 교생은 매주 월요일부터 금요일까지 5일 출근하므로, 총 10일 출근한다.

② (×) 두 번째 조항 제2호에 따라 결핵 검사지를 제출하지 않았다면, 교생이 아닌 의료기관이 종합 보건증을 제출한다.

③ (×) 모든 교생은 네 번째 조항 제1항에 따라 매 출근 시, 즉 10번 실습록을 작성하고, 2번 실습록을 제출한다.

④ (○) 다섯 번째 조항 제1항에 따라, 코로나에 감염된 후 3일간은 공공결석 처리되므로, 이는 세 번째 조항에 따라 결석 횟수에 포함되지 않고, 이후의 3일은 질병결석이 되는데, 세 번째 조항 제2항 제3호에 따라 질병 결석은 5회 이하로 할시, 출결사항에 문제가 생기지는 않으므로, 다른 특별한 사안이 없는 한, 실습은 이수 처리 된다.

⑤ (×) 첫 번째 조항 제2항에 따라 모든 교생은 실습 수업을 5번 한다. 이때, 전체 대표 교생은 이와 별도로 교생대표수업을 1회 더 하게 되는데, 이는 학년 대표 교생은 진행하지 않는다. 즉, 학년 대표 교생은 일반 교생과 마찬가지로 수업을 5회 진행한다.

**5.** 정답 ③

甲은 학위 이수에 총 120시간을 활용할 수 있다. 정책 분과를 이수하기 위하여는 41시간, 금융분과를 이수하기 위하여는 46시간, 제도분과를 이수하기 위하여는 35시간, 계량분과를 이수하기 위하여는 33시간이 든다. 이때, 4과목을 모두 들으면 155시간이 드므로, 4과목을 이수하는 것은 불가능하다. 이때, 3과목을 듣는 경우의 수는 4가지로, 정책, 제도, 계량 분과를 이수하면 109시간 정책, 금융, 제도 분과를 이수하면 122시간, 정책, 금융, 계량 분과를 이수하면 120시간, 금융, 제도, 계량 분과를 이수하면 114시간이 든다. 정책, 금융, 제도 분과를 이수하는 것은 불가하고, 다른 3경우를 살펴보았을 때, 이수에 투자하여야 하는 시간이 가장 긴 경우는 정책, 금융, 계량분과를 이수하는 것이다.

**6.** 정답 ②

1차년도에는 2000만원을 지급받는다. 기본연봉은 3차년도부터 증가하므로, 2차년도의 기본연봉은 2000만원, 성과연봉은 성과등급이 S등급인바, 2000×175%=3500만원이다. 3차년도의 기본연봉은 전년대비 10% 증가하여 2200만원이고, 누적연봉은 당해 연도의 기본연봉을 초과할 수 없는 바, 2200만원, 성과연봉은 A등급인바, 2200×125% =2750만원이다. 이를 모두 합치면 1억 4650만원이다.

**7.** 정답 ②

ㄱ. (×) 조직단결력이 낮으면 퇴근시간이 빨라지므로, 오히려 반대의 가능성이 더 높다.

ㄴ. (○) 야근 분위기가 있더라도 구성원의 의사소통 원활도가 높거나, 직장에서 집까지의 거리가 매우 멀면 퇴근시간이 빠를 수 있다.

ㄷ. (×) 일정 구간에 다다르지 않으면 퇴근시간이 유의미하게 변하지 않으므로 이는 부정확한 서술이며, 집까지의 거리가 가깝더라도 야근 분위기 등에 따라 달라질 수 있기 때문에 틀린 선지이다.

## 8. 정답 ①

甲과 乙의 대화에 따를 때, 터키 소나타, 쉬운 소나타, 작은별 변주 소나타, 비창 소나타, 열정 소나타는 독주곡이다. 그리고, 연주되는 순서는, 모차르트의 곡은 그대로이나, 베토벤의 곡은 운명 교향곡과 황제의 협주곡부터 연주되므로, 최종적인 순서는 터키 소나타, 운명 교향곡, 카덴차 협주곡, 황제의 협주곡, 쉬운 소나타, 비창 소나타, 행진 소나타, 영웅 교향곡, 작은별 변주 소나타, 열정 소나타의 순서로 진행된다. 이 중 독주곡은 터키 소나타, 쉬운 소나타, 비창 소나타, 작은별 변주 소나타, 열정 소나타의 순서로 진행된다. 이 중 네 번째는 작은별 소나타이다.

## 9. 정답 ②

2007년에는 풍작도 중간, 토질 중간일 때의 조세를, 2009년에는 토질 중간, 풍작도 낮음일 때의 조세를, 2011년에는 토질 낮음, 풍작도 낮음일 때의 조세를 낸 바, 각각 1결당 12두, 10두, 4두의 조세를 낸다. 甲은 총 7결의 땅을 갖고 있는바, 이를 합치면 182두의 조세를 납부하게 된다.

## 10. 정답 ③

종민은 배터리 효율은 원래 값의 5/4를 곱하고, 외향도 5/4를 곱하여 제출하였다. 그리고, 감가상각은 사이트 관리자에 의해 4/5를 곱한만큼의 값으로 계산되었다. 이에 따라, 최종 산출된 지수는 처음 종민이 계산한 지수의 5/4배이다. 이것이 종민이 처음 계산한 지수보다 0.15가 크다는 것은, 종민이 계산한 지수의 1/4가 0.15이고, 종민이 처음 계산한 지수는 0.6이라는 것이다. 이때, 태블릿 PC의 정확한 지수는 종민이 처음 계산한 지수에서 감가상각을 4/5만큼만 반영한 것이므로, 종민이 처음 계산한 지수의 80% 값이 정확한 지수 값이다. 즉, 0.48이다.

## 11. 정답 ③

첫 번째 조건으로 3, 24일이 제외된다. 두 번째 조건으로, 1, 4, 8, 11, 15, 18, 22, 25, 29일이 제외된다. 다섯 번째 조건으로 7, 14, 21, 28일이 제외된다. 이에 따라 남은 날은 2, 5, 6, 23, 30, 31일이다. 즉, 동창모임은 2, 5, 6, 20, 28, 30, 31일 중 하므로, 7일에는 하지 않는다.

## 12. 정답 ②

乙의 경우 수급 자격 부분에서 모임 횟수가 12회 이상이어야 한다고 하였으나, 11회로 이보다 적어 제도상 받을 자격이 없다.

丙의 경우 단과 동아리의 경우 인원이 25명 이상이어야 하나, 24명으로 이보다 적은 바, 제도상 지원금을 수급받을 자격이 없다.

戊의 경우 모임 횟수가 13회이고, 학술 동아리이지만 산출물지수가 49으로 45 이상이다. 다만, 평균 참여자/인원이 1/2보다 작으므로 자격이 없다.

甲은 단과 동아리이나 인원이 25명 이상이고, 평균 참여자/인원이 1/2를 넘으며, 모임 횟수가 12명 이상이므로 지원급을 수급받을 수 있다.

丁은 단과 동아리이나 인원이 25명 이상이고, 평균 참여자/인원이 1/2를 넘고, 모임 횟수도 12회 이상이며, 창업 동아리이면서 산출물 지수가 45를 넘으므로 지원금을 수급받을 수 있다.

## 13. 정답 ③

드러나 있는 질문에서 나올 수 있는 숫자는 87, 93, 99의 세 개다.

① (×) 4로 나누었을 때 나머지가 3인 숫자는 87과 99로, 이 질문만 추가된다면 숫자를 맞출 수 없다.

② (×) 90보다 큰 수는 93, 99로, 이 질문만 추가된다면 숫자를 맞출 수 없다.

③ (○) 9의 배수인 숫자는 99뿐이므로, 이 질문만 추가된다면 숫자를 맞출 수 있다.

④ (×) 약수의 개수가 총 4개인 숫자는 87과 93으로,.이 질문만 추가된다면 숫자를 맞출 수 없다.

⑤ (×) 자기자신과 1을 제외한 약수가 모두 소수인 숫자는 87과 93으로, 이 질문만 추가된다면 숫자를 맞출 수 없다.

## 14. 정답 ②

우선 1원칙에 따라 선택과목을 4일차에는 심화과학, 심화수학을 보고, 2원칙에 따라 1교시는 심화수학, 2교시는 심화과학을 본다. 2원칙에 따라, 1일차에는 1그룹 과목, 2일차에는 2그룹 과목, 3일차에는 3그룹 과목을 본다. 이후, 3원칙에 따라 1일차 1교시에 국어, 2교시에 수학을 본다. 2일차 1교시에는 과학, 2교시에는 사회를 본다. 3일차 1교시에는 영어, 2교시에는 체육과 예술을 본다. 이를 표로 정리하면 다음과 같다.

| 구분 | 1일차 | 2일차 | 3일차 | 4일차 |
|---|---|---|---|---|
| 1교시 | 논술과 독서 | 물리학 2 | 영문학의 이해 | 심화수학 |
| 2교시 | 고급수학 | 사회와 문화 | 건강과 웰니스 | 심화과학 |

## 15. 정답 ③

甲이 승부에서 이기려면 1승 2무, 2승 1무, 2승 1패, 3승 0패 중 하나를 하여야 한다. 甲은 세 장 모두 가위이므로, 상대방이 내는 순서와 관계없이, 상대방이 가진 카드에 의해서만 승부가 결정된다. 이 때, 상대방이 바위를 내면 지고, 보를 내면 이기며, 가위를 내면 비긴다. 이때, 가능한 상대방 패의 조합은 (보, 가위, 가위), (보, 보, 가위), (보, 보, 바위), (보, 보, 보)이다. 이때, 상대방이 갖고 있을 수 있는 카드의 모든 경우의 수는 27이고, (보, 가위, 가위)를 가지는 경우의 수는 3, (보, 보, 가위)를 가지는 경우의 수는 3, (보, 보, 바위)를 가지는 경우의 수는 3, (보, 보, 보)를 가지는 경우의 수는 1이다. 즉, 甲이 이길 확률은 10/27이다.

## 16. 정답 ①

<상황> 박스에서 다른 지역의 관광지를 여행하더라도 패스를 사용하면 지하철비가 무료이다. 이때 최적의 경우의 수를 찾아보면, 우선 관서패스는 1일권, 주유패스는 1일권을 결제한 후, 첫날에 사슴공원과 고궁, 죽림원을 방문하고, 둘째날에 패스없이 평등원과 여우사찰을 방문한 뒤, 셋째날에 주유패스로 오사카의 관광지를 모두 여행하는 것이다. 이렇게 되면, 첫날 30000원, 둘째날 47000원, 셋째날 28000원으로 총 105000원이 소요된다.

## 17. 정답 ①

丙의 경우 품새 점수가 70점 미만이므로, 탈락이고, 나머지 甲, 乙, 丁, 戊는 승급 기준을 충족하는 바, 3명 선발하고, 남은 1명이 승급예정자로 지정된다.

甲의 평가 점수는 71+77+4×10+26×3=266점이고, 乙의 평가 점수는 88+65+2×10+30×3=263점이고, 丁의 평가 점수는 91+91+510×5+12×3=268점이고, 戊의 점수는 84+61+7×10+27×3=296점이다. 이 중 3위는 甲으로, 甲이 승진예정자로 지정된다.

## 18. 정답 ③

현재 8개 의뢰를 1인이 할 때 걸리는 시간은 총 640분이다. 이를 3명이서 나누면 210, 210, 220분으로 나누어 할 때, 모든 의뢰가 빨리 끝난다. 이를 분배하면, 첫 번째 사람에게는 국회 회의록과 D광역시청 회의록을 분배하면 210분이 걸리고, 두 번째 사람에게는 A구 의회 회의록과 E회사 이사회 회의록을 분배하면 210분이 걸리며, 세 번째 사람에게 남은 의뢰를 할당하면 220분이 걸린다. 즉, 결과적으로 걸리는 시간은 220분, 3시간 40분이다. 업무는 오후 1시에 시작하는바, 4시 40분에 의뢰받은 업무가 모두 끝난다.

## 19. 정답 ④

① (×) 두 번째 문단에 따를 때, 7화음은 세 개의 음을 쌓아 만든 3화음에 음을 하나 더 쌓아 만드는 음으로, 4개의 음으로 구성되어 있다.

② (×) 두 번째 문단에 따를 때, 장7화음은 으뜸음 뒤에 M7을 붙인다. 첫 번째 문단에 따를 때, 장3화음은 으뜸음만 써서 표기하므로, 장3화음 표기 뒤에 7을 붙이면 C7이

되는데, 장7화음은 CM7으로 표기하여야 하므로, 틀린 선지이다.

③ (×) 네 번째 문단에 따를 때, 텐션코드는 기존의 화음과 멀리 떨어져 있는 음정에서 오는 신비로움과 긴장감을 주며, 이를 자리바꿈하면 불협화음을 유발하기 때문에 자리바꿈을 사용하지 않는다고 나와 있으므로, 불협화음을 유발하여 긴장감을 유발하는 것은 아니다.

④ (○) 다섯 번째 문단에 따를 때, 얼터드 텐션은 ♭9, ♯9, ♯11, ♭13음을 추가하는 것인데, 이때, 11음에는 ♯만 있고, ♭11음이 없다. 즉, 11음을 반음 내린 음은 없다.

⑤ (×) 여섯 번째 문단과 일곱 번째 문단에 따를 때, ♯9, ♯11같은 얼터드 텐션을 사용하는 경우에는 으뜸음 뒤에 마지막에 쌓은 음을 써서 표기하는 것이 아닌, 마지막으로 쌓은 내츄럴텐션을 적고, 나머지 음은 윗첨자를 사용하여 표기하므로 으뜸음 위에 (♯9, ♯11)을 윗첨자로 붙여 표기하는 것이 올바른 표기이다.

## 20. 정답 ⑤

속7화음은 두 번째 문단에 따를 때, 으뜸음 뒤에 7을 붙여 표기한다. 즉, E7으로 표기한다. 마지막 문단에 따를 대, 얼터드 텐션인 ♯9음을 사용하였으므로, 이후의 텐션음은 윗첨자에 표기한다. 즉 E7$^{(\sharp 9,\ \flat 13)}$이 올바른 표기이다.

## 21. 정답 ③

① (×) 인터넷게임제공업을 영위하고자 하는 자는 시장 등에게 등록하여야 한다.

② (×) 본 선지의 내용은 제◇◇조 제3호를 위반한 것으로 기속적으로 영업폐쇄를 명할 필요가 없으므로, 틀린 선지이다.

③ (○) 제◇◇조 제3호를 위반한 것이므로, 6월 이내인 3월 이내의 기간을 정하여 영업정지를 명할 수 있다.

④ (×) 게임배급업자가 거짓된 방법으로 등록한 것은 제□□조의 준수사항에 규정이 없고, 관련 벌칙규정도 없는바, 형벌을 가할 수는 없다.

⑤ (×) 제◎◎조에 따라 과태료를 부과할 수는 있으나, 벌금을 부과할 수는 없다.

## 22. 정답 ④

ㄱ. (×) 이는 제○○조 제1항의 사항으로, 농림축산식품부장관에게 허가를 받아야 한다.

ㄴ. (○) 제◎◎조 제1항 제2호에 따라 농지보전부담금을 납부하여야 한다.

ㄷ. (×) 부정한 방법으로 허가를 받은 것은 제□□조 제1호에 의한 것으로, 반드시 취소하여야 하는 것은 같은 조 제3호의 행위를 하였을 때이다. 즉, 취소하여야하는 것이 아니라 취소할 수 있는 것이다.

ㄹ. (○) 제◎◎조 제2항 제2호에 따라 부담금이 토지 가액의 10%를 초과하는 경우 부담금을 나누어 낼 수 있다. ㄹ선지는 부담금이 토지 가액의 20%이므로, 이에 해당한다.

## 23. 정답 ⑤

① (○) 두 번째 조항 단서에 따라, 학기 개시일 이전에 등록을 취소하더라도, 신입생이 납부한 입학금 40만원은 반환하지 않으므로, 납부 금액 일부만 반환받는 경우가 있다.

② (○) 첫 번째 조항에 따라 학사과정 학생의 정규 한 학기 등록금은 120만원이고, 두 번째 조항 제4호에 따라, 학기 개시일 58일이 지난 날부터 90일이 지난날 까지는 등록금의 2분의 1해당액을 돌려받게 된다. 4월 30일은 3월 1일로부터 61일째 되는 날이므로, 맞는 선지이다.

③ (○) 분할납부제에 따라 등록금을 납부하더라도, 세 번째 조항에 따라 1차분에 등록금의 1/3, 2차분에 등록금의 2/3을 납부하는 바, 그 총액은 결국 같다.

④ (○) 석사 과정 생의 정규 한 학기 등록금은 150만원이다. 이때, 세 번째 조항 제1항에 따라 이를 분할납부할 수 있는데, 동조항 제2항에 따라, 등록기간까지 3분의 1, 이 경우 50만원 이상을 납부하지 않으면 분할납부 신청이 취소되므로, 40만원만 납부한 경우 신청이 취소된다.

⑤ (×) 마지막 조항 제2호에 따라, 석사과정, 박사과정 학생의 경우 1~4학점을 등록한 경우, 등록금의 2분의 1만큼을 납부해야 한다. 즉, 이 석사과정 학생이 납부해야 하는 등록금은 75만원이다.

## 24. 정답 ⑤

① (○) 제○○조 제1호에 따라 석유대체연료의 수출만을 업으로 하는 경우 이는 시·도 지사에게 등록하지 아니하여도 된다.

② (○) 甲이 위반한 사항은 제◇◇조 제1항 제 2호의 사항을 위반하였으므로, 이에 따른 6개월 영업정지를 제□□조에 따라 5억원 이하의 과징금으로 대체할 수 있다.

③ (○) 제◇◇조 제3항에 따라, 동조 제2항의 영업정지 명령을 어기고 임의로 영업을 재개한 경우, 시도지사는 그 영업소를 폐쇄하여야 한다. 甲은 2022.1.13.에 영업정지 6개월 처분을 받은 후, 6개월이 경과하지 않았음에도 불구하고 영업을 재개하였는바, 이는 영업소 폐쇄 대상이다.

④ (○) 제◇◇조의2에 따르면 가짜석유제품을 수입하여 영업정지처분을 받았을 때, 그 기간 동안 게시문을 붙여야 하는데, 甲은 2022.1.13.으로부터 6개월간 붙여야 하므로, 2022.5.27.에는 게시문을 영업장에 붙여야 한다.

⑤ (×) 제△△조에 따르면 영업소가 폐쇄된 이후 2년이 지나야 그 영업을 재등록할 수 있다. 즉, 2022.8.1.로부터 2년이 지난 2024.8.1. 이후 석유수출입업을 등록할 수 있다.

## 25. 정답 ②

① (×) 담배를 7갑 더 구매하였다면 11갑을 갖고 입국하는 것이다. 그렇게 된다면, 합산 790달러의 면세품을 사서 들어온 것이므로, 4번째 답변에 따를 때, 이는 궐련에 대하여만 과세하게 된다.

② (○) 궐련을 모두 소비한 뒤 면세점에서 전통주를 1병 더 사서 입국하였다면, 총 820달러의 면세품을 사서 돌아온 것이므로, 4번째 답변에 따를 때, 합산 800달러를 초과하였는바, 이는 모든 품목에 대하여 과세된다.

③ (×) 인원이 두 명인바, 주류는 800ml, 4L까지 면세점에서 구입할 수 있다. A맥주를 4병 구입하면 4.8L를 구입하게 되고,, B와인을 4병 구입하면 1160달러를 구입하게 되므로 각각 4L, 800 달러 한도를 초과한바, 모두 과세 대상이다.

④ (×) 2번째 답변에 따라, 면세점에서 주류를 구매할 시, 합산 4L 이상 구매하였다면 주류에 대하여 과세하게 되는데, A맥주 3병, B와인 1병을 구매하면 총 4.3L의 주류를 구입한 것이고, A맥주 2병, B와인 2병을 구입하였다면 3.8L에 700 달러의 주류를 구입한 바, B와인 대신 A맥주를 한 병 더 사게 되면 과세가 되므로 틀린 선지이다.

⑤ (×) 3명이므로, 주류에 대한 제한은 2번째, 4번째 답변에 따라 6L, 1200달러이다. 甲, 乙, 丙이 구매한 주류를 모두 합치면, 6L, 830달러이므로, 이는 제한에 어긋나지 않는다. 즉, 면세 대상이다.

## 26. 정답 ⑤

① (×) 일반적인 소비행태에 따르면, 지급받은 90만원 중 63만원은 생필품에, 27만원은 비필수 재화에 사용된다. 그리고, 기존의 소득 중 15만원은 생필품에, 15만원은 비필수 재화에 사용되어, 생필품에는 78만원의 지출이 발생하는데, 지급받은 90만원 상당액의 생필품 바우처는 비필수 재화에는 쓰일 수 없는바, 90만원을 생필품에, 비필수 재화에 30만원을 사용하게 된다.

② (×) 1번 선지에 따라, 비필수 재화에 지출하는 총액은 30만원으로, 15만원 증가한다.

③ (×) 정부의 예상대로라면, 바우처 상당액 중 90%를 생필품에 사용하고, 기존 소득은 그대로 사용하므로, 총 96만원을 생필품에 사용할 것이다.

④ (×) 3번 선지의 풀이에 따라, 24만원을 비필수 재화에 사용한다. 이는 15만원의 160%로, 증가율은 60%이다.

⑤ (○) 만약 甲에게 100만원 상당액의 생필품 바우처를 지급하였다면, 국민의 일반적인 소비 행태를 따를 때, 바우처 상당액 중 70만원을 생필품에 투자하고, 기존 소득 중에서는 15만원을 생필품에 사용하여 총 85만원을 지출하게 되나, 이는 생필품 바우처에 미치지 못하는바, 결국 100만원을 생필품에, 30만원을 비필수 재화에 지출한다. 즉, 이번 달에는 비필수 재화에 15만원을 지출하는바, 다음 달의 비필수 재화 지출액은 이번 달의 2배가 된다.

## 27. 정답 ④

ㄱ. (×) 첫 번째 문단에 따를 때, 다이어트 음료중 로우 칼로리 음료는 100ml 당 4kcal 이상의 열량을 갖기 때문에, 많이 먹으면 열량을 섭취하게 되고, 살이 찌게 된다.

ㄴ. (◯) 두 번째 문단에 따를 때, 355ml 1캔에 아스파탐이 87mg이 들어가고, 40캔이면 3480mg이 들어간다. 체중 70kg이면 1일 권고 섭취량은 3500mg인 바, 이를 초과하지 않는다.

ㄷ. (◯) 세 번째 문단에 따를 때, 에리트리톨은 섭취하면 90%가 소변으로 배출된다. 즉, 10% 이하가 흡수된다는 것인데, 최대치인 10%로 잡아도 에리트리톨의 10g 정도만 체내에 흡수된 것이고, 이는 3kcal에 해당하므로, ㄷ선지는 맞다.

## 28. 정답 ①

식빵부서는 하루에 1/3포대를 사용하고, 호두과자 부서는 하루에 1/4포대를 사용한다. 단팥빵 부서는 식빵 부서의 절반만큼 사용하니 하루에 1/6포대를 사용하고, 맘모스빵 부서는 호두과자 부서의 2배만큼 사용하니 하루에 1/2포대를 사용한다. 즉, 네 부서는 하루에 5/4포대를 사용한다. 즉, 1포대를 사용하는 데에 4/5일, 10포대를 사용하는 데에 8일이 걸린다.

## 29. 정답 ②

A유형의 손님은 햄버거를 샀을 때, 1000만큼의 순효용을 느끼고, 햄버거와 콜라를 샀을 때 500, 세트 구매시 500의 순효용을 느끼므로, 햄버거만 구매한다. B유형의 손님은 햄버거를 구매하였을 때 0, 햄버거와 콜라를 구매했을 때 500, 세트를 구매하였을 때 300의 순효용을 느끼므로 햄버거와 콜라만 구입한다. C 손님은 햄버거만 구입했을 때 -1000, 햄버거와 콜라를 구입했을 때, -500, 세트를 구입했을 때 500의 순효용을 느끼므로, 세트를 구매한다. 즉, 햄버거는 총 18개, 콜라는 8개, 세트는 10개 판매되었으므로, 총 판매액은 107000원이고, 여기서 고정비용을 빼면 87000원이다.

## 30. 정답 ③

1~8 중 소수는 2, 3, 5, 7이고, 짝수는 2, 4, 6, 8이고, 홀수는 1, 3, 5, 7, 9이다. 우선, 짝수가 나올 확률이 3분의 2라는 것은, 주사위 6면 중 4면이 짝수라는 뜻으로, 2, 4, 6, 8이 모두 주사위에 있다는 뜻이다.

소수와 홀수는 나올 확률이 3분의 1으로 각각 두 개씩 주사위에 새겨져 있다는 뜻이다. 이때, 소수 중 2는 반드시 나와야 하므로, 3, 5, 7 중에서는 1개만 주사위에 새겨야 한다는 뜻이다. 이에 따라, 홀수 중 1은 반드시 주사위에 새겨야 한다. 즉, 주사위를 던졌을 때, 1, 2, 4, 6, 8은 반드시 나오고, 3, 5, 7 중 하나가 나온다. 즉, 3, 5, 7은 반드시 나오는 수가 아니다.

## 31. 정답 ①

甲의 경우, 남자키를 눌러 4키를 내린 후, -버튼을 2번 눌러 2키를 낮추면 6키를 낮추게 된다. 이후 같은 곡은 연달아 부르면 이전에 조정한 키가 유지되므로, 乙은 총 8키를 높여야 한다. 이때, 성별 키 조정이 되면 +버튼이나 -버튼으로 조정하였던 것이 초기화되므로, 여자키 버튼을 한 번 누르면 곧바로 원곡의 키로 돌아온다. 이 상태에서 +버튼을 2번 누르면 원곡보다 두 키가 높아진다. 丙 또한 같은 원리로 남자 키 버튼을 누르면 곧바로 원곡보다 네 키 낮아진 상태가 되므로, 1번만 버튼을 누르면 된다. 즉, 甲은 3번, 乙도 3번, 丙은 1번 버튼을 누르는 것이 그 최솟값이다.

## 32. 정답 ①

우선, 활동형태가 그룹인 것을 앞쪽 지망에 쓰므로, 1~4지망은 리더십 강화, 발표 실무, 협상 실무, 역량 교육 방안이다. 활동 형태가 같다면, 오후에 있는 과목을 선택하므로, 1~2지망은 협상 실무, 역량 교육방안이며, 3~4지망은 리더십 강화와 발표 실무이다. 이 중, 종류가 인사인 과목은 발표 실무이고, 시간이 같다면 종류가 인사인 과목을 선지망하므로, 3지망은 발표 실무, 4지망은 리더십 강화가 된다.

## 33. 정답 ③

교양과 심화과목은 A를 받기 쉽기 때문에, 지방행정론과 연구방법론은 A를 받고, 정책학은 학점에 비해 필요시간이 많기 때문에, D를 목표로 공부한다. 정보체계론과 비교정치론은 평균 3점수를 받기 위해 시간을 적절히 분배하여야 하는데, 받을 수 있는 점수는 정수인바, 정보체계론은 C점수, 비교정치론은 B점수를 받을 때 최적화된다. 이에 따르면, 정책학은 12시간, 정보체계론은 14시간, 지방행정론은 14시간, 비교정치론은 24시간, 연구방법론은 14시간을 공부하여야 한다. 이를 모두 합치면 78시간이다.

## 34. 정답 ②

① (◯) A의 후반기 성과 등급은 2등급이고, 이에 따른 후반기 성과급은 6000×40%=2400만원이다.

② (×) B의 경우, 후반기에 분기별 평가를 진행할 경우, 성과급은 2500×75%+2500×0%=1,875, 1,875만 원이고, 반기별 평가를 할 경우, 5000×40%=2000, 즉 2000만원이다. 즉, 분기별 평가를 하면 성과급이 감소한다.

③ (◯) 전반기 대비 후반기에 받은 성과급 총액의 변화율은 성과급 기준의 변화로 알 수 있다. A의 1분기, 2분기 성과급 기준의 합은 55%이고, 후반기 성과급 기준은 80%이다. 즉 변화율은 25/55이다. B의 1분기, 2분기 성과급 기준의 합은 75%이고, 후반기 성과급 기준은 30%이다. 즉 변화율은 35/75이다. C의 1분기, 2분기 성과급 기준의 합은 30%이고, 후반기 성과급 기준은 80%이다. 즉 변화율은 50/30이다. 이 중 가장 변화율이 가장 큰 것은 50/30, 즉 C이다.

④ (◯) 3번 선지를 검토할 때, A와 C는 성과급 기준이 전반기 대비 후반기에 증가하였다.

⑤ (◯) A의 전반기 성과급은 1650만원, B의 전반기 성과급은 1875만원, C의 전반기 성과급은 1200만원이다. 즉, 전반기 성과급이 가장 많은 사람은 B이다.

## 35. 정답 ⑤

선지 중, B, D, H는 예산을 초과하여 구매할 수 없다. 예산 내에서 민서가 구입할 수 있는 미술용품의 조합은 A, E, H / B, E, G / C, D, G / C, E, F가 있는데, 이는 각각 68, 67, 61, 69의 만족도를 갖게 된다. 이에 따라 C, E, F의 조합으로 사는 것이 예산 내에서 민서의 만족도를 극대화하는 구매 조합이다.

## 36. 정답 ⑤

부위별로 2개 이상의 운동을 하여야 하는데 전완근의 경우, 리스트컬과 리버스컬 중 하나만을 하고 해머컬을 하게 된다면, 이는 결국 19분의 시간이 소요되는데, 1분, 6분 단위로 끝나는 운동이 없는바, 정확히 2시간을 채울 수 없게 된다. 즉, 리스트컬과 리버스컬, 그리고 랫풀다운을 하여야 한다. 그렇게 되면, 하체 운동 중 익스텐션은 8분인데, 2분이나 7분 단위로 끝나는 운동이 없는바, 익스텐션을 하게 되면 정확히 2시간의 운동을 할 수 없게 된다. 즉, 익스텐션은 반드시 하지 않는 운동이 된다.

반면, 풀업, 랫풀다운, 리스트컬, 스쿼트가 들어간 운동을 조합한 사례는, 풀업, 랫풀다운, 리스트컬, 리버스컬, 스쿼트, 케이블로우, 런지를 하여 120분을 정확히 채울 수 있다. 즉, 풀업, 랫풀다운, 리스트컬, 스쿼트는 이 운동들을 하는 사례가 존재하나, 익스텐션은 존재하지 않는다.

## 37. 정답 ①

평점이 3.5점 이하이면 고려대상에서 배제되는데, 이는 C사이다. 즉, C사는 고려대상에서 배제된다.7월 23일까지는 도착해야 하는데, D사 비행기표는 7월 24일에 도착하므로, 고려 대상에서 배제된다.다른 공항에서 환승하는 경우 고려대상에서 배제되는데, 이는 A사2 비행기표이다.

이에 따라, A사1과 B사의 비행기표가 남는다. 조건을 충족 시켰다면 최종 가격이 낮은 것을 골라야 하는데, A사1 항공권의 경우 마일리지가 있어 20% 할인된 가격으로 발권받을 수 있으므로, 최종 가격은 880$이고, B사의 경우 980$이다. 즉, A사1의 비행기표의 최종가격이 더 낮으므로, 현서와 창우는 A사1의 비행기표를 발권하게 된다.

## 38. 정답 ①

각 컴퓨터에 대해 세 사람이 부여한 가중치를 고려해 계산하면 다음과 같은 총 점수가 나온다.

| 구분 | 아빠 | 엄마 | 나 |
|---|---|---|---|
| A | 22 | 24 | 27 |
| B | 28 | 26 | 25 |
| C | 26 | 30 | 23 |

ㄱ. (◯) 아빠의 기준에 따르면 총 점수가 28점으로 가장 높은 B를 구입한다.

ㄴ. (×) 만약 컴퓨터를 두 대 산다면, 두 번째로 총 점수가 높은 컴퓨터까지를 구입하게 되는데, 나의 기준에 따를 때 C는 세 번째로 총 점수가 높은 컴퓨터이므로, 구입하지 않는다. 즉, 틀린 선지이다.

ㄷ. (×) 엄마의 기준에 따르면, C제품의 저장장치 항목이 4점이 된다면, C제품의 총 점수는 26점으로 B와 같아진다. 이때 판단 기준은 그래픽카드의 점수로, C컴퓨터의 그래픽 카드 점수가 B보다 높으므로 여전히 C제품을 구입한다. 즉, 틀린 선지이다.

## 39. 정답 ④

① (○) 첫 번째 문단에 따를 때, 다음 턴에 곧바로 나의 킹이 잡히는 수를 둘 수 없으며, 그런 수 밖에 둘 수 없다면, 그대로 게임이 끝나므로, 체스를 할 때 킹은 잡히지 않는다.

② (○) 두 번째 문단에 따를 때, 킹은 상하좌우와 모든 대각선으로 한 칸씩 움직일 수 있는데, 그 방향으로 원하는 만큼 움직일 수 있다면, 그것은 곧 퀸의 행마법이 된다.

③ (○) 두 번째 문단에 따를 때, ㄴ-이트가 한 번 움직여 갈 수 있는 곳은 한 칸은 상하좌우의 앞으로, 한 칸은 움직인 방향 쪽의 양 대각선으로 움직이는 것인데, 이는 퀸이 대각선이나 상하좌우의 이동으로 한 번에 갈 수 없고, 두 번에 걸쳐 행마해야 갈 수 있다.

④ (×) 세 번째 문단에 따를 때, 폰의 행마 표기는 P 등의 표기 없이 곧바로 해당 칸의 영어와 숫자를 기입하여 표기한다. 즉, 틀린 선지이다.

⑤ (○) 마지막 문단에 따를 때, !?는 보통 잘 쓰이지 않지만 전략적으로 좋은 수고, ?!는 그 의도를 알 수 없는 전략적으로 부정확한 수이므로, !를 먼저 쓴 쪽이 전략적으로 더 좋은 수로 평가받는다.

## 40. 정답 ④

현재 ㉡과 ㉣의 나이트 모두 ㉤으로 움직일 수 있으므로, 네 번째 문단에 따라, 그 이전 위치를 표기하여야 한다. 단, 이때에도 위치를 전부 표기하는 것이 아니라 좌표의 다른 부분만 쓰면 되는데, 알파벳을 우선하여 쓰는바, ㉡의 알파벳좌표인 e를 사용하여 Neg6를 표기한다. 이때, 체크메이트인바, #을 붙여 Neg6#로 최종 표기한다.

# 국가공무원 5급 공개경쟁채용 및 외교관후보자 선발 제1차시험 답안지 (3교시)

**컴퓨터용 흑색사인펜만 사용**

| 책형 |
|---|
| |

【필적감정용 기재】
*아래 예시문을 옮겨 적으시오
본인은 OOO(응시자성명)임을 확인함

기 재 란

| | |
|---|---|
| 성 명 | |
| 자필성명 | 본인 성명 기재 |
| 응시직렬 | |
| 시험장소 | |
| 감 독 관 확 인 란 | |

**응 시 직 렬**

- ○ 일반행정
- ○ 재경직
- ○ 국제통상
- ○ 법무행정
- ○ 교육행정
- ○ 인사조직
- ○ 사회복지
- ○ 검찰직
- ○ 기술직
- ○ 외교관후보
- ○ 법원행정
- ○ 지역인재

**응 시 번 호**

| | | | | | | | |
|---|---|---|---|---|---|---|---|
| ⓪ | ⓪ | ⓪ | ⓪ | ⓪ | ⓪ | ⓪ | ⓪ |
| ① | ① | ① | ① | ① | ① | ① | ① |
| ② | ② | ② | ② | ② | ② | ② | ② |
| ③ | ③ | ③ | ③ | ③ | ③ | ③ | ③ |
| ④ | ④ | ④ | ④ | ④ | ④ | ④ | ④ |
| ⑤ | ⑤ | ⑤ | ⑤ | ⑤ | ⑤ | ⑤ | ⑤ |
| ⑥ | ⑥ | ⑥ | ⑥ | ⑥ | ⑥ | ⑥ | ⑥ |
| ⑦ | ⑦ | ⑦ | ⑦ | ⑦ | ⑦ | ⑦ | ⑦ |
| ⑧ | ⑧ | ⑧ | ⑧ | ⑧ | ⑧ | ⑧ | ⑧ |
| ⑨ | ⑨ | ⑨ | ⑨ | ⑨ | ⑨ | ⑨ | ⑨ |

**생 년 월 일**

| 년 | | 월 | | 일 | |
|---|---|---|---|---|---|
| ⓪ | ⓪ | ⓪ | ⓪ | ⓪ | ⓪ |
| ① | ① | ① | ① | ① | ① |
| ② | ② | | ② | ② | ② |
| ③ | ③ | | ③ | ③ | ③ |
| ④ | ④ | | ④ | | ④ |
| ⑤ | ⑤ | | ⑤ | | ⑤ |
| ⑥ | ⑥ | | ⑥ | | ⑥ |
| ⑦ | ⑦ | | ⑦ | | ⑦ |
| ⑧ | ⑧ | | ⑧ | | ⑧ |
| ⑨ | ⑨ | | ⑨ | | ⑨ |

**성적확인용 비밀번호**

| | | | |
|---|---|---|---|
| ⓪ | ⓪ | ⓪ | ⓪ |
| ① | ① | ① | ① |
| ② | ② | ② | ② |
| ③ | ③ | ③ | ③ |
| ④ | ④ | ④ | ④ |
| ⑤ | ⑤ | ⑤ | ⑤ |
| ⑥ | ⑥ | ⑥ | ⑥ |
| ⑦ | ⑦ | ⑦ | ⑦ |
| ⑧ | ⑧ | ⑧ | ⑧ |
| ⑨ | ⑨ | ⑨ | ⑨ |

**상황판단 영역 (1 ~ 10번)**

| | | | | | |
|---|---|---|---|---|---|
| 1 | ① | ② | ③ | ④ | ⑤ |
| 2 | ① | ② | ③ | ④ | ⑤ |
| 3 | ① | ② | ③ | ④ | ⑤ |
| 4 | ① | ② | ③ | ④ | ⑤ |
| 5 | ① | ② | ③ | ④ | ⑤ |
| 6 | ① | ② | ③ | ④ | ⑤ |
| 7 | ① | ② | ③ | ④ | ⑤ |
| 8 | ① | ② | ③ | ④ | ⑤ |
| 9 | ① | ② | ③ | ④ | ⑤ |
| 10 | ① | ② | ③ | ④ | ⑤ |

**상황판단 영역 (11 ~ 20번)**

| | | | | | |
|---|---|---|---|---|---|
| 11 | ① | ② | ③ | ④ | ⑤ |
| 12 | ① | ② | ③ | ④ | ⑤ |
| 13 | ① | ② | ③ | ④ | ⑤ |
| 14 | ① | ② | ③ | ④ | ⑤ |
| 15 | ① | ② | ③ | ④ | ⑤ |
| 16 | ① | ② | ③ | ④ | ⑤ |
| 17 | ① | ② | ③ | ④ | ⑤ |
| 18 | ① | ② | ③ | ④ | ⑤ |
| 19 | ① | ② | ③ | ④ | ⑤ |
| 20 | ① | ② | ③ | ④ | ⑤ |

**상황판단 영역 (21 ~ 30번)**

| | | | | | |
|---|---|---|---|---|---|
| 21 | ① | ② | ③ | ④ | ⑤ |
| 22 | ① | ② | ③ | ④ | ⑤ |
| 23 | ① | ② | ③ | ④ | ⑤ |
| 24 | ① | ② | ③ | ④ | ⑤ |
| 25 | ① | ② | ③ | ④ | ⑤ |
| 26 | ① | ② | ③ | ④ | ⑤ |
| 27 | ① | ② | ③ | ④ | ⑤ |
| 28 | ① | ② | ③ | ④ | ⑤ |
| 29 | ① | ② | ③ | ④ | ⑤ |
| 30 | ① | ② | ③ | ④ | ⑤ |

**상황판단 영역 (31 ~ 40번)**

| | | | | | |
|---|---|---|---|---|---|
| 31 | ① | ② | ③ | ④ | ⑤ |
| 32 | ① | ② | ③ | ④ | ⑤ |
| 33 | ① | ② | ③ | ④ | ⑤ |
| 34 | ① | ② | ③ | ④ | ⑤ |
| 35 | ① | ② | ③ | ④ | ⑤ |
| 36 | ① | ② | ③ | ④ | ⑤ |
| 37 | ① | ② | ③ | ④ | ⑤ |
| 38 | ① | ② | ③ | ④ | ⑤ |
| 39 | ① | ② | ③ | ④ | ⑤ |
| 40 | ① | ② | ③ | ④ | ⑤ |

# 국가공무원 5급 공개경쟁채용 및 외교관후보자 선발 제1차시험 답안지 (2교시)

**컴퓨터용 흑색사인펜만 사용**

| 책형 |
| --- |
| |

**【필적감정용 기재】**
*아래 예시문을 옮겨 적으시오
본인은 ○○○(응시자성명)임을 확인함

기 재 란

| | |
| --- | --- |
| 성 명 | |
| 자필성명 | 본인 성명 기재 |
| 응시직렬 | |
| 시험장소 | |
| 감 독 관 확 인 란 | |

**응 시 직 렬**

○ 일반행정
○ 재경직
○ 국제통상
○ 법무행정
○ 교육행정
○ 인사조직
○ 사회복지
○ 검찰직
○ 기술직
○ 외교관후보
○ 법원행정
○ 지역인재

**응 시 번 호**

| | | | | | | | |
| --- | --- | --- | --- | --- | --- | --- | --- |
| ⓪ | ⓪ | ⓪ | ⓪ | ⓪ | ⓪ | ⓪ | ⓪ |
| ① | ① | ① | ① | ① | ① | ① | ① |
| ② | ② | ② | ② | ② | ② | ② | ② |
| ③ | ③ | ③ | ③ | ③ | ③ | ③ | ③ |
| ④ | ④ | ④ | ④ | ④ | ④ | ④ | ④ |
| ⑤ | ⑤ | ⑤ | ⑤ | ⑤ | ⑤ | ⑤ | ⑤ |
| ⑥ | ⑥ | ⑥ | ⑥ | ⑥ | ⑥ | ⑥ | ⑥ |
| ⑦ | ⑦ | ⑦ | ⑦ | ⑦ | ⑦ | ⑦ | ⑦ |
| ⑧ | ⑧ | ⑧ | ⑧ | ⑧ | ⑧ | ⑧ | ⑧ |
| ⑨ | ⑨ | ⑨ | ⑨ | ⑨ | ⑨ | ⑨ | ⑨ |

**생 년 월 일**

| 년 | | 월 | | 일 | |
| --- | --- | --- | --- | --- | --- |
| ⓪ | ⓪ | ⓪ | ⓪ | ⓪ | ⓪ |
| ① | ① | ① | ① | ① | ① |
| ② | ② | | ② | ② | ② |
| ③ | ③ | | ③ | ③ | ③ |
| ④ | ④ | | ④ | | ④ |
| ⑤ | ⑤ | | ⑤ | | ⑤ |
| ⑥ | ⑥ | | ⑥ | | ⑥ |
| ⑦ | ⑦ | | ⑦ | | ⑦ |
| ⑧ | ⑧ | | ⑧ | | ⑧ |
| ⑨ | ⑨ | | ⑨ | | ⑨ |

**성적확인용 비밀번호**

| | | | |
| --- | --- | --- | --- |
| ⓪ | ⓪ | ⓪ | ⓪ |
| ① | ① | ① | ① |
| ② | ② | ② | ② |
| ③ | ③ | ③ | ③ |
| ④ | ④ | ④ | ④ |
| ⑤ | ⑤ | ⑤ | ⑤ |
| ⑥ | ⑥ | ⑥ | ⑥ |
| ⑦ | ⑦ | ⑦ | ⑦ |
| ⑧ | ⑧ | ⑧ | ⑧ |
| ⑨ | ⑨ | ⑨ | ⑨ |

**자 료 해 석 영 역 (1 ~ 10번)**

| | | | | | |
| --- | --- | --- | --- | --- | --- |
| 1 | ① | ② | ③ | ④ | ⑤ |
| 2 | ① | ② | ③ | ④ | ⑤ |
| 3 | ① | ② | ③ | ④ | ⑤ |
| 4 | ① | ② | ③ | ④ | ⑤ |
| 5 | ① | ② | ③ | ④ | ⑤ |
| 6 | ① | ② | ③ | ④ | ⑤ |
| 7 | ① | ② | ③ | ④ | ⑤ |
| 8 | ① | ② | ③ | ④ | ⑤ |
| 9 | ① | ② | ③ | ④ | ⑤ |
| 10 | ① | ② | ③ | ④ | ⑤ |

**자 료 해 석 영 역 (11 ~ 20번)**

| | | | | | |
| --- | --- | --- | --- | --- | --- |
| 11 | ① | ② | ③ | ④ | ⑤ |
| 12 | ① | ② | ③ | ④ | ⑤ |
| 13 | ① | ② | ③ | ④ | ⑤ |
| 14 | ① | ② | ③ | ④ | ⑤ |
| 15 | ① | ② | ③ | ④ | ⑤ |
| 16 | ① | ② | ③ | ④ | ⑤ |
| 17 | ① | ② | ③ | ④ | ⑤ |
| 18 | ① | ② | ③ | ④ | ⑤ |
| 19 | ① | ② | ③ | ④ | ⑤ |
| 20 | ① | ② | ③ | ④ | ⑤ |

**자 료 해 석 영 역 (21 ~ 30번)**

| | | | | | |
| --- | --- | --- | --- | --- | --- |
| 21 | ① | ② | ③ | ④ | ⑤ |
| 22 | ① | ② | ③ | ④ | ⑤ |
| 23 | ① | ② | ③ | ④ | ⑤ |
| 24 | ① | ② | ③ | ④ | ⑤ |
| 25 | ① | ② | ③ | ④ | ⑤ |
| 26 | ① | ② | ③ | ④ | ⑤ |
| 27 | ① | ② | ③ | ④ | ⑤ |
| 28 | ① | ② | ③ | ④ | ⑤ |
| 29 | ① | ② | ③ | ④ | ⑤ |
| 30 | ① | ② | ③ | ④ | ⑤ |

**자 료 해 석 영 역 (31 ~ 40번)**

| | | | | | |
| --- | --- | --- | --- | --- | --- |
| 31 | ① | ② | ③ | ④ | ⑤ |
| 32 | ① | ② | ③ | ④ | ⑤ |
| 33 | ① | ② | ③ | ④ | ⑤ |
| 34 | ① | ② | ③ | ④ | ⑤ |
| 35 | ① | ② | ③ | ④ | ⑤ |
| 36 | ① | ② | ③ | ④ | ⑤ |
| 37 | ① | ② | ③ | ④ | ⑤ |
| 38 | ① | ② | ③ | ④ | ⑤ |
| 39 | ① | ② | ③ | ④ | ⑤ |
| 40 | ① | ② | ③ | ④ | ⑤ |

# 국가공무원 5급 공개경쟁채용 및 외교관후보자 선발 제1차시험 답안지 (1교시)

**컴퓨터용 흑색사인펜만 사용**

| | |
|---|---|
| 성 명 | ( 자 필 기 재 ) |
| 응시직렬 | ( 자 필 기 재 ) |
| 성 별 | ○ 남 ○ 여 |
| 학력현황 | ○ 대학재학 ○ 대학졸업 |
| 2차시험 응시경험 | ○ 있다 ○ 없다 |
| 감 독 관 확 인 란 | |

| 공인영어종류 |
|---|
| ○ TOEFL |
| ○ TOEIC |
| ○ TEPS |
| ○ G-TELP |
| ○ FLEX |

| 계열구분 (전공) |
|---|
| ○ 공학 |
| ○ 농학 |
| ○ 법학 |
| ○ 사범 |
| ○ 사회 |
| ○ 상경 |
| ○ 약학 |
| ○ 예체능 |
| ○ 의학 |
| ○ 인문 |
| ○ 자연 |
| ○ 기타 |

| 응 시 직 렬 |
|---|
| ○ 일반행정 |
| ○ 재경직 |
| ○ 국제통상 |
| ○ 법무행정 |
| ○ 교육행정 |
| ○ 인사조직 |
| ○ 사회복지 |
| ○ 검찰직 |
| ○ 기술직 |
| ○ 외교관후보 |
| ○ 법원행정 |
| ○ 지역인재 |

**응 시 번 호**

| | | | | | | | |
|---|---|---|---|---|---|---|---|
| ⓪ | ⓪ | ⓪ | ⓪ | ⓪ | ⓪ | ⓪ | ⓪ |
| ① | ① | ① | ① | ① | ① | ① | ① |
| ② | ② | ② | ② | ② | ② | ② | ② |
| ③ | ③ | ③ | ③ | ③ | ③ | ③ | ③ |
| ④ | ④ | ④ | ④ | ④ | ④ | ④ | ④ |
| ⑤ | ⑤ | ⑤ | ⑤ | ⑤ | ⑤ | ⑤ | ⑤ |
| ⑥ | ⑥ | ⑥ | ⑥ | ⑥ | ⑥ | ⑥ | ⑥ |
| ⑦ | ⑦ | ⑦ | ⑦ | ⑦ | ⑦ | ⑦ | ⑦ |
| ⑧ | ⑧ | ⑧ | ⑧ | ⑧ | ⑧ | ⑧ | ⑧ |
| ⑨ | ⑨ | ⑨ | ⑨ | ⑨ | ⑨ | ⑨ | ⑨ |

**생 년 월 일**

| 년 | | 월 | | 일 | |
|---|---|---|---|---|---|
| ⓪ | ⓪ | ⓪ | ⓪ | ⓪ | ⓪ |
| ① | ① | ① | ① | ① | ① |
| ② | ② | | ② | ② | ② |
| ③ | ③ | | ③ | ③ | ③ |
| ④ | ④ | | ④ | | ④ |
| ⑤ | ⑤ | | ⑤ | | ⑤ |
| ⑥ | ⑥ | | ⑥ | | ⑥ |
| ⑦ | ⑦ | | ⑦ | | ⑦ |
| ⑧ | ⑧ | | ⑧ | | ⑧ |
| ⑨ | ⑨ | | ⑨ | | ⑨ |

**성적확인용 비 밀 번 호**

| | | | |
|---|---|---|---|
| ⓪ | ⓪ | ⓪ | ⓪ |
| ① | ① | ① | ① |
| ② | ② | ② | ② |
| ③ | ③ | ③ | ③ |
| ④ | ④ | ④ | ④ |
| ⑤ | ⑤ | ⑤ | ⑤ |
| ⑥ | ⑥ | ⑥ | ⑥ |
| ⑦ | ⑦ | ⑦ | ⑦ |
| ⑧ | ⑧ | ⑧ | ⑧ |
| ⑨ | ⑨ | ⑨ | ⑨ |

**헌 법 ( 1~10번 )**

| | | | | |
|---|---|---|---|---|
| 1 | ① | ② | ③ | ④ |
| 2 | ① | ② | ③ | ④ |
| 3 | ① | ② | ③ | ④ |
| 4 | ① | ② | ③ | ④ |
| 5 | ① | ② | ③ | ④ |
| 6 | ① | ② | ③ | ④ |
| 7 | ① | ② | ③ | ④ |
| 8 | ① | ② | ③ | ④ |
| 9 | ① | ② | ③ | ④ |
| 10 | ① | ② | ③ | ④ |

**헌 법 ( 11~20번 )**

| | | | | |
|---|---|---|---|---|
| 11 | ① | ② | ③ | ④ |
| 12 | ① | ② | ③ | ④ |
| 13 | ① | ② | ③ | ④ |
| 14 | ① | ② | ③ | ④ |
| 15 | ① | ② | ③ | ④ |
| 16 | ① | ② | ③ | ④ |
| 17 | ① | ② | ③ | ④ |
| 18 | ① | ② | ③ | ④ |
| 19 | ① | ② | ③ | ④ |
| 20 | ① | ② | ③ | ④ |

**헌 법 ( 21~25번 )**

| | | | | |
|---|---|---|---|---|
| 21 | ① | ② | ③ | ④ |
| 22 | ① | ② | ③ | ④ |
| 23 | ① | ② | ③ | ④ |
| 24 | ① | ② | ③ | ④ |
| 25 | ① | ② | ③ | ④ |

**언어논리영역 ( 1~10번 )**

| | | | | | |
|---|---|---|---|---|---|
| 1 | ① | ② | ③ | ④ | ⑤ |
| 2 | ① | ② | ③ | ④ | ⑤ |
| 3 | ① | ② | ③ | ④ | ⑤ |
| 4 | ① | ② | ③ | ④ | ⑤ |
| 5 | ① | ② | ③ | ④ | ⑤ |
| 6 | ① | ② | ③ | ④ | ⑤ |
| 7 | ① | ② | ③ | ④ | ⑤ |
| 8 | ① | ② | ③ | ④ | ⑤ |
| 9 | ① | ② | ③ | ④ | ⑤ |
| 10 | ① | ② | ③ | ④ | ⑤ |

**언어논리영역 ( 11~20번 )**

| | | | | | |
|---|---|---|---|---|---|
| 11 | ① | ② | ③ | ④ | ⑤ |
| 12 | ① | ② | ③ | ④ | ⑤ |
| 13 | ① | ② | ③ | ④ | ⑤ |
| 14 | ① | ② | ③ | ④ | ⑤ |
| 15 | ① | ② | ③ | ④ | ⑤ |
| 16 | ① | ② | ③ | ④ | ⑤ |
| 17 | ① | ② | ③ | ④ | ⑤ |
| 18 | ① | ② | ③ | ④ | ⑤ |
| 19 | ① | ② | ③ | ④ | ⑤ |
| 20 | ① | ② | ③ | ④ | ⑤ |

**언어논리영역 ( 21~30번 )**

| | | | | | |
|---|---|---|---|---|---|
| 21 | ① | ② | ③ | ④ | ⑤ |
| 22 | ① | ② | ③ | ④ | ⑤ |
| 23 | ① | ② | ③ | ④ | ⑤ |
| 24 | ① | ② | ③ | ④ | ⑤ |
| 25 | ① | ② | ③ | ④ | ⑤ |
| 26 | ① | ② | ③ | ④ | ⑤ |
| 27 | ① | ② | ③ | ④ | ⑤ |
| 28 | ① | ② | ③ | ④ | ⑤ |
| 29 | ① | ② | ③ | ④ | ⑤ |
| 30 | ① | ② | ③ | ④ | ⑤ |

**언어논리영역 ( 31~40번 )**

| | | | | | |
|---|---|---|---|---|---|
| 31 | ① | ② | ③ | ④ | ⑤ |
| 32 | ① | ② | ③ | ④ | ⑤ |
| 33 | ① | ② | ③ | ④ | ⑤ |
| 34 | ① | ② | ③ | ④ | ⑤ |
| 35 | ① | ② | ③ | ④ | ⑤ |
| 36 | ① | ② | ③ | ④ | ⑤ |
| 37 | ① | ② | ③ | ④ | ⑤ |
| 38 | ① | ② | ③ | ④ | ⑤ |
| 39 | ① | ② | ③ | ④ | ⑤ |
| 40 | ① | ② | ③ | ④ | ⑤ |

2025년 2월 1일 시행(제6회)

2025년도 국가공무원 5급 공채·외교관후보자 제1차시험·지역인재 7급·법원행시 대비

# 헌 법

1 교시

| 응시번호 | |
|---|---|
| 성 명 | |

**출제자 : 조창훈 변호사**
- 서울시립대학교 문학사(철학 전공)
- 인하대학교 법학전문대학원 법무석사
- 한양대학교 일반대학원 석사수료(헌법 전공)
- 2022년 제11회 변호사시험 합격
- 현) 해커스변호사 공법 전임 강사
- 현) 법률저널 PSAT 전국모의고사 헌법 출제위원
- 현) 법률사무소 창조 대표변호사

문제책형

㉶

**응시자 주의사항**

1. **시험시작 전 시험문제를 열람하는 행위나 시험종료 후 답안을 작성하는 행위를 한 사람**은 「공무원 임용시험령」 제51조에 의거 **부정행위자**로 처리됩니다.
2. **답안지 책형 표기는 시험시작 전** 감독관의 지시에 따라 **문제책 앞면에 인쇄된 문제책형을 확인**한 후, **답안지 책형란에 해당 책형(1개)을 '●'로 표기**하여야 합니다.
3. 시험이 시작되면 문제를 주의 깊게 읽은 후, **문항의 취지에 가장 적합한 하나의 정답만을 고르며,** 문제내용에 관한 질문은 할 수 없습니다.
4. **답안을 잘못 표기하였을 경우에는 답안지를 교체하여 작성**하거나 **수정할 수 있으며,** 표기한 답안을 수정할 때는 **응시자 본인이 가져온 수정테이프만을 사용**하여 해당 부분을 완전히 지우고 부착된 수정테이프가 떨어지지 않도록 손으로 눌러주어야 합니다. **(수정액 또는 수정스티커 등은 사용 불가)**
   - **불량한 수정테이프의 사용과 불완전한 수정처리로 발생하는 모든 문제는 응시자 본인에게 책임이 있습니다.**
5. **시험시간 관리의 책임은 응시자 본인에게 있습니다.**
6. **성적확인용 비밀번호**는 성적확인시 꼭 필요하니 **임의로 4자리를 마킹**하고 기억해야 합니다.

※ 문제책은 시험종료 후 가지고 갈 수 있습니다.

**정답공개 및 이의제기 안내**

1. 최종정답 공개 : 2.6(목) 오후 5시 네이버 카페 'PSAT의 정석'(cafe.naver.com/lecpsat)에 공지
2. 이의제기 : 2.3(월) 오후 2시까지 / 네이버 카페 'PSAT의 정석'(cafe.naver.com/lecpsat) '이의제기 신청 게시판'에서 연결된 구글폼에 입력
3. 성적확인 안내
   - 각 과목별 성적통계는 2.7(금)에 네이버 카페 'PSAT의 정석'(cafe.naver.com/lecpsat) '통계 게시판'에서 확인
   - 개인 성적표는 2.7(금)에 법률저널 접수페이지의 '성적확인페이지'에서 확인
4. 시험 일정 안내(온·오프 동시 시행)
   - 7회 2025.2.8(토), 8회 2025.2.15(토), 9회 2025.2.23.(일), 10회 2025.3.1.(토)
     - * 5~9회 장학금 회차(지방시험장 운영)
     - * 매회 성적우수 5명(현장응시자 대상)에게 격려 장학금 지급
5. 면학장학금 신청자는 3월 18일까지 관련 서류를 제출 바랍니다.
6. 법률저널 예측시스템 운영(3월 8일 오후 5시부터 법률저널 홈페이지 및 네이버 카페 PSAT의 정석)

법률저널

지문의 내용에 대해 학설의 대립 등 다툼이 있는 경우 판례에 의함

1. 조세와 부담금에 대한 설명으로 옳은 것은?
① 「한강수계 상수원수질개선 및 주민지원 등에 관한 법률」이 규정한 '물사용량에 비례한 부담금'은 수도요금과 구별되는 별개의 금전으로서 한강수계로부터 취수된 원수를 정수하여 직접 공급받는 최종 수요자라는 특정 부류의 집단에만 강제적·일률적으로 부과되는 것으로서 사용료에 해당한다.
② 텔레비전방송수신료는 공영방송사업이라는 특정한 공익사업의 경비조달에 충당하기 위하여 수상기를 소지한 특정집단에 대하여 부과되는 특별부담금에 해당한다.
③ 「개발이익환수에 관한 법률」상 개발부담금은 실질적으로 투기방지와 토지의 효율적인 이용 및 개발이익에 관한 사회적 갈등을 조정하기 위해 정책적 측면에서 도입된 유도적·조정적 성격을 가지는 특별부담금이다.
④ 영화관 관람객이 입장권 가액의 100분의 3을 부담하도록 하고 영화관 경영자는 이를 징수하여 영화진흥위원회에 납부하도록 강제하는 내용의 영화상영관 입장권 부과금 제도는, 영화예술의 질적 향상과 한국영화 및 영화·비디오물산업의 진흥·발전의 토대를 구축하도록 유도하는 정책실현목적 부담금이다.

2. 국정감사 및 국정조사에 대한 설명으로 옳지 않은 것은?
① 국회는 국정을 감사하거나 특정한 국정사안에 대하여 조사할 수 있으며, 이에 필요한 서류의 제출 또는 증인의 출석과 증언이나 의견의 진술을 요구할 수 있다.
② 국회는 재적의원 4분의 1 이상의 요구가 있는 때에는 특별위원회 또는 상임위원회로 하여금 국정의 특정사안에 관하여 국정조사를 하게 한다.
③ 국회는 국정전반에 관하여 소관 상임위원회별로 매년 정기회 집회일 이전에 국정감사 시작일부터 30일 이내의 기간을 정하여 감사를 실시하지만, 본회의 의결로 정기회 기간 중에 감사를 실시할 수 있다.
④ 국정감사와 조사는 비공개가 원칙이나, 위원회의 의결로 달리 정할 수 있다.

3. 집회의 자유에 대한 설명으로 옳지 않은 것은?
① 일반적으로 집회는 일정한 장소를 전제로 하여 특정 목적을 가진 다수인이 일시적으로 회합하는 것을 말하는 것으로 일컬어지고 있으나, 그 공동의 목적은 적어도 '내적인 유대 관계'를 넘어서 공공의 이익을 추구하는 것이어야 한다.
② 집회의 자유는 일차적으로는 개인의 자기결정과 인격발현에 기여하는 기본권이다.
③ 헌법 제21조 제2항은 '집회의 일반적 금지, 행정권이 주체가 되는 예외적 허가'의 방식에 의한 제한을 허용하지 아니하겠다는 헌법적 결단을 분명히 밝힌 것이다.
④ 누구든지 헌법재판소의 결정에 따라 해산된 정당의 목적을 달성하기 위한 집회 또는 시위를 주최하여서는 아니 된다.

4. 직업의 자유에 대한 설명으로 옳지 않은 것은?
① 자격취소로 인한 직업선택의 자유에 대한 제한이 과잉금지원칙에 위반되는지 여부를 판단함에 있어서는 다른 방법으로 직업의 자유를 제한하는 경우에 비하여 유연하고 탄력적인 심사가 필요하다.
② 법인의 임원이 「학원의 설립·운영 및 과외교습에 관한 법률」을 위반하여 벌금형을 선고받은 경우, 법인의 등록이 효력을 잃도록 규정하는 것은 과잉금지원칙을 위배하여 법인의 직업수행의 자유를 침해한다.
③ 국가가 온실가스 감축목표를 설정하고 그 이행을 추진하는 것은, 화석연료 사용 등 온실가스를 배출하는 방식의 경제활동이나 생활양식의 제한 또는 변경을 요구하고, 나아가 국가 산업 및 국민 생활 전반에 대한 구조적 변경의 문제와 연관되어 국토의 이용·개발과 보전에 관련된 광범위하고 다양한 제한 조치를 수반할 수 있다는 점에서, 직업의 자유나 재산권 행사 등 국민의 자유를 제한하는 성격도 가진다.
④ 변호사시험의 응시기회를 법학전문대학원의 석사학위 취득자의 경우 석사학위를 취득한 달의 말일부터 또는 석사학위 취득 예정자의 경우 그 예정기간 내 시행된 시험일부터 5년 내에 5회로 제한한 「변호사시험법」 규정은 응시기회의 획일적 제한으로 청구인들의 직업선택의 자유를 침해한다.

5. 선거권과 피선거권에 대한 설명으로 옳은 것은?
① 「공직선거법」상 대통령의 피선거권 자격에서 40세 이상의 국민일 것을 요건으로 할 뿐 거주 기간의 제한은 없다.
② 「공직선거법」에 따르면 선거일 현재 18세 이상의 국민은 원칙적으로 국회의원의 피선거권을 가진다.
③ 「공직선거법」상 선거일 현재 1년 이상의 징역 또는 금고의 형을 선고받고 그 집행이 종료되지 아니하거나 그 집행을 받지 아니하기로 확정되지 아니한 사람 및 그 형의 집행유예를 선고받고 유예기간 중에 있는 사람은 선거권이 없다.
④ 지방자치단체의 장 선거권은 국회의원 선거권 및 대통령 선거권과 구별되는 법률상의 권리다.

6. 국무총리에 대한 설명으로 옳은 것은?
① 국무총리는 국무회의의 부의장으로서, 국무위원에 해당한다.
② 국무총리는 중앙행정기관의 장의 명령이 위법한 경우에 대통령의 승인 없이도 이를 중지 또는 취소할 수 있다.
③ 국무총리가 특별히 위임하는 사무를 수행하기 위하여 부총리 2명을 두며, 부총리는 국무위원으로 보한다.
④ 헌법상 국무총리는 대통령의 첫째가는 보좌기관으로서 행정에 관하여 독자적인 권한을 가진다.

7. 국민투표에 대한 설명으로 옳지 않은 것은?
① 투표인명부에 등재되었다면, 국민투표일에 투표권이 없는 자라고 하더라도 투표할 수 있다.
② 공무원·학생 또는 다른 사람에게 고용된 자가 투표인명부의 열람 또는 투표에 필요한 시간은 휴무 또는 휴업으로 보지 아니한다.
③ 국민투표의 전부 또는 일부의 무효판결이 있을 때에는 재투표를 실시하여야 한다.
④ 대통령이 그 집무실을 이전하면서 국민투표를 실시하지 않았다고 하더라도, 그로 인하여 국민의 기본권 침해의 가능성이 인정된다고 볼 수 없다.

8. 국회의 위원회에 대한 설명으로 옳지 않은 것은?
① 국무총리의 직을 겸한 국회의원은 상임위원을 사임하여야 한다.
② 대통령이 관련 법률에 따라 국가정보원장·경찰청장·합동참모의장의 후보자에 대한 인사청문을 요청한 경우에는 각각 소관 상임위원회별로 인사청문회를 연다.
③ 상임위원의 임기는 2년으로 하되, 국회의원총선거 후 처음 선임된 위원의 임기는 선임된 날부터 개시하여 의원의 임기 개시 후 2년이 되는 날까지로 한다.
④ 교섭단체소속 국회의원만 국회 정보위원회 위원이 될 수 있도록 한 「국회법」 조항에 대한 무소속 국회의원의 헌법소원심판 청구는 부적법하다.

9. 명확성원칙에 대한 설명으로 옳지 않은 것은?
① 모의총포의 기준을 구체적으로 정한 「총포·도검·화약류 등의 안전관리에 관한 법률 시행령」 조항에서 '범죄에 악용될 소지가 현저한 것'은 진정한 총포로 오인·혼동되어 위협 수단으로 사용될 정도로 총포와 모양이 유사한 것을 의미하므로 죄형법정주의의 명확성원칙에 위반되지 않는다.
② 취소소송 등의 제기 시 「행정소송법」 조항의 집행정지의 요건으로 규정한 '회복하기 어려운 손해'는 건전한 상식과 통상적인 법감정을 가진 사람이 심판대상조항의 의미내용을 파악하기 어려우므로 명확성원칙에 위배된다.
③ 어린이집이 시·도지사가 정한 수납한도액을 초과하여 보호자로부터 필요경비를 수납한 경우, 해당 시·도지사는 「영유아보육법」에 근거하여 시정 또는 변경 명령을 발할 수 있는데, 이 시정 또는 변경 명령 조항의 내용으로 환불명령을 명시적으로 규정하지 않았다고 하여 명확성원칙에 위배된다고 볼 수 없다.
④ 정당한 이유 없이 이 법에 규정된 범죄에 공용(供用)될 우려가 있는 흉기나 그 밖의 위험한 물건을 휴대한 사람을 처벌하도록 규정한 「폭력행위 등 처벌에 관한 법률」 조항에서 '공용(供用)될 우려가 있는'은 흉기나 그 밖의 위험한 물건이 '사용될 위험성이 있는'의 뜻으로 해석할 수 있으므로 죄형법정주의의 명확성원칙에 위배되지 않는다.

10. 권한쟁의심판에 대한 설명으로 옳지 않은 것은?
① 헌법재판소의 권한쟁의심판의 결정은 모든 국가기관과 지방자치단체를 기속한다.
② 장래처분이 확실하게 예정되어 있고 그로 인해 청구인의 권한을 사전에 보호해 주어야 할 필요성이 큰 경우에만 예외적으로 허용된다.
③ 국가경찰위원회에게는 권한쟁의심판의 당사자능력이 인정되지 아니한다.
④ 문화재청 및 문화재청장은 「정부조직법」에 의하여 행정각부 장의 하나인 문화체육관광부 장관 소속으로 설치된 기관 및 기관장으로서 권한쟁의심판의 당사자능력이 인정된다.

11. 국회의 운영원리 및 입법절차에 대한 설명으로 옳지 않은 것은?
① 국회의장이 국회의 위임 없이 법률안을 정리하더라도 그러한 정리가 국회에서 의결된 법률안의 실질적 내용에 변경을 초래하는 것이 아닌 한 헌법이나 「국회법」상의 입법절차에 위반된다고 볼 수 없다.
② 의장이 국가의 안전보장을 위하여 필요하다고 인정할 때에는 공개하지 아니할 수 있다.
③ 회의체의 회의진행과 의사결정에 필요한 최소한의 인원수를 정족수라고 하는데 회의를 개의할 때 필요한 의사정족수와 의안을 결정할 때 필요한 의결정족수가 있다.
④ 국회 회기 중에 부결된 안건은 같은 회기 중에 다시 안건으로 올리지 못한다는 일사부재의 원칙은 헌법에서 명시하고 있는 원칙에 해당한다.

12. 학문과 예술의 자유에 관한 설명으로 옳지 않은 것은?
① 대학의 자율권은 헌법상의 기본권이므로 기본권제한의 일반적 법률유보의 원칙을 규정한 헌법 제37조 제2항에 따라 제한될 수 있고, 대학의 자율의 구체적인 내용은 법률이 정하는 바에 의하여 보장된다.
② 학교 정화구역 내에서의 극장시설 및 영업을 금지하고 있는 구 「학교보건법」 조항은 정화구역 내에서 극장업을 하고자 하는 자의 예술의 자유를 과도하게 침해하여 헌법에 위반된다.
③ 구 「영화진흥법」이 제한상영가 상영등급분류의 구체적 기준을 영상물등급위원회의 규정에 위임하고 있는 것은 그 내용이 사회현상에 따라 급변하는 내용들이고, 특별히 전문성이 요구되는 기술적인 사항에 해당한다고 할 것이므로 포괄위임금지원칙에 위배되지 않는다.
④ 헌법 제22조 제2항은 발명가의 권리를 법률로써 보호하도록 하고 있고, 이에 따라 「특허법」은 특허권자에게 업(業)으로서 그 특허발명을 실시할 권리를 독점적으로 부여하고 있다. 따라서 특허권자가 그 특허발명의 방법에 의하여 생산한 물건에 발명의 명칭과 내용을 표시하는 것은 특허실시권에 내재된 요소이며, 그러한 표시를 제한하는 것은 곧 특허권에 대한 제한이라고 보아야 한다.

13. 헌법상 근로의 권리에 대한 설명으로 옳지 않은 것은?
① 모든 국민은 근로의 의무를 지며, 국가는 근로의 의무의 내용과 조건을 민주주의원칙에 따라 법률로 정한다.
② 국가는 법률이 정하는 바에 의하여 최저임금제를 시행할 수 있다.
③ 여자의 근로는 특별한 보호를 받으며, 고용·임금 및 근로조건에 있어서 부당한 차별을 받지 아니한다.
④ 국가유공자·상이군경 및 전몰군경의 유가족은 법률이 정하는 바에 의하여 우선적으로 근로의 기회를 부여받는다.

14. 기본권침해의 자기관련성에 관한 설명으로 옳은 것은?
① 일반적으로 침해적 법령에 있어서는 법령의 수규자가 당사자로서 기본권침해를 주장하게 되지만, 예술·체육 분야 특기자들에게 병역혜택을 주는 수혜적 법령의 경우에는, 수혜범위에서 제외된 자가 자신이 평등원칙에 반하여 수혜대상에서 제외되었다는 주장을 하는 경우 등에는 그 법령의 직접적인 적용을 받는 자가 아니라고 할지라도 자기관련성을 인정할 수 있다.
② 권리귀속에 대한 소명만으로는 자기관련성의 구비여부를 판단할 수 없다.
③ 백화점 셔틀버스 운행을 금지하는 법률조항에 의하여 소비자들은 더 이상 셔틀버스를 이용할 수 없는 법률상 이익을 침해받게 되는바, 이에 대한 헌법소원심판의 청구인적격이 인정된다.
④ 연명치료 중인 환자의 자녀들은 연명치료의 중단에 관한 기준, 절차 및 방법 등에 관한 법률의 입법부작위 위헌확인에 관한 기본권침해의 자기관련성이 있다.

15. 개인정보자기결정권에 대한 설명으로 옳은 것은?
① 법무부장관은 변호사시험 합격자가 결정되면 즉시 명단을 공고하여야 한다고 규정한 「변호사시험법」 제11조 중 '명단공고' 부분은 합격자 공고 후에 누구나 언제든지 이를 검색, 확인할 수 있고, 합격자 명단이 언론 기사나 인터넷 게시물 등에 인용되어 널리 전파될 수도 있어서 이러한 사익침해 상황은 시간이 흘러도 해소되지 않으므로 과잉금지원칙에 위배되어 청구인들의 개인정보자기결정권을 침해한다.
② 감염병 전파 차단을 위한 개인정보 수집의 수권조항인 구 「감염병의 예방 및 관리에 관한 법률」 해당 조항은 정보수집의 목적 및 대상이 제한되어 있으나, 관련 규정에서 절차적 통제장치를 마련하지 못하여 정보의 남용 가능성이 있어 정보주체의 개인정보자기결정권을 침해한다.
③ 무효인 혼인의 기록사항 전체에 하나의 선을 긋고, 말소 내용과 사유를 각 해당 사항란에 기재하는 방식의 정정 표시는 청구인의 인격주체성을 식별할 수 있게 하는 개인정보에 해당하고, 이와 같은 정보를 보존하는 「가족관계등록부의 재작성에 관한 사무처리지침」 조항 중 해당 부분은 청구인의 개인정보자기결정권을 제한한다.
④ 주민등록증에 지문을 수록하도록 한 구 「주민등록법」 제24조 제2항 본문 중 '지문(指紋)'에 관한 부분은, 주민등록증의 수록사항의 하나로 지문을 규정하고 있을 뿐 "오른손 엄지손가락 지문"이라고 특정한 바가 없으므로, 과잉금지원칙을 위반하여 개인정보자기결정권을 침해한다.

16. 공무원제도에 관한 설명으로 옳지 않은 것은?
① 선거에서 중립의무가 있는 구 「공직선거및선거부정방지법」 제9조의 '공무원'이란 원칙적으로 국가와 지방자치단체의 모든 공무원 즉, 좁은 의미의 직업공무원은 물론이고, 대통령, 국무총리, 국무위원, 지방자치단체의 장을 포함한다.
② 국회의원과 지방의회의원은 정당의 대표자이자 선거운동의 주체로서의 지위로 말미암아 선거에서의 정치적 중립성이 요구될 수 없다.
③ 직업공무원제도는 헌법과 법률에 의하여 공무원의 신분이 보장되는 공직구조에 관한 제도이며, 여기서 말하는 공무원에는 정치적 공무원이라든가 임시적 공무원은 포함되지 않는다.
④ 선거에 있어서의 대통령의 중립의무는 헌법 제7조 제2항이 보장하는 직업공무원제도로부터 나오는 헌법적 요청이다.

17. 평등권에 대한 설명으로 옳지 않은 것은?
① 독립유공자의 손자녀 중 1명에게만 보상금을 지급하도록 하면서 같은 순위의 손자녀가 2명 이상이면 생활수준과 관계없이 나이가 많은 손자녀를 우선하도록 한 것은 평등권을 침해한다.
② 평등권의 침해 여부에 대한 심사기준 중 자의심사의 경우에는 비교대상간의 사실상의 차이의 성질과 비중 또는 입법목적(차별목적)의 비중과 차별의 정도에 적정한 균형관계가 이루어져 있는가를 심사한다.
③ 대한민국 국민인 남성에 한하여 병역의무를 부과한 「병역법」 규정은 헌법이 특별히 양성평등을 요구하는 경우나 관련 기본권에 중대한 제한을 초래하는 경우의 차별취급을 그 내용으로 하고 있다고 보기 어렵다.
④ 국가가 합리적인 기준에 따라 능력이 허용하는 범위 내에서 법적 가치의 상향적인 구현을 위한 제도의 단계적 개선을 추진할 수 있는 방안을 선택하는 것은 평등원칙에 위배되지 않는다.

18. 입법부작위에 관한 설명으로 옳은 것은?
① 부진정입법부작위의 경우, 불완전한 법규 자체를 대상으로 그것이 헌법위반이라는 적극적인 헌법소원을 하여야 하나, 이로 인한 기본권 침해 상태는 계속되고 있으므로 헌법재판소법 소정의 청구기간을 준수할 필요가 없다.
② 하위 행정입법의 제정 없이 상위 법령의 규정만으로도 법률의 집행이 이루어질 수 있는 경우라 하더라도 상위 법령이 행정입법에 위임하고 있는 이상, 하위 행정입법을 하여야 할 헌법적 작위의무가 인정된다.
③ 진정입법부작위에 대한 헌법소원은, 헌법에서 기본권보장을 위하여 법령에 명시적인 입법위임을 하였음에도 입법자가 이를 이행하지 아니한 경우이거나, 헌법해석상 특정인에게 구체적인 기본권이 생겨 이를 보장하기 위한 국가의 행위의무 내지 보호의무가 발생하였음이 명백함에도 불구하고 입법자가 아무런 입법조치를 취하지 아니한 경우에 한하여 허용된다.
④ 삼권분립의 원칙, 법치행정의 원칙을 당연한 전제로 하고 있는 우리 헌법 하에서 행정권의 행정입법 등 법집행의무는 헌법적 의무가 아닌 법률상 의무에 불과하다.

19. 책임과 형벌 사이의 비례원칙에 대한 설명으로 옳지 않은 것은?
① 형사법상 책임원칙은 형벌은 범행의 경중과 행위자의 책임 사이에 비례성을 갖추어야 한다는 것을 말한다.
② 특별한 이유로 형을 가중하는 경우에도 형벌의 양은 행위자의 책임의 정도를 초과해서는 안 된다.
③ 법정형의 종류와 그 범위를 정하는 것은 기본적으로 입법자의 권한에 속하는 것이다.
④ 초·중등학교 교원이 자신이 보호하는 아동에 대하여 아동학대 범죄를 범한 때에는 그 죄에 정한 형의 2분의 1까지 가중하여 처벌하도록 한 조항은 책임과 형벌 사이의 비례원칙에 위배된다.

20. 사법권에 대한 설명으로 옳지 않은 것은?
① 법원의 근무성적평정에 관한 사항을 대법원규칙으로 위임한 것은 포괄위임입법금지의 원칙에 위반된다.
② 남북정상회담의 개최과정에서 통일부장관의 협력사업 승인을 얻지 아니한 채 북한 측에 사업권의 대가 명목으로 송금한 행위는 사법심사의 대상이 된다.
③ 남북정상회담의 개최는 고도의 정치적 성격을 지닌 것으로서 특별한 사정이 없는 한 그 당부를 심판하는 것은 사법권의 내재적·본질적 한계를 넘어서는 것이다.
④ 「법무사법」 제4조제2항이 대법원규칙으로 정하도록 위임한 이른바 '법무사시험의 실시에 관하여 필요한 사항'이란 그 시험의 실시 여부까지도 대법원규칙으로 정하라는 말은 아니다.

21. 형사보상청구권에 대한 설명으로 옳지 않은 것은?
① 형사보상의 청구기간을 무죄판결이 확정된 때로부터 1년으로 규정한 것은 형사보상청구권의 행사를 어렵게 할 정도로 지나치게 짧다고 할 수 없으므로 입법재량을 합리적으로 행사한 것으로 볼 수 있다.
② 국가가 무죄판결을 선고받은 형사피고인에게 넓게 형사보상청구권을 인정함으로써 감수해야 할 공익은 경제적인 것에 불과하다.
③ 형사보상청구권이 제한됨으로 인하여 침해되는 국민의 기본권은 실질적으로 국민의 신체의 자유와 밀접하게 관련된 중대한 기본권이다.
④ 형사보상청구권은 국가의 형사사법작용에 의해 신체의 자유라는 중대한 법익을 침해받은 국민을 구제하기 위하여 헌법상 보장된 국민의 기본권이므로 일반적인 사법상의 권리보다 더 확실하게 보호되어야 할 권리이다.

22. 법원에 대한 설명으로 옳지 않은 것은?
① "상급법원의 재판에 있어서의 판단은 당해사건에 관하여 하급심을 기속한다."는 「법원조직법」 조항은 심급제도의 합리적 유지를 위하여 당해사건에 한하여 구속력을 인정한 것이다.
② 대법원에는 대법관이 아닌 법관은 둘 수 없다.
③ 대법원장은 법관을 사건의 심판 외의 직(재판연구관을 포함한다)에 보하거나 그 직을 겸임하게 할 수 있다.
④ 국회의원 선거의 선거소송은 대법원이 관할한다.

23. 예산에 관한 설명으로 옳은 것을 모두 고른 것은?

ㄱ. 국회가 의결한 예산 또는 국회의 예산안 의결은 헌법소원의 대상이 된다고 볼 수 없다.
ㄴ. 예산도 일종의 법규범이고 법률과 마찬가지로 국회의 의결을 거쳐 제정되지만 예산은 법률과 달리 국가기관만을 구속할 뿐 일반국민을 구속하지 않는다.
ㄷ. 국가의 일반회계와는 별도로 독립하여 운용되는 기금이나 특별회계 등 특별예산제도는 원칙적으로 허용되지 아니한다.

① ㄱ, ㄴ ② ㄱ, ㄷ
③ ㄴ, ㄷ ④ ㄱ, ㄴ, ㄷ

24. 다음 설명 중 옳지 않은 것은?
① 가해학생에 대한 조치별 적용 기준을 대통령령에 위임하도록 규정한 이 사건 조치별 적용기준 위임규정은 포괄위임금지원칙에 위배되지 않는다.
② 가해학생에 대한 조치로 피해학생 및 신고·고발한 학생에 대한 접촉, 협박 및 보복행위를 금지를 규정한 이 사건 접촉 등 금지조항은 가해학생의 일반적 자유행동권을 침해한다고 보기 어렵다.
③ 가해학생에 대한 조치로 학급교체를 규정한 이 사건 학급교체조항은 학교폭력의 가해학생이라는 낙인효과가 발생할 우려가 있다는 점에서 가해학생의 일반적 행동자유권을 침해한다.
④ 학부모 대표가 전체위원의 과반수를 구성하고 있는 자치위원회에서 일정한 요건을 갖춘 경우 반드시 회의를 소집하여 가해학생에 대한 조치의 내용을 결정하게 하고 학교의 장이 이에 구속되도록 규정한 이 사건 의무화 규정은 침해의 최소성 및 법익의 균형성에 반한다고 보기 어렵다.

25. 법률유보원칙에 대한 설명으로 옳지 않은 것은?
① 토지 등 소유자들이 도시환경정비사업 시행인가 신청시 요구되는 토지 등 소유자의 동의정족수를 자치규약에 정하도록 한 구 「도시 및 주거환경정비법」의 동의요건조항은 법률유보 내지 의회유보원칙에 위배된다.
② 공개적 토론의 필요성과 상충하는 이익 사이의 조정 필요성이 클수록 국회의 법률에 의하여 직접 규율될 필요성은 증대된다.
③ 국민에게 납세의 의무를 부과하기 위해서는 조세의 종목과 세율 등 납세의무에 관한 기본적, 본질적 사항은 국민의 대표기관인 국회가 제정한 법률로 규정하여야 한다.
④ 침익적 행정처분의 근거가 되는 행정법규는 엄격하게 해석·적용하여야 하며, 그 의미가 불명확한 경우 행정처분의 상대방에게 불리한 방향으로 해석·적용하여서는 아니 된다.

2025년 2월 1일 시행 (제6회)

2025년도 국가공무원 5급 공채·외교관후보자 제1차시험·지역인재 7급·법원행시 대비

# | 언어논리영역 |

1 교시

응시번호

성 명

문제책형

㉨

**응시자 주의사항**

1. **시험시작 전 시험문제를 열람하는 행위나 시험종료 후 답안을 작성하는 행위를 한 사람**은 「공무원 임용시험령」 제51조에 의거 **부정행위자**로 처리됩니다.
2. **답안지 책형 표기는 시험시작 전** 감독관의 지시에 따라 **문제책 앞면에 인쇄된 문제책형을 확인**한 후, **답안지 책형란에 해당 책형(1개)을 '●'로 표기**하여야 합니다.
3. 시험이 시작되면 문제를 주의 깊게 읽은 후, **문항의 취지에 가장 적합한 하나의 정답만을 고르며,** 문제내용에 관한 질문은 할 수 없습니다.
4. **답안을 잘못 표기하였을 경우에는 답안지를 교체하여 작성**하거나 **수정할 수 있으며,** 표기한 답안을 수정할 때는 **응시자 본인이 가져온 수정테이프만을 사용**하여 해당 부분을 완전히 지우고 부착된 수정테이프가 떨어지지 않도록 손으로 눌러주어야 합니다. **(수정액 또는 수정스티커 등은 사용 불가)**
   ■ **불량한 수정테이프의 사용과 불완전한 수정처리로 발생하는 모든 문제는 응시자 본인에게 책임이 있습니다.**
5. **시험시간 관리의 책임은 응시자 본인에게 있습니다.**
6. **성적확인용 비밀번호**는 성적확인시 꼭 필요하니 **임의로 4자리를 마킹**하고 기억해야 합니다.

※ 문제책은 시험종료 후 가지고 갈 수 있습니다.

**정답공개 및 이의제기 안내**

1. 최종정답 공개 : 2.6(목) 오후 5시 네이버 카페 'PSAT의 정석'(cafe.naver.com/lecpsat)에 공지
2. 이의제기 : 2.3(월) 오후 2시까지 / 네이버 카페 'PSAT의 정석'(cafe.naver.com/lecpsat) '이의제기 신청 게시판'에서 연결된 구글폼에 입력
3. 성적확인 안내
   - 각 과목별 성적통계는 2.7(금)에 네이버 카페 'PSAT의 정석'(cafe.naver.com/lecpsat) '통계 게시판'에서 확인
   - 개인 성적표는 2.7(금)에 법률저널 접수페이지의 '성적확인페이지'에서 확인
4. 시험 일정 안내(온·오프 동시 시행)
   - 7회 2025.2.8(토), 8회 2025.2.15(토), 9회 2025.2.23.(일), 10회 2025.3.1.(토)
     * 5~9회 장학금 회차(지방시험장 운영)
     * 매회 성적우수 5명(현장응시자 대상)에게 격려 장학금 지급
5. 면학장학금 신청자는 3월 18일까지 관련 서류를 제출 바랍니다.
6. 법률저널 예측시스템 운영(3월 8일 오후 5시부터 법률저널 홈페이지 및 네이버 카페 PSAT의 정석)

법률저널

1. 다음 글의 내용과 부합하는 것은?

> 당은 대외전쟁을 하늘에서 내려온 황제가 수행하는 전쟁으로 선전하며 화이를 아우르는 국제전으로 발전시켰다. 당은 단계적으로 전쟁 명분을 발전시키면서 세력 확장의 공간적 근거와 역사적 당위성을 마련했다. 그 토대 위에서 고구려 침략의 명분인 '사군구지론'이 마련된 것이다. 고구려 친정에 실패한 태종은 648년 신라와의 연합을 체결한다. 협약 속 영토 구획선은 사군구지론을 주장했던 태종과 삼국을 통일하고자 했던 신라 김춘추 사이의 양보와 타협의 결과였다. 태종에게는 한사군의 중심지였던 낙랑군 고지, 즉 평양 이북과 요동을 회복한다는 의미를 지니게 되었고, 신라에게는 고구려 남부와 백제를 통합하는 삼국통일전의 의미를 지녔다고 볼 수 있다.
>
> 그러나 고종시대의 전쟁은 태종시대와 차이가 있었다. 고종에게는 '병약한 황태자'라는 오래된 인식을 극복할 필요가 있었다. 황제 권력의 모순적 단면 중 하나가 추락한 천자의 권위를 제고할 목적으로 이민족의 복속에 몰두하는 것이었다. 백제를 평정한 후 고구려 공격을 앞두고 고종은 친정을 계획하며 태종시대 숙장을 모아 천하를 평정한다는 의미인 대정악을 관람하도록 했다. 실제로 고종은 출정 전부터 백제 고지에 대한 간접지배 방식의 기미(羈縻)지배를 계획하고 있었고, 신라왕 역시 계림주도독으로 책봉하는 등 외형상 삼국을 기미지배할 심산이었다. 반면, 태종의 입장에서 백제는 고구려 공격을 위한 한반도 남부 전선의 위협 요소일 뿐 사군구지론에 백제 전 지역에 대한 지배는 포함되지 않았다.
>
> 한편, 신라는 백제 부흥 운동의 진압과 고구려의 멸망이 이루어지면, 648년의 합의대로 백제를 차지할 수 있다고 믿었다. 그러나 고종은 백제 고지를 기미지배했고, 신라와 백제 유민 사이의 회합과 맹약을 독촉했다. 신라의 입장에서 웅진도독을 회맹 상대로 마주하는 것은 백제의 부활을 뜻하는 것이었으며, 신라왕이 계림주대도독의 지위가 된다는 것은 신라가 연합군의 일원이 아닌 당의 기미지배 대상으로 전락함을 의미했다. 결국 한반도의 지배권을 두고 670년 나당전쟁이 발발했다. 당은 백제·고구려 고지에 대한 기미지배에 실패하고 676년 신라군에 패배하면서, 한반도에서 완전히 철수하게 되었다. 그 과정에서 동서 교역로의 안정적 확보와 하서회랑 지역의 지정학적 요소 등 당의 전략적 고려도 반영되었을 것이다.

① 고종은 자신을 하늘에서 내려온 황제로 지칭하며 높은 권위를 유지하기 위해 전쟁을 일으켰다.
② 태종의 사군구지론에는 평양 이북과 요동뿐만 아니라 백제 전 지역에 대한 지배가 포함된다.
③ 고종은 648년의 합의 내용과는 달리 백제 고지에 대한 간접지배를 단행하였다.
④ 신라왕이 계림주대도독의 지위를 지닌다는 것은 신라가 연합군의 일원이 된다는 것을 의미하였다.
⑤ 당은 676년 신라군에 패배하였으나, 철수과정에서 고구려에 대한 기미지배권을 지켜냈다.

2. 다음 글에서 알 수 있는 것은?

> COVID-19의 팬데믹에 대응하기 위하여 방역 당국은 휴대전화 위치 데이터를 활용해 확진자들의 이동 상황을 추적했다. 온갖 종류의 접촉 추적을 활용한 정부의 코로나19 대응과정은 'K-방역'으로 불리며 타국의 모범 사례가 되었고, 성공적이라는 평가와 함께 동선 공개 및 개인정보의 과도한 노출로 인한 사생활 침해 문제를 야기한다는 지적이 공존해왔다. 한국은 GPS 추적 기술과 휴대전화 위치 추적, 신용카드·교통카드 이용 정보 등을 통해 확진자의 동선 및 접촉자들을 파악하였다.
>
> 동선 추적을 통해 개인의 사생활은 일반에 공개되었고 국가는 국민의 일상생활에 깊이 관여하게 되었으며 IT 기술은 이러한 국가 정책에 복무하고 있는 양상이다. 이처럼 개인의 사생활을 침해할 수 있는 새로운 기술 장치들의 활용은 갈수록 비약적으로 발전하고 있음에도 불구하고 그로 인해 양산되는 여러 문제에 대해서 현행 법률 체계는 제대로 대응하지 못하고 있다.
>
> 2015년 메르스 사태 때 정부는 정보 투명성 비판을 받았다. 이후 정부는 개인정보에 접근할 수 있는 권한과 처벌 조항을 강화하는 등 감염병예방법을 대폭 손질하였다. 이 또한 적절한 논의와 평가를 거쳐 만들어진 것이라 보기 어렵다. 개인정보보호법은 정보 주체의 동의를 받아야만 정보를 수집·처리할 수 있다고 규정하고 있지만, 감염병 하에서는 감염병예방법 제76조의2에 규율되어 이러한 정보 주체의 개인정보자기결정권이 발효되지 못한다.
>
> 물론 국가는 국가기능을 제대로 수행하기 위해서 일정 정보는 축적하고 이용해야 한다. 심지어 혼란한 시기에는 국민의 삶에 더 많이 개입하는 큰 정부가 더 큰 신뢰를 얻는다. 정보를 투명하게 공개할수록 감염병 확산을 막는 나은 결과가 나옴에 따라서 확진 관련자들의 사생활 침해에 관한 사항은 초기에 공론화되지 못했다. 피해 가능성을 안고 있는 이들조차 여론과 전체사회의 '획일화된 압력'에 의해 강요된 침묵과 자발적 침묵이 혼재된 양상을 보였다.
>
> 위와 같은 감염병 하에서 확진자의 개인정보 침해유형은 크게 두 가지로 나타난다. 첫째는 정보공개법이나 감염병예방법과 같은 국민의 알 권리 행사 과정 중에 발생하는 프라이버시 침해이고 둘째는 언론의 보도와 이에 따른 누리꾼들의 뉴스 댓글 또는 SNS를 통한 2차 정보 생성에 의한 침해이다.

① 확진자들의 이동 상황을 추적한 한국 정부의 코로나 19 대응은 사생활 침해 문제로 인해 실패한 정책으로 평가받는다.
② 사생활 침해 우려가 있는 여러 문제에 대하여 감염병예방법 등은 적절히 대응하고 있다.
③ 개인정보보호법은 정보 주체의 개인정보자기결정권을 규정하고 있다.
④ 코로나 19 확진 관련자들은 팬데믹 초기부터 사생활 침해에 관한 사항을 공론화하였다.
⑤ 언론 보도에 따른 누리꾼들의 2차 정보 생성에 의한 개인정보 침해는 국민의 알 권리 행사 과정 중에 발생한다.

3. 다음 글에서 알 수 있는 것은?

NFT(Non-Fungible Token)는 중앙집중적 시스템을 분산하고자 생겨난 대안적 기술의 변종이다. NFT는 블록체인 기반 체계이다. 네트워크에 참여한 모든 사람이 함께 검증하고 검증한 것이 변하지 않도록 연결고리를 만드는 기술인 블록체인은 탈중앙화된 자율 조직이 운용하도록 설계되었다. 이 기술은 중앙집중화로 자본 권력이 이득을 보는 상황을 막고자 생겨난 대안적 기술로, 핵심은 P2P(Peer-to-Peer) 방식이다.

비트코인 발행 및 거래를 위한 기술로써 블록체인 기술이 최초로 제안된 것은 2008년 세계금융위기 직후였다. 미국발 서브프라임 모기지 사태로 세계 경제가 도미노처럼 무너졌을 때, 각국 정부는 금융기관에 막대한 구제자금을 쏟아부으며 양적 완화 정책을 펼쳤고, 그 덕택에 금융기관들이 회생할 수 있었다. 이렇게 위기의 책임자인 금융자본이 면죄부를 받는 사이 양적 완화 정책에 의한 돈의 가치 하락으로 힘없는 개인들만 희생양이 되었다. 가치가 하락하지 않는 화폐에 대한 필요를 고민하기 시작하던 시기에 사토시 나카모토라는 신원 미상의 인물은 「비트코인: P2P 전자화폐 시스템」이라는 논문을 인터넷에 공개했다. 그리고 2009년 1월 3일부터 사토시는 자신이 설명했던 기술로 첫 블록을 만들고 비트코인을 발행했다. 이러한 그의 행동을 통해서 우리는 그가 은행과 중개인을 부패하고 신뢰할 수 없다고 생각하여 다수가 주도하는 대안적 모델을 만들고자 했음을 알 수 있다.

블록체인 기술은 다수가 참여하는 비위계적이고 비강압적인 활동인 '디지털 커머닝'을 활용하고 있어서, 다양한 대안적 가능성을 가지고 있다. 하지만 이 행동은 현재 가상자본 축적을 위한 기술로 작동하고 있다. 금융 시스템에 활용되면서 디지털 커머닝 활동은 단순 증빙 활동으로 축소되었을 뿐만 아니라, 그 행위 자체를 '채굴(mining)'이라는 가상노동으로 바꿨다. 블록체인을 사용한 대안적인 자격증명 시스템이 구축되고 있지만, 암호화폐와 NFT는 투기의 풍랑을 몰고 왔다. 블록체인이 기술적으로 대안적인 체계이고, 시기적으로 세계금융위기에서 시작되었다는 것을 생각한다면, 이 기술을 설계했을 당시 설계자인 사토시는 지금과 같은 가상자산 투기 무법 시대가 도래하리라고 상상조차 하지 못했을 것이다.

① 블록체인은 네트워크에 참여한 모든 사람이 함께 검증하고 상황에 따라 검증 결과가 달라지도록 하는 기술이다.
② 2008년 세계금융위기 직후에 각국 정부는 위기의 책임자인 금융기관에 대한 책임을 묻기 위해 긴축정책을 펼쳤다.
③ 사토시 나카모토는 중앙화된 조직의 집중화를 통해 가치가 하락하지 않는 화폐를 만들고자 하였다.
④ 디지털 커머닝 활동은 현재 가상노동을 통한 가상자본 축적을 위한 기술로 작동하고 있다.
⑤ 블록체인 기반의 기술 설계 당시에 가상자산 투기에 대한 규제방안의 필요성이 제기되었다.

4. 다음 글에서 알 수 있는 것은?

중년여성의 비만율은 폐경으로 인한 에스트로겐 수치의 감소에 영향을 받는다. 에스트로겐 호르몬 중 에스트라디올은 여성의 신진대사와 체중조절을 돕는 역할을 하지만 폐경으로 인한 에스트라디올 분비의 감소는 근육량의 감소와 지방 축적이 증가하게 되면서 체지방을 증가시킨다. 또한, 노화는 신체활동의 제한으로 에너지 소비량보다 음식 섭취량이 많아지면서 체내 에너지 불균형을 유발시켜 지방 조직이 과도하게 축적된다. 이는 체지방의 증가 및 근력의 감소로 이어지게 되어 결국 비만을 유발한다.

비만이 되면 인슐린 수용체의 약화로 인해 GLUT4 수준이 감소하여 근육 내에 포도당 흡수가 원활하지 못하게 된다. 이처럼 조직 내에 흡수되지 못하고, 체내에 유리된 포도당은 지방으로 변환되어 내장지방 형태로 저장되면서 혈중에 유리지방산을 증가시켜 인슐린 저항성이 일어나게 되는 원인이 된다.

인슐린 저항성은 체지방량 증가, 체중 증가, 서구화된 식습관, 운동 부족, 폐경 등의 이유로 증가된다. 특히, 폐경은 복부지방 및 내장지방의 증가와 근육의 감소가 나타날 수 있으며 이는 비만을 쉽게 유발하여 탄수화물대사에 장애를 일으켜 체내에 흡수되어야 하는 혈당의 활용 능력을 감소시키게 되어 인슐린 저항성으로 이어지게 된다. 비활동성으로 인한 복부 및 내장지방의 증가는 지방세포의 수 및 크기를 증가시켜 체지방의 축적을 유발시키고, 이는 인슐린 저항성이 증가하여 비만, 대사질환 및 심혈관질환이 발병될 가능성을 높이게 되어 결국 건강에 위험이 발생한다.

지방 세포에서 생성되고 분비되는 렙틴은 시상하부 수용체에서 작용하는 호르몬으로 에너지 소비를 자극하고, 음식 섭취를 감소시켜서 신체 내의 에너지 항상성을 유지하며 체지방량에 비례하여 생성된다. 렙틴은 남성보다 여성에게서 높게 나타나고 신체활동 감소는 체지방의 증가와 골격근 이상으로 비정상적인 아디포카인 분비를 촉진하며 렙틴의 수치를 증가시켜서 인슐린 저항성을 발생시키게 된다. 이로 인하여 높아진 혈중 인슐린 수치 및 렙틴 수용체의 저항성 증가는 렙틴과 인슐린이 공유하는 신호전달체계에서 렙틴이 뇌 시상하부에 전달하는 신호를 방해하여 비만을 비롯한 제2형 당뇨병과 심혈관질환을 발병시키기도 한다.

① 에스트라디올 호르몬 분비가 증가하면 근육량이 증가하고 체지방이 감소한다.
② 조직 내에 흡수되지 못한 포도당은 혈중 유리지방산을 감소시킨다.
③ 폐경으로 인해 체중이 감소하면 인슐린 저항성이 증가하게 된다.
④ 체지방량이 낮을수록 지방 세포에서 렙틴이 많이 생성된다.
⑤ 신체활동을 할수록 렙틴의 수치가 증가되어 인슐린 저항성이 높아지게 된다.

5. 다음 글에서 알 수 있는 것은?

너울성 파도의 형태를 관찰하여 항해하는 방법의 원리는 간단하다. 바다 한가운데에서 섬은 너울성 파도를 막을 수도 있고, 굴절시킬 수도 있고, 반사시킬 수도 있다. 그리고 이러한 너울성 파도의 형태는 그대로 유지된 채 아주 먼 거리로 전달될 수 있다고 한다. 따라서 해역 내에 섬의 존재와 대략적인 위치에 대한 지식만 가지고 있다면, 육안으로 섬을 알아볼 수 있는 거리인 시인 거리 밖에 있는 지점에서도 그 섬에 의존하여 항해할 수가 있다. 이 외에도 섬이 있는 곳에는 육지와 바다 표면의 온도 차로 인해 구름이 발생하니, 구름의 존재를 통해서도 그 섬의 위치를 파악할 수 있다고 한다.

따라서 만약 너울성 파도의 형태나 구름의 생성이 섬의 존재를 나타낸다는 지식을 가지고 있고, 표류와 같은 우연한 기회로 섬의 존재를 알게만 된다면 생각보다 멀리 떨어져 있는 지점에서도 그 섬을 지표로 삼고 항해를 할 수 있게 된다. 이는 울릉도를 지표로 삼았던 항로들의 공간적 범위가 시인 거리 이상으로 넓었을 가능성을 시사해주며, 연안항법을 통해 울릉도와 연결될 수 있었던 지점들도 더 많고 다양했음을 의미한다.

이처럼 너울성 파도의 형태와 구름의 생성 등을 고려한다면, 조선시대 전기 함경도 남쪽과 북쪽 지역 어부들의 울릉도를 목적지로 한 항해에 대한 선행연구 결과가 더욱 의미심장하게 다가오기도 한다. 이효웅에 의하면 함경도 남쪽의 어부들은 양양까지는 연안을 따라 내려온 다음에 대청봉을 이정표로 삼고 태양과 달을 가늠하여 남동쪽으로 사선 항해를 해서 울릉도에 도착했다. 반면, 함경도 북쪽의 어부들은 오히려 북쪽으로 경원까지 올라간 다음에, 그곳에서 태양과 북극성을 이용해 정남 항해를 하며 북서풍을 이용해서 울릉도에 도착했다.

이때 시인 거리 밖의 구역에서는 울릉도로의 항해가 천문항법을 통해 이루어졌다고 생각되고 있는데, 천문항법이 발달하기 이전의 시기에는 울릉도가 만들어낸 구름이나 울릉도를 통과한 너울성 파도의 형태 등의 도움을 받았을 가능성도 생각해 볼 수 있다. 결국, 울릉도는 그 존재만으로도 환동해 교류를 촉진하는 역할을 했다. 울릉도에 도달한 선원들은 물을 보충받고 휴식을 취한 다음, 강한 북풍을 이용하여 일본에 도착했을 터인데, 명심할 것은 이때에도 울릉도의 존재로 인해 시인 거리 밖에서 항해하는 구간은 의외로 넓지 않았다는 점이다.

① 섬의 시인 거리를 벗어나게 되면 그 섬을 기준으로 항해할 수 없다.
② 섬이 있는 곳에서는 육지와 바다의 표면 온도가 동일하다.
③ 조선시대 전기에 함경도 이남 어부들은 태양과 북극성을 이용하여 사선 항해를 해서 울릉도에 도착했다.
④ 너울성 파도의 형태는 먼 거리로 전달될 때 기존의 모습이 규칙적으로 변형된다.
⑤ 천문항법이 발달하기 전에도 시인 거리 밖의 구역에서 울릉도로의 항해가 가능했을 것이다.

6. 다음 글에서 알 수 없는 것은?

모바일 환경에서 사용자의 이동성(mobility)은 다층적 맥락을 가진다. 이동 중이라는 유동적인 상황에서 콘텐츠의 향유가 가능하도록 하는 물리적 이동성과 다양한 미디어 플랫폼을 이동하며 콘텐츠를 향유하는 이른바 트랜스미디어적인 이동성을 모두 아우른다. 숏폼 형식의 콘텐츠는 이와 같은 사용자의 다층적 이동성에 최적화된 형태이다. 온라인 플랫폼을 기반으로 하는 숏폼 형식의 동영상 콘텐츠는 기존 방송 콘텐츠들의 주요 내용을 편집한 하이라이트 영상들이 포털사이트에서 제공되기 시작하면서 등장했다.

숏폼이라는 개념은 동영상 콘텐츠의 형식적 특성을 지칭하기보다는 전통적인 롱폼 콘텐츠인 드라마나 예능과 같은 텔레비전 콘텐츠나 영화의 파라텍스트(paratext)로 인식되어 왔다. 파라텍스트는 제라르 주네트가 제시한 개념으로 주텍스트를 보완하는 다양한 형식의 부가텍스트를 의미하는 개념이다. 숏폼 동영상 콘텐츠는 예고나 쿠키 영상과 같은 프롤로그와 에필로그 형태나 핵심 장면들을 압축적으로 집약한 하이라이트 영상 등을 통상적으로 지칭하는 단어였다. 주텍스트에서 가장 흥미로운 부분을 압축적으로 보여주는 예고나 하이라이트 영상이 주텍스트에 대한 호기심을 불러일으키는 부가텍스트로 간주되었다면, 모바일 환경에서 하이라이트 영상은 본 콘텐츠의 대체재로 소비되기도 한다. 나아가 모바일 플랫폼을 기반으로 생산의 측면에서 상시적인 제작과 공유가 가능해지고, 소비의 측면에서 스트리밍 중심의 향유가 일반화되면서 숏폼은 동영상 콘텐츠의 한 형식으로 자리 잡았다.

전통적인 롱폼 동영상 콘텐츠의 형식을 규정했던 텔레비전 편성이나 극장 상영과 같은 공급과 향유의 통로가 다변화된 것에 기인해 숏폼 동영상 콘텐츠는 내용적인 측면에서 다양한 스펙트럼을 보여준다. 영화, 드라마, 예능, 다큐 등 기존의 롱폼 동영상 콘텐츠의 서사적 특성들을 수용하는 동시에 기존의 롱폼 콘텐츠에서 할 수 없었던 장르의 융합이나 재구성이 활발히 이루어지고 있다. 숏폼 동영상 콘텐츠의 특성을 거시적, 총체적으로 파악하기 위해서는 장르나 서사와 같은 내용 중심의 분류에 앞서 창작자와 사용자 간을 매개하는 콘텐츠의 맥락과 지향하는 목적을 중심으로 접근하는 것이 선행되어야 한다. 내용 중심의 분류는 기존의 롱폼 콘텐츠의 분류 관습을 답습하게 될 가능성이 크기 때문이다.

① 모바일 환경에서 이동성이란 이동 중에 콘텐츠를 향유하는 것과 다양한 미디어 플랫폼을 이동하는 의미를 포함한다.
② 숏폼 콘텐츠는 전통적인 롱폼 콘텐츠를 보완하는 부가텍스트로 인식되어 왔다.
③ 숏폼은 생산의 측면에서 상시적인 제작과 공유가 가능한 콘텐츠이다.
④ 숏폼 콘텐츠는 기존의 롱폼 동영상 콘텐츠의 서사적 특성들을 변화시키거나 재구성한다.
⑤ 동영상 콘텐츠의 공급과 향유의 통로가 다변화되고 있다.

7. 다음 글에서 알 수 있는 것은?

> 1960년대 이후 산업화의 성공에 대한 반작용으로 대두된 환경, 자원 문제는 이른바 '성장의 한계'를 인류에게 보여주기 시작했다. 선진국을 중심으로 환경에 대한 경고는 확대되어 왔지만 자원 부국이나 저개발 국가는 경제성장이 지상과제가 되기 때문에 국제사회에 갈등과 반발이 드러나게 되었다. 유엔은 1972년 유엔인간환경회의(UNCHE)를 시작으로 다자간 국제회의를 여러 번 거치면서 환경을 해치지 않고 경제를 발전시키는 방법에 대해 고민을 거듭해왔다. 1987년 발표된 「우리 공동의 미래」는 이에 대한 답을 담은 보고서이다. 이 보고서에서 지속가능발전은 "미래세대가 그들의 욕구를 충족시킬 수 있는 기반을 저해하지 않고 현세대의 욕구를 충족시키는 발전"으로 정의되었다. 이후 지속가능발전에 대한 논의는 이 정의를 어떻게 해석하고 적용하는가에 집중되었다.
>
> 지속가능발전은 환경과 이해관계자를 고려하지 않은 일방의 경제 성장은 불가능하다는 입장에서 출발한다. 아담 스미스의 자본주의 철학은 부의 증가에 대한 신화를 현실로 만들었다. 하지만 생태계와 자원을 비롯한 자연환경의 유한성과 한계, 불가역성을 중요하게 인식하고 고려해야 하는 현시점에서는 영원한 부의 증가는 현실적으로 불가능하다는 사실을 확인할 수 있다. 부의 무한성장은 과학적이지도 실증적이지도 않으며, 경제주체의 이기적인 면만을 반영한 시각이다.
>
> 지속가능발전은 경제적 성장과 관계없이, 생태 환경에 대한 고려와 함께 타자에 대한 착취를 포함하지 않는 조건 등을 보여준다. 또한, 생산성이 제고되더라도 빈곤계층이 존재하기 때문에 전통적인 부의 성장만으로는 '지속가능한 성장'이 되지 않으므로 형평성 차원의 보완이 필요하다고 본다. 성장만으로는 빈곤의 문제조차 해결할 수 없으며, 생산량을 늘리려는 노력만큼 경제적 불평등을 위해 공정한 분배를 통해 정의를 실현하는 것이 필요하다는 것이다.
>
> 한편, 지속가능발전은 근본생태주의와는 다르다. 지속가능발전이 자연환경과의 조화를 강조하고 있으나 인류사회가 멸망하더라도 지구라는 행성의 지속가능성을 주장하는 것은 아니다. 그런 점에서 생태주의와는 구별되고, 구체적으로는 '인류의' 지속가능한 발전을 뜻한다.

① 지속가능발전이란 현재 세대의 욕구를 충족시킬 수 있는 기반을 저해하지 않고 미래 세대의 욕구를 충족시키는 발전을 의미한다.
② 자원 부국이나 저개발 국가는 환경보호보다 경제성장을 우선시할 것이다.
③ 지속가능발전과 아담 스미스는 부의 증가에 대해 같은 의견을 보일 것이다.
④ 전통적인 부의 성장을 통해 생산성이 제고되면 빈곤계층이 사라지게 될 것이다.
⑤ 지속가능발전은 인류뿐만 아니라 다른 생물 개체의 지배하에서도 지속되는 지구환경을 추구한다.

8. 다음 글의 ㉠~㉢에 들어갈 말을 적절하게 나열한 것은?

> 피아제(Piaget)와 비고츠키(Vygotsky) 사상의 철학적 배경이 서로 다르기 때문에 지식의 기원과 그 형성과정 또한 분명한 차이가 있다. 피아제의 관점이 '발생학적 인식론'으로 불리는 것에서 알 수 있듯이 지식은 개인 내에서 발생학적으로 나타나며, 인지적 갈등을 통해 새로운 단계로 발달되어 간다. 개인 내에서 발생한 지식들은 조절과 평형화의 과정을 거치면서 타인과 공유된 지식 체계를 갖게 되면서 '사회적' 지식의 차원으로 발전된다.
>
> 이에 비해 비고츠키는 한 개인이 갖는 지식의 기원을 개인 외적 요인, 즉 사회적인 환경에서 찾았다. 즉, 개인의 고등정신 기능은 사회 문화적 산물, 제도에서 비롯되며, 이런 지식은 내면화를 통해 개인적 지식이 된다고 강조한다. 그러므로 인간의 의식은 사회의 제도에 의해 구속된다고 본다. 처음에는 사회의 제도에 의해 인간의 의식이 구속되지만, 그러나 나중에는 인간의 의식이 사회의 제도를 창출한다고 본다.
>
> 피아제는 타인과의 의사소통을 목적으로 하는 사회적 언어체계가 나타나기 전에 먼저 ( ㉠ )을 목적으로 하지 않는 혼자만의 중얼거림 즉, '비사회화된 언어체계'가 나타난다고 보았다. 그 이후에 구체적 조작기에 접어 들면서 아동은 타인의 관점과 자신의 관점이 다르다는 것을 이해할 수 있게 되면서, 탈중심적인 언어표현이 가능하게 되고, 그때 비로소 아동은 '사회화된 언어체계'를 갖게 된다고 본다.
>
> 이에 비해 비고츠키는 아동의 언어는 처음부터 ( ㉡ )을 받아들이는 수단이며, 의사소통을 목적으로 하는 '사회적 언어'가 먼저 나타난다고 본다. 이런 사회적 언어체계는 사회적 지식을 내면화하기 위한 한 수단이 되며 아동의 미숙한 사고진행의 과정을 보조하는 역할을 한다. 따라서 아동의 인지가 발달하게 되면 더 이상 사고의 진행을 위한 언어적 표현, 즉 외현화된 언어표현은 사라지고, '내적 언어' 체계를 발달시키게 된다. 이런 내적 언어는 ( ㉢ )이 증가할수록 증가하며, 내적 언어는 궁극적으로 사회적 언어가 내면화된 것이다.

| | ㉠ | ㉡ | ㉢ |
|---|---|---|---|
| ① | 의사소통 | 타인의 지식 | 사회적 상호작용 |
| ② | 의사소통 | 내면의 지식 | 사회적 상호작용 |
| ③ | 의사소통 | 타인의 지식 | 인지적 갈등 |
| ④ | 사고의 진전 | 내면의 지식 | 인지적 갈등 |
| ⑤ | 사고의 진전 | 타인의 지식 | 사회적 상호작용 |

9. 다음 글의 ㉠ ~ ㉢에 들어갈 말을 적절하게 나열한 것은?

> 소련 붕괴 이후 조성된 국제질서와 관련하여 연구자들은 저마다 현 상황 또는 그 발전 방향을 강조하며 다양한 논의를 전개해왔다. 이 시기 미국의 압도적 영향력 아래 자유주의 정치·사회 모델과 세계화로 대변되는 글로벌 시장자본주의, 즉 자유주의 국제질서가 국제사회의 지배적 규율과 규범으로 작동해온 것은 부인할 수 없는 사실이다. 그럼에도 불구하고 2000년대 중후반부터 미국의 국력과 영향력의 경향적 저하가 두드러지면서 중국과 러시아를 중심으로 한 수정주의 세력의 기존 질서에 대한 도전이 가시화되고 대립과 갈등이 심화되어 왔다.
>
> 결국, 러시아-우크라이나 전쟁은 [ ㉠ ] 국제질서를 유지·강화하려는 서구 세력권과 새로운 대안질서로의 이행 경향성을 강화하려는 중러 세력권이 갈등을 축적해오다 지정학적 단층대인 우크라이나에서 충돌함으로써 발생한 현상이라 할 수 있다. 특히 러시아는 이 전쟁을 통해 정치, 안보, 경제, 가치의 측면에서 범(汎)유럽적 틀로부터 이탈해 독자적 세력권 유지를 위해 전략적 기동을 단행했다. 1980년대 말부터 러시아 내에서는 '확대 유럽'(greater Europe) 개념이 지배적 담론으로 기능해왔다. 그것은 냉전적 대립으로부터의 평화적인 이행과 정치·경제적 현대화라는 미래지향적 의제를 제공했다. 실제로 이 시기 러시아는 유럽의 일부일 뿐만 아니라, 그 안의 가장 선진적 사회들과 동등하거나 유사한 존재로 인식되기를 기대했다. 그러나 확대 유럽 노선의 효용에 대한 회의가 커짐에 따라 러시아는 2008년 조지아 전쟁 이후부터 서구 유럽 민주주의 규범으로부터 [ ㉡ ] 정치·경제적 발전의 길을 탐색하기 시작했고, 2014년 크림 병합 이후 이를 본격화했다.
>
> 궁극적으로 러시아의 '확대 유럽'에서 '확대 유라시아'(greater Eurasia)로의 정책 전환은 다극질서의 일축으로서 러시아의 역할 증대에 대한 비전을 염두에 둔 행보였다. 이 때문에 러시아는 탈소비에트 지역통합을 위한 여러 기제에 우크라이나를 참여시키고자 노력했다. 그러나 우크라이나는 2013~2014년 유로마이단 시위와 친서방 정부 수립 이후 탈러시아 행보를 본격화했고, 우크라이나의 참여 없이 러시아의 [ ㉢ ] 지역통합 시도는 구체적 성과를 도출하기 어려웠다. 이 때문에 러시아는 '지정학적 경혈'인 우크라이나의 항구적 세력권 이탈을 용인할 수 없다고 판단하고 실력행사에 나선 것으로 판단된다.

| | ㉠ | ㉡ | ㉢ |
|---|---|---|---|
| ① | 자유주의 | 독자적인 | 유럽 |
| ② | 수정주의 | 독자적인 | 유라시아 |
| ③ | 자유주의 | 비롯되는 | 유럽 |
| ④ | 수정주의 | 비롯되는 | 유라시아 |
| ⑤ | 자유주의 | 독자적인 | 유라시아 |

10. 다음 글의 ㉠~㉤을 문맥에 맞게 수정한 것으로 적절한 것은?

> 인공지능 기술은 무한한 가능성과 빠른 발전을 통해 다양한 산업에 적용되어 두각을 나타내고 있다. 대표적인 산업으로 자율주행 자동차를 빼놓을 수 없다. 자율주행 자동차는 다양한 센서를 기반으로 인지, 예측, 판단 및 경로생성 등의 알고리즘을 활용하여 운전자를 대체하고자 하는 인공지능 알고리즘의 집약체라고 할 수 있다.
>
> 자동차 분야에서 기존의 규칙 기반의 기술을 인공지능 기술로 대체함으로써 주행 도중 발생할 수 있는 무수히 많은 상황에 대한 적절한 대처가 가능해지고 있다. ㉠<u>자율주행 자동차를 위한 인공지능 기술은 특정 기술에 한정되지 않고 인지, 예측, 판단의 모든 분야에서 활용되고 있으며</u> 자율주행 기술의 성능을 비약적으로 발전시키고 있다. 특히 딥러닝을 활용한 자율주행 기술들이 많이 개발되고 있으며, 다양한 학습데이터의 공개로 인지, 예측, 판단에 걸쳐 활발한 연구가 진행되고 있다.
>
> 인지 기술은 다양한 환경에서 차량 주변 동적, 정적 객체의 3차원 위치 정보를 취득하기 위해 활용된다. 특히, ㉡<u>인공지능의 발달로 인해 복잡한 환경에서도 뛰어난 객체 검출 성능을 보이고 있으며,</u> 보다 먼 거리의 객체를 환경변화에 강인하게 검출하는 방법들이 개발되고 있다.
>
> 예측 기술은 특히 다수의 자동차 간에 발생하는 이해 충돌, 고정밀 지도 정보를 활용한 정밀 예측, 자차량과 주변차량 사이에 발생하는 상호작용 등을 고려하기 위한 인공지능 기술이 개발되고 있다. 이를 통해서 기존의 규칙 기반 접근법에서는 해결할 수 없는 미래에 대한 불확실성, 사람 운전자들 사이의 상호작용 등 고차원적이고 복잡한 문제 해결을 도모하고 있다. 또한 ㉢<u>자차량의 현 주행상태를 고려하기 위한 딥러닝 아키텍처가 개발되고 있으며</u> 이를 통해 자동차 주행 도로의 환경에 특화된 미래 경로 예측 기술이 소개되고 있다.
>
> 판단 및 계획 기술의 경우 ㉣<u>일반적인 규칙 기반 상황으로 해결할 수 없는 복잡한 상황에 대한 대응</u>에 활용되고 있다. 주행 시스템이 마주하게 되는 다양한 상황에 대한 데이터를 학습하고 이를 활용하기 위하여 인공지능 알고리즘들이 연구되었다. 하지만 양질의 데이터를 확보해야 하는 문제점들이 제기되었으며, 최근에는 ㉤<u>강화학습 기반 알고리즘을 통하여 데이터 없이 학습하고 다양한 상황에 대응 가능한 알고리즘이</u> 많이 활용되고 있다.

① ㉠을 "자율주행 자동차를 위한 인공지능 기술은 인지, 예측의 분야에 한정하여 활용되고 있으며"로 고친다.

② ㉡을 "미래에 자차량과 주변차량 사이에 발생할 수 있는 상호작용을 검출하거나"로 고친다.

③ ㉢을 "자차량과 객체뿐만 아니라 도로환경을 고려하기 위한 딥러닝 아키텍처가 개발되고 있으며"로 고친다.

④ ㉣을 "규칙 기반의 시나리오대로 정해지고 분류되는 주행 전략"으로 고친다.

⑤ ㉤을 "질이 낮더라도 많은 양의 데이터를 확보하려는 노력이"로 고친다.

11. 다음 글의 ㉠에 대한 판단으로 가장 적절하지 않은 것은?

성격 5요인은 외향성, 신경증, 개방성, 친화성, 성실성으로 구성된다. 외향성이 높은 사람들은 참여적이고 말하기를 좋아하며 사람들에게 영향력을 미치기 위해 자신의 의견이나 리더십을 표출하고자 하는 의지가 높다. ㉠성격과 뉴미디어 이용의 관계를 살펴본 연구들에 따르면 외향성이 높을수록 소셜미디어를 더 많이 사용하는 것으로 나타났고, 특히 정보적 목적을 위해 소셜미디어를 사용하였다.

신경증이 높은 사람들은 불안, 분노, 우울 등 부정적인 성향이 높고 다른 사람들의 시선을 많이 의식한다. 신경증적 성향이 높은 사람들은 현재 기분이 긍정적인가 부정적인가와 관계없이 정보에 대해 부정적인 감정을 느끼고 부정적으로 해석하는 것으로 나타났다. 신경증 성향이 강한 사람들은 그렇지 않은 사람들에 비하여 불안이나 불신을 느낄 가능성이 크다. 이들은 기존 매체에 대한 불신을 극복하고 부족한 정보를 추가로 습득하기 위하여 루머를 이용하기도 한다.

개방성은 새로운 경험을 즐기고 실험 정신이 강한 특성으로 다방면에 호기심이 많고 학습에 적극적이어서 지성과 연결되기도 한다. 이러한 특성 때문에 개방성은 사람들의 정보 추구 행동과 밀접한 관련이 있다. 개방성이 증가할수록 보다 광범위한 정보 검색 행동이 증가하는데 그로 인해 우연한 정보 습득 역시 증가한다. 개방성이 높은 사람들은 다양한 정보를 수집하고 여러 관점을 받아들이고 이를 전파시키는 데 적극적이다.

친화성은 협력적이고 공감을 잘하는 성향으로 이타적이고 공동체를 지향하는 경향이 있다. 따라서 어떠한 행동이 다른 사람을 위한 행동이라고 인식되면 친화성을 지닌 사람들이 그 행동을 더 많이 할 것이다.

성실성은 사회적 규범이나 원칙을 지키고자 하는 특성으로 성실성이 높은 사람들은 신중하고 목표 지향적이며 자기 통제력과 성취욕구가 강하다. 성실한 사람들은 책임감이 있고 신뢰를 받으며 계획에 따라 행동하는 것을 선호한다. 따라서 이들은 신뢰할 수 있는 정보원으로부터 정보를 얻고자 하는 의지가 강하다.

① 개방성이 높은 사람은 다양한 정보를 수집하는 과정에서 가짜뉴스를 수용하여 전파하는 행위는 하지 않을 것이다.
② 신경증이 높은 사람은 가짜뉴스를 대안적 정보로써 소비할 것이다.
③ 외향성이 높은 사람은 다른 사람들에게 영향력을 미치기 위해 미디어를 통한 정보이용에 적극적일 것이다.
④ 친화성이 높은 사람은 가짜뉴스라 하더라도 그 정보의 전파가 사회를 위한 행동이라고 판단하면 이를 전파할 것이다.
⑤ 성실성이 높은 사람은 출처가 불분명하고 신빙성이 떨어지는 가짜뉴스의 전파를 부정적으로 생각할 것이다.

12. 다음 글에서 추론할 수 있는 것은?

항법은 수중 로봇 자율운항을 위한 필수 기술이다. 수중 로봇의 항법에 관한 연구로 센서 데이터를 융합하여 항법을 구현하는 연구가 활발하다. 항법 성능을 향상시키기 위해서는 센서들이 설계한 대로 자세 오차 없이 로봇에 장착되어 센서들 사이의 좌표 변환을 정확히 알 수 있어야 한다. 하지만, 수중 로봇에 센서들의 좌표계를 설계한 대로 정확하게 장착이 안 되기 때문에 센서 좌표계 사이 자세 오차가 발생하게 된다.

이러한 센서들 각각의 좌표계 사이의 자세 오차를 정렬불량이라고 한다. 정렬불량이 존재한 상태에서 출력된 데이터는 자세 오차가 존재한다. 만약, 정렬불량이 존재한 상태에서 출력된 옳지 않은 속도 데이터를 좌표계로 변환 후 그대로 추측 항법에 적용하게 되면 위치 오차가 시간이 흐를수록 누적이 된다. 그러므로, 정렬불량은 항법에 있어 반드시 바로잡아야 할 문제다.

로봇의 자세나 센서 좌표계 사이 자세 오차를 표현하는 방법은 여러 방법이 있다. 대표적인 표현 방법은 오일러 각으로 표현한 방법이 있다. 하지만, 오일러 각으로 표현하여 계산하는 경우 짐벌락이 발생해 모든 각도 변환을 나타내는데 제한이 있다. 짐벌락 현상은 3차원 공간에서 오일러 각이 회전할 때, 특정한 회전 상황에서 3개의 축 중에 2개의 축이 겹치는 현상이다. 즉, 축마다 일정한 각을 회전시키는 중 2개의 축이 같아지면서 1개의 축에 대한 회전각이 다른 축의 회전에 영향을 미치게 된다. 이렇게 오일러 각은 종속적인 특성을 갖기 때문에 축이 겹쳐버리면 1개의 축에 대해서는 계산할 수 없으므로, 정확한 각도 계산이 불가능하여 수중 로봇의 자세나 센서 좌표계 사이 자세 오차로 표현하여 계산하기에는 어려움이 있다.

오일러 각으로 표현하여 계산할 때의 발생하는 문제를 해결하기 위해, 로봇의 자세나 센서 좌표계 사이 자세 오차를 단위 사원수로 표현할 수 있다. 이는 오일러 각과는 다르게 4개의 성분으로 구성되어 있으며, 해당 성분의 3개는 벡터, 1개는 스칼라이다. 단위 사원수는 오일러 각에서 발생한 짐벌락 문제를 해결할 수 있고 연산 속도도 빠르며 방향을 표현할 수 있어 최근 연구에서 자세 표현으로 많이 사용하고 있는 방법이다.

① 항법 성능의 향상을 위해 센서들을 좌표계 설계대로 정확하게 장착할 수 있다.
② 정렬불량이 존재한 상태에서 출력된 데이터는 추측 항법을 통해 점진적으로 개선해 나갈 수 있다.
③ 짐벌락 현상은 자세표현 방법에 관계없이 발생할 수밖에 없다.
④ 오일러 각은 1개의 축에 대한 회전이 다른 축의 회전각에 의해 변화하는 특성을 지닌다.
⑤ 단위 사원수를 이용하는 방법보다 오일러 각을 이용하는 방법의 연산 속도가 상대적으로 더 빠르다.

13. 다음 글에서 추론할 수 있는 것은?

치아는 음식 섭취 시 인체에서 가장 먼저 접촉하는 곳으로 섭취하는 음식의 성분에 따라 여러 가지 영향을 받는다. 특히 강한 산성으로 인해 낮은 산도를 지니는 음식의 경우 치아를 부식시키는 것으로 알려져 있다. 평균 산도(pH)가 3.01로 매우 낮은 7종의 음료로 법랑질 부식도를 측정한 결과 음료의 산도가 법랑질 표면 경도 감소에 유의미한 영향을 미치는 것으로 보고되었다.

치아부식이란 세균의 개입 없이 산에 의해 발생한 비가역적 치아 경조직 소실을 의미한다. 치아가 부식되는 요인은 내인적, 외인적으로 크게 구분하는데 내인적 요인은 역류된 위산이나 신경성 식욕 항진증 또는 신경성 식욕 부진증에서 나타나고, 외인적 요인은 산도가 강한 음식이나 음료 섭취, 약물 등의 복용 시 발생한다. 현대사회에서 치아부식증의 유병률은 증가 추세에 있으며 산성 음료의 섭취가 주된 위험인자 중 하나로 인식되고 있다.

음료의 섭취는 음료 시장의 성장과 서구화된 식습관으로 인해 꾸준히 증가하고 있다. 국민건강영양조사 통계자료에 따르면 식품군 중 음료의 섭취량이 2008년 66.88g에서 2016년 185.35g으로 증가된 것으로 나타났으며, 식품별 평균 섭취량 중 우유, 맥주, 소주, 콜라, 과일음료 그리고 막걸리 등 액상식품의 1회 섭취 분량이 상위 30위 안에 다수 포함되었다. 농림축산식품부와 한국농수산식품유통공사의 조사에서는 국민 1인당 하루 평균 섭취량에서 탄산음료가 81.0mL로 가장 높았고, 과채음료가 27.8mL 그리고 커피음료가 17.6 mL로 보고되었다. 탄산이나 오렌지주스 등 강한 산성의 음료는 특히 치아를 부식시키는 것으로 알려져 있으며, 평균 pH 4.0의 오렌지주스에서 법랑질 침식이 10분 안에 나타나는 것으로 보고되었다.

최근에는 에너지음료의 섭취 비중이 증가하고 있는데 섭취 이유로는 피로회복, 갈증 및 스트레스 해소 그리고 졸음을 방지하고자 하는 다양한 이유로 음용하고 있으며, 그중 졸음을 쫓기 위해 마시는 경우가 많은 것으로 나타났다. 대부분 에너지음료는 강한 산성으로 낮은 산도를 지녀 산으로 인한 치아 침식 등의 부작용이 우려된다. 에너지음료에 치아를 적신 후에 법랑질의 경도를 분석한 결과 법랑질의 경도가 약해진 것으로 조사되었다. 그러나 거칠기를 측정하여 표면 경도를 나타내는 연구의 경우 측정된 부위만을 확인할 뿐 전체적인 부식의 정도를 파악하기에는 한계가 있다.

① 섭취하는 음료의 산도가 낮을수록 법랑질 표면경도는 약해질 것이다.
② 치아 부식의 내인적 요인으로서 산도가 낮은 음식이나 음료 섭취를 들 수 있다.
③ 국민건강영양조사 통계자료에 따르면 음료의 섭취량이 2008년에 비해 2016년에 200% 이상 증가하였다.
④ 오렌지주스와 대부분 에너지음료는 그 산도가 매우 높다.
⑤ 거칠기를 측정하여 표면 경도를 나타내는 연구를 통해 치아 전체의 부식 정도를 파악할 수 있을 것이다.

14. 다음 글에서 추론할 수 없는 것은?

17세기의 붕당정치는 정치에 참여할 수 있는 사회 구성원이 급격히 확대되어 개인과 개인 간의 경쟁으로는 정치권력을 향한 경쟁이 조직될 수 없게 됨에 따라 집단적으로 결집한 상태에서 그 경쟁이 이루어지게 된 것이라고 설명된다. 17세기 전반 인조반정을 계기로 정부 관리의 인사와 정치에 서인과 남인이 공존하는 질서가 적용되었으며, 붕당을 단위로 한 정치적 경쟁이 지속되었다.

조선의 정치인들은 처음에는 송나라 학자인 구양수와 주희의 붕당론을 이끌어 자신들의 붕당을 합리화하였으나 차츰 조선의 실제 붕당의 성격을 이해한 위에서 자신들 나름의 붕당 이론을 세우게 되었다. 그 핵심은 당대 조선의 붕당이 군자 또는 소인들로만 구성된 것이 아니므로 붕당 사이에 의견이 다른 것을 인정하여야 한다는 것이다. 여기서 복수 붕당의 공존과 상호 비판의 논리가 추출되었다. 이러한 논리를 실제 정치에 구현하기 위한 제도와 관습이 마련되었다.

대표적인 것은 정치 쟁점의 토론을 본령으로 하는 사헌부·사간원의 논의에 전형적으로 적용되던 피혐(避嫌)-처치(處置)의 제도였다. 그 두 기관의 언관들 사이의 의사 결정은 만장일치를 원칙으로 하였으며 논의 당사자 사이에 의견이 다를 경우 방어적 상황에 있는 인물들이 사직하였다. 이때 사직은 그대로 처리되는 것이 아니라 명목에 그칠 따름이었으며, 사헌부·사간원 중 상대편 관서 혹은 홍문관의 관인 등 제3자가 피혐을 한 인물들의 동기나 절차에 대해 정당성 여부를 검토하여 국왕에게 출사 혹은 관직 교체를 건의하는 처치를 수행하였다. 국왕은 특별한 예외가 아닌 한 신하들의 처치를 그대로 수용하였다. 피혐을 하였다가 정당성을 인정받아 국왕에 의해 관직 교체가 아닌 출사의 명령을 받은 경우 다시 자기 자리로 돌아와 더욱 철저히 논의에 참가할 수 있었으므로 소수 의견을 주장할 권리가 적극적으로 보장되었다.

물론 이러한 제도는 거듭된 피혐이나 논의 상대방의 피혐, 다른 기관의 처치 과정에서 발생하는 피혐 등으로 빚어지는 상당한 부작용을 내포하고 있었다. 그럼에도 불구하고 그 제도를 수정하려는 시도들은 자기 의견을 적극적으로 개진할 수 있어야 한다는 원론에 부딪혀 붕당정치체제 하 별다른 변화를 빚어낼 수 없었다.

① 17세기에는 이전 시기보다 정치에 참여할 수 있는 사회 구성원이 증가하였다.
② 초기 붕당정치의 기반이 되는 이론은 송나라 학자들에 의해 정립된 것이었다.
③ 사헌부와 사간원의 논의는 다수결의 원칙을 따르고 있는 민주주의의 원형이라고 볼 수 있다.
④ 피혐을 한 인물에 대한 처치는 복직뿐만 아니라 관직의 교체로도 할 수 있었다.
⑤ 피혐-처치 제도는 그 부작용에도 불구하고 붕당정치에서 변화되지 않고 유지되었다.

15. 다음 글의 내용이 참일 때 수요일 오전 회의에 참석할 수 있는 최대 사무관 수는?

> 갑 부처에는 A, B, C, D, E, F, G 7명의 사무관이 있다. 이들은 이번 주 회의에 참석해야 한다. 이 회의는 월요일, 수요일, 그리고 금요일에만 열리며, 오전 또는 오후에만 진행된다. 다음의 <조건>을 고려하여 회의에 참석 가능한 사무관을 배치한다.
>
> <조　　건>
>
> ○ B는 수요일 회의에 참석할 수 없다.
> ○ G는 월요일 회의에 참석할 수 없다.
> ○ 만일 A가 회의에 참석하면, B는 반드시 그 회의에 참석하여야 한다.
> ○ 만일 D가 회의에 참석하면, B와 F 또한 반드시 그 회의에 참석하여야 한다.
> ○ C는 오후 회의에만 참석할 수 있다.
> ○ F는 수요일 오전 회의에 참석할 수 없다.

① 1명
② 2명
③ 3명
④ 4명
⑤ 5명

16. 다음 글의 내용이 참일 때 반드시 참인 것은?

> 갑, 을, 병, 정, 무가 달리기 시합을 하여 1~5위의 순위가 매겨졌다. 다음 <대화>에서 한 명만이 거짓을 말하고 나머지 네 명은 진실을 말하고 있다.
>
> <대　　화>
>
> 갑: 을은 2위나 3위로 무보다 높은 순위를 기록했어.
> 을: 갑이 말하고 있는 것은 참이야.
> 병: 나는 을보다 높은 순위를 기록했어.
> 정: 병이 말하고 있는 것은 거짓이야.
> 무: 갑은 2위나 3위로 정보다 높은 순위를 기록했어.

① 병이 1위를 기록하였다.
② 갑이 2위를 기록하였다.
③ 을이 3위를 기록하였다.
④ 무가 4위를 기록하였다.
⑤ 정이 5위를 기록하였다.

17. 다음 글의 A와 B에 대한 분석으로 적절한 것만을 <보기>에서 모두 고르면?

도서정가제는 책 가격의 과도한 할인을 막아 상대적으로 가격이 비싼 학술 분야 등의 서적 출간을 진흥하기 위한 제도이다. 2014년 11월부터 원칙적으로 간행물의 경우 정가로 판매해야 하며, 가격 할인과 마일리지 등을 합쳐 정가의 15% 안에서만 할인이 가능하다. 이를 위반해 책을 판매할 경우 500만원 이하의 과태료를 물게 된다. 이 제도에 대한 주장으로 다음의 두 견해가 대립한다.

A: 가격에 민감한 이해관계자 보호를 위한 도서정가제의 본래 취지가 제대로 달성되지 못하고 오히려 책 시장이 위축되고 있다. 도서정가제로 인해 독자 겸 소비자, 예비간행물 판매업자로서의 기본권이 침해되고 있기 때문이다. 다른 시장에 존재하지 않는 가격할인 금지를 도서에만 적용해 직업의 자유와 예술의 자유, 행복추구권을 제한하는 결과를 낳는다. 특히 전자책은 종이책과 시장을 공유하지 않기 때문에 별도의 기준을 마련하지 않고 이를 적용하는 것은 부당하다.

B: 도서정가제는 프랑스 등 선진국의 유사 사례가 많은 제도로 중소형 서점 보호뿐 아니라 출판사·저작자에 대한 최소한의 수입을 보장한다. 또한, 가격이 아닌 콘텐츠 경쟁을 통해 소비자의 선택을 유도한다. 문화국가를 달성하려는 목적은 정당하며 도서정가제는 이를 달성하는 적합한 수단이다. 도서정가제로 가격 경쟁에 취약한 이해관계자를 보호함으로써 콘텐츠의 다양성을 증진할 수 있다. 도서정가제 적용에 예외를 두는 등 피해를 최소화하려는 노력도 하고 있다.

<보 기>

ㄱ. A도 B도 도서정가제의 본래 취지가 가격 경쟁에 취약한 이해관계자를 보호하는 것이라는 것에 동의한다.
ㄴ. B와 달리 A는 도서정가제 적용에 예외를 두고 있지 않아 전자책 예비간행물 판매업자 등의 기본권이 침해된다고 주장한다.
ㄷ. A보다 B가 구매 능력이 낮은 중·고등학생 등의 참고서 구매에 있어서 도서정가제가 더욱 적용되어야 한다고 본다.

① ㄱ
② ㄷ
③ ㄱ, ㄴ
④ ㄴ, ㄷ
⑤ ㄱ, ㄴ, ㄷ

18. 다음 갑과 을의 주장에 대한 평가로 적절하지 않은 것만을 <보기>에서 모두 고르면?

갑: 원자력 발전소의 내진설계는 일반적인 구조물과 다르다. 중요 구조부재에 대하여 조금의 균열이라도 허용하면 방사능 누출과 연관성이 있는 관계로 절대적인 탄성을 유지하도록 설계되고 있다. 따라서 일반적인 구조물이 갖는 단면력에 비하여 원자력 구조물은 10배 이상의 내력을 갖고 있으며 구조형식에 있어서도 돔 형식의 벽식구조와 더불어 사고시 압력에 대비하기 위하여 포스트텐션이라는 강선으로 돔 외부를 칭칭 감고 있다. 원자력 발전소의 지진피해를 걱정할 정도의 강진이 발생한다면, 이미 한반도 전역이 괴멸 상태에 빠져 원자력 발전소의 안전을 염려할 여력이 없을 것이다.

을: 원자력 사고로부터 유출된 방사능은 인간의 감각으로 인지할 수 없기 때문에 공포가 유발된다. 또한 원자력 위험에 있어 개인은 사회적인 조정기능에 의존할 수밖에 없다. 일본 후쿠시마에서 원전사고가 일어나자 국내에서는 방사능의 피폭은 물론 음식물에 방사능 물질이 들어올 수 있다는 것에 불안해했다. 개인의 감각으로는 위험을 판단할 수 없고 스스로 위험을 피하거나 관리할 수 없기 때문이다.

<보 기>

ㄱ. 원자력과 관련된 공포가 지진에 의한 것이 아니라면 갑의 주장은 강화된다.
ㄴ. 원자력 발전소에 균열이 생기더라도 사후 대처가 잘 이루어질 수 있다면, 을의 주장은 약화된다.
ㄷ. 방사능 유출이 자연재해보다는 인적재해에 의해 이루어질 가능성이 더 높다는 것이 사실이라면, 갑의 주장은 강화된다.

① ㄱ
② ㄴ
③ ㄱ, ㄷ
④ ㄴ, ㄷ
⑤ ㄱ, ㄴ, ㄷ

[19~20] 다음 글을 읽고 물음에 답하시오.

자아정체성이라는 개념은 사회과학 분야에서 오랫동안 다루어 왔던 주제 중 하나이다. 자아에 대한 시초를 찾기 위해서는 “너 자신을 알라”고 말한 소크라테스의 고전적 진술부터 많은 학자의 이론을 되짚어야 한다. 이 중에서도 상징적 상호주의(Symbolic interactionism) 관점에서 바라보는 자아정체성에 주목해보고자 한다.

상징적 상호작용이론은 20세기 중반 미국과 스코틀랜드의 사회학자들로부터 발현됐다. 당시 사회학을 지배했던 주류관점은 실증주의였다. 현상의 규칙성과 인과관계를 통해 객관적 사실만을 연구의 대상으로 삼는 실증주의는 반실증주의의 반기를 맞는다. 반실증주의의 사회학 방법론 중 하나가 상징적 상호작용이론이다. 상징적 상호작용이론가들은 사회는 사회를 구성하는 행위자의 관찰을 통해서만 이해될 수 있으므로, 전통적 관점에서 벗어나 사회를 [ ㉠ ]수준에서 관찰하고 상향식으로 이해해야 한다고 주장했다. 특히 이들은 개인이 언어와 상징을 통해 의사소통한다는 것에 주목했다. 개인이 의사소통을 통해 사회와 세계에 대한 관점을 구축하고 각각 다른 사회에 대해 이해하므로, 그 주관적 해석에 주의를 기울여야 한다는 것이다.

미드(Mead)는 상징적 상호작용이론을 체계화한 대표적 학자로, 사회적 상호작용으로 구축되는 대상화된 자아정체성 개념을 주창했다. 미드는 심리학의 아버지라 불리는 제임스가 제시한 자아의 개념을 발전시키고, 쿨리의 ‘거울 자아(Looking-glass self)’ 등의 논의에 영향을 받았다. 제임스는 인식의 대상으로서의 자아와 인식의 주체로서의 자아를 구분했는데, 미드는 이를 각각 타자와의 상호작용을 통해 구성되는 자아와 그것을 인식하는 또 다른 자아로 발전시켰다. 즉, 객체로서의 자아, 사회화된 자아가 인식의 [ ㉡ ]인 자아라면, 이를 인식하는 자아, 역동적인 자아가 인식의 [ ㉢ ]인 자아인 것이다. 미드는 기존에 내면적이고 고정적이었던 자아가 사회적 상호작용을 통해 형성되는 외면적이고 유동적 자아의 측면을 밝혔다.

한편, 쿨리는 ‘거울자아’라는 개념을 드입해 다른 이의 눈에 비친 자기 모습에 반응해 정체성을 획득해가는 과정을 설명한다. 타인과의 상징적 의사소통은 자아정체성 발생과 유지에 매우 중요하다는 점을 강조하며, 집단이라는 맥락 속의 의사소통과 자아정체성을 연결한다. 쿨리의 이론은 미드의 ‘역할’ 개념 도입에 중요한 영향을 끼친다. 미드에 따르면 인간의 자아는 집단 내에서 역할 담당을 통해서 자신을 객관화해서 볼 수 있는데, 이것이 바로 언어를 통한 의사소통의 과정이며, 여기서 자아는 의미 있는 상징인 언어를 통해서 자기가 속해 있는 집단의 상징을 습득하면서 이루어지는 것이다.

상징적 상호작용이론은 온라인의 확장된 시공간에서 살아가는 현대인의 탈 경계적 자아를 고찰하는 이론적 토대가 될 뿐만 아니라, 정보통신기술의 발전에 따라 자아의 발달과 사회체계 간의 상호의존성이 점점 커지는 현상을 설명하는 데도 중요한 역할을 한다. 미드, 쿨리 등에 따르면, 개인은 자신을 [ ㉣ ] 대상으로 바라볼 때, 다시 말해 다른 사람이 보는 자신을 상상할 때, 자신의 행동을 지각한다. 개인의 자아정체성은 다른 사람과의 상호작용 속에서 형성되며, 상호작용에는 커뮤니케이션이 중요한 역할을 한다. 언어가 주축을 이루고 있는 상징은 인간에게 자기성찰과 행위 규제의 필수 불가결한 수단이다.

19. 다음 글의 ㉠~㉣에 들어갈 말을 적절하게 나열한 것은?

| | ㉠ | ㉡ | ㉢ | ㉣ |
|---|---|---|---|---|
| ① | 미시적 | 주체 | 대상 | 실증적 |
| ② | 거시적 | 주체 | 대상 | 행위적 |
| ③ | 거시적 | 대상 | 대상 | 행위적 |
| ④ | 미시적 | 대상 | 주체 | 사회적 |
| ⑤ | 미시적 | 대상 | 주체 | 실증적 |

20. 위 글에 대한 분석으로 적절한 것만을 <보기>에서 모두 고르면?

<보 기>

ㄱ. 상징적 상호작용 이론가들은 행위자의 관찰을 통해 밝혀내는 객관적 사실만을 연구의 대상으로 삼는다.
ㄴ. 쿨리에 따르면 인간의 자아정체성은 타인과의 상징적인 의사소통을 통해 획득할 수 있다.
ㄷ. 행위자가 가상공간에서 자아정체성을 형성하였다면, 그 행위자는 물리적 실체가 없는 곳에서 상징을 교환하였다고 볼 수 있다.

① ㄱ
② ㄴ
③ ㄷ
④ ㄱ, ㄴ
⑤ ㄴ, ㄷ

21. 다음 글의 내용과 부합하는 것은?

> 공정성 이론의 초기 연구자들은 개인이 공정성을 평가하는 과정에서 노력이나 자원의 투입에 대한 산출의 정도에 주목을 하였다. 이는 많은 노력이나 자원을 투여한 사람에게 많은 보상을 주고 적은 노력이나 자원을 투여한 사람에게 적은 보상을 주어야 한다는 것이다. 이들은 같은 투입을 한 사람에게 같은 보상을 하고 다른 투입을 한 사람들에게 다른 보상을 해야 공정한 분배라는 아리스토텔레스의 분배적 정의의 원칙을 계승한 것으로 볼 수 있다.
>
> 이와 더불어 개인들은 공정성 평가 과정에서 절대적인 기준을 가지고 자신의 보상에 대한 공정성을 인식하기보다는, 다른 사람과의 비교를 통해 자신의 보상에 대한 공정성의 평가하는 경향이 있다고 보았다. 따라서 이들의 공정성 이론은 한 개인이 공정성을 인식할 때 다른 기준 대상과의 비교 과정이 필수적이다.
>
> 이러한 배경에서 나타난 아담스와 호만스를 비롯한 초기 공정성 이론은 보상의 형평성 원칙에 초점을 맞추어 형평이론(equity theory)이라고 한다. 즉 한 개인의 보상이 그 사람이 전체 결과를 산출하는 과정에서 각 개인이 기여한 비율에 비례하여 분배가 되면 이를 공정한 분배로 볼 수 있고, 만일 그 비율이 어긋난다면 공정하지 않다는 것이다. 이 과정에서 자신의 기여와 보상의 비율이 인접한 다른 사람의 기여와 보상 간의 비율과 같은 경우 이 관계는 형평성을 이룬 것으로 인식하게 되며 그렇지 못한 경우 형평성을 잃은 것으로 간주된다.
>
> 이 설명은 간단해 보이면서도 공정성 인식을 도출하는 원리를 정식화하였다는 의미가 있다. 특히 공정성의 개념을 투입에 대한 산출의 비율로 인식하고 투입에 비추어 산출이 공정하지 못할 때 공정성의 균형이 깨진다는 것을 보여주었다. 동시에 공정성이라는 것이 독립적인 것이 아니라 비교를 통한 사회적 요소를 가지고 있다는 점을 드러냈다는 의의가 있다.
>
> 공정성 인식의 구성 원리에 대한 형평이론적 관점은 연구자마다 다소 차이가 있지만, 기여한 바에 대한 정당한 대가를 공정성 인식의 구성 요소로 중요시한다는 점에서 공통점을 가지고 있다. 특히 독립적인 기여에 대한 보상이라는 측면에서 공정성 인식을 규정함으로써, 한 개인이 가지고 있는 지위나 역사보다는 개인의 장점, 능력 등에 보다 초점을 맞추고 있다.

① 아리스토텔레스는 같은 투입을 한 사람들이더라도 보상이 달라도 된다고 보았다.

② 형평이론에서는 전체 결과를 산출해내는 데 있어 각 개인이 기여한 비율이 모두 동일하다고 본다.

③ 형평이론에서는 공정성을 산출에서 투입을 뺀 부분을 기준으로 판단한다.

④ 형평이론에서는 한 개인의 공정성을 인접한 다른 사람과의 비교를 통해 판단한다.

⑤ 공정성에 대한 형평이론적 관점에서는 한 개인의 능력보다 지위에 보다 초점을 맞추고 있다.

22. 다음 글의 내용과 부합하는 것은?

> 최근에는 감정을 가진 로봇을 제작하려는 열망이 어느 때보다 뜨겁다. 로봇 산업은 인간의 신체 노동력을 대체하는 산업용 로봇에서 지능형 서비스 로봇으로 강조점이 빠르게 이동하고 있다. 산업용 로봇은 공장에서 사람을 대신해 반복적인 작업을 빠르고 정확하게 수행하기 위한 도구로 활용되고 있다. 반면, 지능형 서비스 로봇은 외부 환경의 변화를 스스로 인식하고 상황을 판단하며, 인간과의 상호작용을 통해 인간의 여러 활동에 도움을 주도록 설계, 제작된다.
>
> 사교 로봇이나 감정 로봇 등의 지능형 서비스 로봇이 주목받는 데에는 여러 이유가 있다. 우선, 현대인들은 똑똑하게 행동하는 로봇뿐 아니라 정서적으로 교감할 수 있는 로봇을 바란다. 가족 해체 현상이 가속화되고, 1인 가구가 증가하며, 공동체와의 단절을 경험하고 있는 우리 세대에 외로움을 덜어줄 로봇에 대한 수요가 커지고 있다. 게다가, 사람들은 어느 정도 감정 표현을 하는 로봇을 그렇지 않은 로봇보다 선호하는 것으로 나타났다. 사람과 같은 표정과 목소리, 몸짓 등을 표현하는 경우 사람들의 호감도가 높아진다. 감정 표현을 하는 로봇은 인간으로부터 더 큰 신뢰를 얻게 되고, 또 더 많이 사용될 것이다.
>
> 둘째, 로봇에게 감정 능력을 부여함으로써 로봇의 전반적인 성능을 향상하거나 사용자의 세밀한 필요에 더 잘 부응하도록 만들 수 있다. 감정 로봇 연구자인 브리질은 로봇을 네 종류, 즉 도구, 사이보그 연장, 아바타, 협력상대로 분류하며 어떠한 경우에도 감정 로봇이 사용자에게 도움이 된다고 설명한다. 정해진 방식의 명시적 명령만을 수행하는 로봇보다는 사용자의 표정이나 음성, 몸짓 등에서 드러나는 감정을 인식하는 로봇이 더 나은 서비스를 제공할 수 있다는 점은 분명해 보인다.
>
> 셋째, 일부에서는 미래 로봇을 더욱 안전하게 만들기 위해 감정이 중요하다고 믿는다. 패트릭 로젠탈은 “인공 지능에게 사람의 감정을 인식할 수 있게 하면 인공 지능이 항상 사람의 행복을 추구하는 쪽으로 작동하게 할 수 있어 인류를 위협하는 존재가 되는 것을 피할 수 있다”고 주장한다. 인공 지능이 언젠가 인간의 능력을 훌쩍 뛰어넘는 수준으로 발전하기 이전에 사람들이 원하는 감정을 길들일 수 있다면 더 안전한 인공 지능을 만들 수 있다는 것이다.

① 산업용 로봇은 외부 환경의 변화를 스스로 인식한다.

② 사람들은 로봇이 감정 표현을 하는 경우 불신을 하게 되는 경향이 있다.

③ 브리질은 도구로 이용되는 감정 로봇을 제외한 다른 감정 로봇이 사용자에게 도움이 된다고 설명한다.

④ 패트릭 로젠탈은 인공 지능을 항상 사람의 행복을 추구하는 도구로서 길들일 수 있다고 보았다.

⑤ 기술이 고도화, 복잡화됨에 따라 인공 지능의 안전성은 자연스레 확보된다.

23. 다음 글에서 알 수 있는 것은?

> 시간이란 '순간들의 연쇄'로 이뤄지는 것이 아니다. 순간들이란 그 정의상 각자 서로 독립적인 것들이며, 이러한 독립적인 것들의 연쇄는 각자 따로 떨어져 존재하는 것들의 불연속적인 나열만을 낳기 때문이다. 그러므로 시간이 존재하기 위해서는, 각자 서로 독립적인 것들인 순간들을 끌어모아 하나로 융합되도록 결합시켜 줄 수 있는 어떤 종합작용이 필요하다.
>
> 즉 시간이란, 각자 서로 따로 떨어져 존재할 수도 있을 여러 순간들을 끌어모아 하나로 결합되도록 만드는 압축작용에 의해서만 존재할 수 있는 것이다. 이러한 종합작용은 이미 지나간 여러 순간들과 아직 오지 않은 여러 순간들을 지금 여기로 끌어모아 하나가 되도록 결합시킨다. 이러한 종합에 의해, 언제나 이와 같은 이미 지나가거나 아직 오직 않은 순간들을 하나로 밀집시킨 시간적 두께를 가지고 존재하는 '살아 있는 현재'가 만들어지는 것이다.
>
> 그러므로 과거와 미래는 이러한 '살아 있는 현재'로부터 떨어져서 독립적으로 존재하는 것이 아니라, '살아 있는 현재' 속에 포함되어 존재한다. '살아 있는 현재'는 이미 지나간 과거의 여러 순간들을 자신 안에 끌어모으면서 존재하며, 또한 이렇게 자신 안에 끌어모은 과거의 여러 개별적인 경험들로부터 아직 오지 않은 미래를 향한 일반적인 전망을 만들어내면서 존재한다. 과거는 서로 하나가 되도록 압축되어오는 개별적인 경험들의 모습으로, 미래는 이와 같은 개별적인 경험들의 압축으로부터 얻어진 일반적인 전망의 모습으로 살아 있는 현재 안에 들어와 존재하는 것이다.
>
> 이러한 종합작용은 일반성이라는 새로운 것을 생산하며 이뤄지는 것이다. 그러므로, 시간의 성립이 순간들을 서로 융합되도록 압축시키는 종합작용으로 가능해지는 것이라면, 이는 곧 시간의 성립이란 새로운 것의 생산과 더불어 이뤄진다는 것을 의미한다. 순간들에 대한 종합작용이 시간의 성립을 위한 조건인 한 이러한 일반성의 생산도 역시 시간의 성립을 위한 조건인 것이다. 시간의 성립이란 아직 '시간의 종합'의 첫 번째 단계일 뿐인 '살아 있는 현재'의 종합에서부터, 일반성을 생산한다는 조건 위에서만 가능해지는 것이다.

① 순간들은 연쇄를 통해 하나로 융합되도록 결합한다.
② 살아 있는 현재는 이미 지나간 과거와 아직 오지 않은 미래가 만들어낸 시간적 두께를 지닌다.
③ 과거란 개별적인 경험들이 각자의 의미를 지니고 독립적으로 존재하는 것이다.
④ 미래에 대한 일반적인 전망은 과거의 개별적인 경험들과 동일하다.
⑤ 순간들에 대한 종합작용만을 통해 시간이 성립될 수 있다.

24. 다음 글에서 알 수 있는 것은?

> 유전자편집이란 유전체에서 특정 유전자의 염기서열 중 일부 DNA를 삭제, 편집 또는 삽입해서 염기서열을 재구성하는 기술을 말한다. 이는 유전적 변이를 일으키는 형태의 유전자치료를 위해서는 필수적이다.
>
> 유전자편집, 유전자선별, 그리고 미토콘드리아 대체 기술 모두 유전병을 제거한 맞춤 출산을 가능하게 한다는 점에서 유사한 면이 있다. 하지만 유전자선별은 유전병을 가진 배아의 착상을 회피하려는 소극적 수단이라는 점에서, 유전병 자체를 적극적으로 치료하고자 하는 유전자편집 기술과는 차이가 있다. 그리고 미토콘드리아 대체 기술은 미토콘드리아 DNA에 적용되는 한정적 수단이라는 점에서 일반적으로 인간의 유전적 변이로 인정되지 않는 데 반해, 인간의 거의 모든 유전적 특징에 영향을 미치는 세포핵의 DNA를 대상으로 하여 유전적 변이를 일으킬 수 있는 유전자편집 기술과는 차이가 있다.
>
> 유전자편집은 DNA의 특정 서열을 인식하여 자르는 제한효소가 발견되면서 본격적으로 시작되었는데, 초기에는 인식하는 서열의 길이가 너무 짧아 플라스미드와 같이 염기서열이 길지 않은 곳에서 사용되었다. 1990년대 이후 사용된 징크핑거 뉴클레아제나 탈렌의 경우, 특정 유전자 서열을 인식할 수 있는 단백질을 제작한 뒤 이를 제한효소와 결합하여 사용하는데, 이러한 유전자가위를 통해 원하는 유전자 서열을 마음대로 자를 수 있다. 하지만 원하는 단백질을 만들기가 쉽지 않아서 전 세계적으로도 징크핑거 뉴클레아제의 경우 대여섯 곳, 탈렌의 경우 수십여 곳에서만 제작할 수 있다고 한다.
>
> 하지만 이러한 유전자편집의 어려움은 크리스퍼 가위의 도입으로 본격적인 돌파구가 마련되었다. 크리스퍼 가위의 경우, 징크핑거나 탈렌 등 기존 유전자가위와 달리 단백질이 아닌 RNA가 유전자 서열을 인식한다. 단백질보다는 RNA의 제작이 간단하므로, 유전자가위의 인식 부위에 단백질이 아닌 RNA를 사용할 경우 저렴하고 손쉽게 새로운 유전자가위의 제작이 가능해질 것이다.

① 유전자편집은 인간의 유전적 변이를 일으킬 수 있을 것이다.
② 유전자선별을 통해서 유전병을 제거한 맞춤 출산을 할 수는 없다.
③ 유전자편집은 크리스퍼 가위의 도입으로 본격적으로 시작되었다.
④ 징크핑거나 탈렌 등의 유전자가위는 RNA가 유전자 서열을 인식한다.
⑤ 징크핑거나 탈렌 등의 경우 전 세계적으로 저렴하고 손쉽게 제작되고 있다.

25. 다음 글에서 알 수 있는 것은?

과거가 처음 실시된 것은 중국 수나라 문제 때이다. 수 문제가 과거를 실시했던 목적은 문벌귀족을 견제하기 위하여 종래 문벌 편중의 폐단에서 벗어나 상하 빈부의 차별 없이 널리 일반 서민으로부터 직접 관리를 등용하기 위한 것이었다. 시험을 통해서 관리를 충원한다는 것 자체가 기득권 세력인 귀족층에 대한 견제 조치이자 동시에 황제의 권한을 강화한다는 성격을 지니고 있었다. 이후 귀족 세력을 제압하고 중앙집권적 관료 체제를 구축하는 것은 모름지기 모든 왕들이 꿈꾸는 이상이었다.

중국의 과거제가 우리나라에 처음 도입된 것은 고려 광종 때의 일이다. 후주에서 귀화한 쌍기의 건의를 받아들여서 광종은 과거제를 실시했다. 광종 역시 호족 출신의 공신 세력을 억누르는 한편, 자신과 고려왕조에 충성스러운 문신관료를 필요로 했다. 그로부터 갑오개혁으로 과거제가 폐지될 때까지, 천여 년 동안 과거제는 대표적인 관리 선발 방식으로 기능할 수 있었다.

그런데 고려 광종 이전에도 시험을 통해서 관리를 충원하는 방식이 없었던 것은 아니다. 신라가 삼국을 통일한 후 신문왕은 국학을 설치했으며, 이어 원성왕이 독서삼품과를 설치했다. 하지만 이것들은 신라 사회의 바탕을 이루고 있던 골품제도의 제약 때문에 한계를 지녔다. 골품제도는 개인의 능력이 아무리 뛰어나도 혈통이 좋지 않으면 출세할 수 없었다. 성골, 진골, 6두품 등으로 혈통을 구분해 놓았으며, 골과 품에 따라 개인이 올라갈 수 있는 관품의 상한이 정해져 있었다. 이 때문에 본격적인 과거제의 시행은 고려 광종 때 와서야 이루어질 수 있었다.

고려시대의 과거에서는 문장 쓰는 능력을 시험하는 제술업과 유교 경전을 시험하는 명경업이 중심이었다. 이들 시험은 조선시대의 문과에 해당하는 것으로, 합격하면 문관이 될 수 있었기에 가장 중요시되었다. 그래서 흔히 '양대업'이라 불렀다.

개인의 능력을 중시하는 과거제와 더불어, 가문의 혈통을 중시하는 음서제도가 동시에 실시되었다. 문무관 5품 이상 관료의 자손에게 그 할아버지와 아버지의 관품에 따라 7품 이하의 관직을 차등 있게 주었다. 그렇게 주는 관직을 '음직'이라고 했으며, 아들이 없으면 손자, 동생, 사위 등에게 주기도 했다. 음서 출신자들은 5품 이상의 관직에 진급해 다시 자손들에게 누대에 걸쳐 음직을 전수하였고 이는 고려 문벌귀족사회를 형성하는 바탕이 되었다.

① 과거제는 우리나라의 통일신라 시대에 처음 도입되었다.
② 고려시대 명경업에서는 응시자의 작문능력을 시험하였다.
③ 수 문제는 기득권에 대한 배려와 왕권 강화를 동시에 달성하기 위하여 시험으로 관리를 선발하였다.
④ 음서 출신자들이 음직을 다시 전수하고자 한다면 반드시 진급하여야 했다.
⑤ 문무관 5품 이상 관료의 자손 중에 아들이 없다면 음직은 전수되지 않았다.

26. 다음 글에서 알 수 있는 것은?

공공부조란 국가와 지방자치단체의 책임 하에 생활유지 능력이 없거나 생활이 어려운 국민의 최저생활을 보장하고 자립을 지원하는 제도이다. 「사회보장기본법」은 공공부조를 포함한 사회보장의 정책목표로서 모든 국민이 건강하고 문화적인 생활을 유지하는 것으로 설정하였다. 이러한 정책목표의 정책지표로서 최저생계비와 최저임금으로 정하여 사회보장급여의 수준을 이에 맞게 결정하고 국가와 지방자치단체는 이러한 사회보장급여의 수준의 향상에 노력해야 한다는 규범체계를 규정하고 있다.

이러한 정책목표나 정책지표는 추상적으로 선언 수준이고 구체적인 정책수단은 생략되거나 개별법률에 위임되어 있다. 추상적인 수준의 사회보장 행정규범이 적어도 사회보장 행정기관 내부에서 규범력을 갖도록 하기 위해서는 이러한 정책목표와 정책지표를 구체화하고 발전경로를 제시하는 행정작용을 필요로 한다. 「사회보장기본법」은 "5년 단위의 기본계획-1년 단위의 주요시행계획-지역단위의 지역계획" 등 사회보장 행정계획을 통하여 사회보장 행정의 구체적인 정책수단이나 발전계획 등을 수립하도록 하고 있다. 하지만 이러한 사회보장 행정계획의 규범수준도 여러 정책을 나열하는 수준이어서 규범력을 갖기에는 한계가 있다.

공공부조의 경우에는 따로 「국민기초생활보장법」을 통하여 보다 구체화된 정책목표와 정책지표인 최저생계비의 산정방식 및 정책수단인 각종 사회보장 체계 간의 연계를 규정하고 있어 사실상 「국민기초생활보장법」이 기본법으로서의 기능을 하고 있다. 하지만, 「국민기초생활보장법」도 정책수단의 구체적인 내용을 시행령이나 보건복지부령으로 위임하고 있다.

사회보장 행정기관에서는 규범에 기초해 행정을 하기 보다는 공공부조의 예산을 정해놓고 그에 맞추어 역으로 최저생계비의 내용과 수준을 정한다. 예산의 범위에 맞게 개략적인 수급자의 총수와 급여의 범위를 정해 놓고 일선 사회보장 행정기관에서 공공부조 행정을 수행하도록 하는 행정관행을 보이고 있다. 이렇다 보니, 최저생계비의 수준은 일반국민의 평균적인 생활수준과 점점 격차가 벌어지는 등 현실과의 괴리를 보이고 있고, 소득이 최저생계비 이하더라도 부양의무자 기준, 재산환산액 기준 등 각종 장치를 통하여 수급자에서 제외하는 등 광범위한 공공부조의 사각지대가 형성되어 있다.

① 「사회보장기본법」은 정책목표로서 최저생계비와 최저임금의 준수를 규정하고 있다.
② 「사회보장기본법」에 규정되어 있는 주요시행계획은 그 자체로 규범력을 지닌다고 볼 수 없다.
③ 「사회보장기본법」은 공공부조의 기본법으로서 기능한다.
④ 「사회보장기본법」과는 달리 「국민기초생활보장법」에서는 정책수단을 구체화하고 있다.
⑤ 사회보장 행정기관에서는 최저생계비의 내용과 수준을 정하여 이를 통해 공공부조의 예산을 책정한다.

27. 다음 글의 (가)와 (나)에 들어갈 말을 적절하게 나열한 것은?

1930년대에 미국의 사회학자 로버트 머튼은 기술을 비롯한 인간 행위의 결과가 거의 항상 예상하지 못한 방향으로 흐르는 이유를 우리의 무지, 잘못된 분석에서 비롯된 오류, 단기적 이해관계, 기본적인 가치체계, 문제의 해결로 인한 문제의 예기치 않은 미발생이라는 다섯 가지로 꼽았다. 머튼이 강조했듯이, 의도하지 않은 결과들은 우리가 [ (가) ]는 오만을 버려야 한다는 점을 일깨워 준다.

왜 기술의 발명가들조차 자신의 발명이 가진 가능성을 온전하게 이해하지 못하는 것일까? 그 한 가지 이유는 많은 기술이 부품들의 상호작용으로 이루어진 테크니컬 시스템이기 때문이다. 드포리스트는 영국 엔지니어 플레밍이 발명한 2극 진공관의 두 극 사이에 그리드(grid)라는 제3의 극을 더해서 3극 진공관을 발명했는데, 지그재그 철사 모양을 한 간단한 그리드가 진공관 속의 전자의 흐름을 통제하는 역할을 함으로써 3극 진공관은 2극 진공관에서는 볼 수 없는 새로운 특성들을 드러냈다. 이런 특성을 처음부터 예측하지 못했기 때문에 드포리스트는 자신의 발명이 어떻게 작동하는지를 온전히 이해하지 못했던 것이다.

하나의 개별기술이 부품들의 조합으로 이루어진 테크니컬 시스템인데 반해서, 세상에 던져진 기술은 인간, 다른 기술, 사회적 요소들과 결합해서 기술시스템 혹은 사회기술시스템을 만든다. 따라서 개별기술이 어떤 요소들과 연결망을 만들어 어떤 기술시스템을 형성하는가에 따라 전혀 다른 결과가 나타난다.

테크니컬 시스템이건 기술시스템이건 복잡한 시스템의 작동을 충분히 예측하는 것은 불가능하다. 많은 경우에 시스템 다이내믹스가 복잡하고 비선형적인 탓도 있지만, 같은 요소가 [ (나) ] 전혀 다른 결과를 낳기 때문이다. 이러한 불확실성 때문에 기술의 결과를 처음부터 예측하기보다는 기술이 어떻게 진화하는가를 지켜보다가 기술이 예상을 벗어나는 궤적을 보일 때 그에 대해서 잘 대응하는 것이 더 중요하다.

① (가): 개별기술을 다른 기술들과 연결할 수 있다
(나): 단순하고 선형적인 작용을 통해
② (가): 개별기술을 다른 기술들과 연결할 수 있다
(나): 조금 다른 네트워크와 결합함으로써
③ (가): 세상을 완벽하게 이해하고 통제하고 있다
(나): 조금 다른 네트워크와 결합함으로써
④ (가): 세상을 완벽하게 이해하고 통제하고 있다
(나): 단순하고 선형적인 작용을 통해
⑤ (가): 세상을 완벽하게 이해하고 통제하고 있다
(나): 단기적인 이해관계에 따라

28. 다음 글의 빈칸에 들어갈 내용으로 가장 적절한 것은?

인류는 생명연장의 여러 기술을 개발하고 그 기술로 신체증강 기술을 선보이고 있다. 비록 윤리학자들이 인간 본성에 대해 명확히 해명할 수 없더라도 이런 기술의 혜택으로 발생할 윤리적 문제는 본성과 관련된다. 신체증강 기술은 인간의 노력과 연대감 그리고 복수성의 상실을 가져오게 될 것이다. 연대감은 인류 공동체를 형성해 가는 중요한 요소이자 동시에 인간 본성에서 시작된다. 공동체의 연대감 상실로 인류는 개인주의를 더욱 부추기게 될 뿐만 아니라 신체증강 기술의 혜택 여부에 따라 신분의 서열화, 도덕적 감수성의 상실, 성장 과정에서 노력의 무의미함 등 많은 문제가 발생하게 될 것이다.

생명공학자들은 생명공학 기술의 여러 가능성을 열어 두면서 질병 치료의 궁극적 목적을 달성하게 되면 결국 신체증강이라는 욕심을 부리게 될 수도 있다. 인류는 이기심에서 벗어나지 못한 채 기술의 편리성과 유용성에만 가치를 둔다면 공유지의 비극에 갇히게 될 것이다.

하딘이 제시했던 공유지의 비극이 우리에게 주는 메시지는 공동체 연대의 상실과 이기심으로 인해 결국 개인의 삶과 재산에 치명적 손실을 가져다주게 되는 것이다. 우리의 재화와 삶의 영역은 지극히 유한하고 제한적이다. 그러나 인간의 욕망은 셀 수 없이 끝없고 그 욕망은 신체증강이라는 것과 손을 잡으면서 삶의 여러 양식을 바꾸어가고 있다.

생명공학 시대가 멀지 않게 다가왔다. 우리는 더 이상 이 시대를 거부할 수도 미룰 수도 없게 됐다. 만약 우리가 생명공학 기술에 대해 윤리적 반성과 성찰을 미루게 된다면 과학기술의 윤리적 반성 없는 독주를 멈출 수 없게 될 것이다. 과학기술은 인류에게 혜택을 주지만 동시에 전통적인 가치관에서 이해할 수 없는 많은 것들을 세상으로 가져오게 될 것이다.

이에 윤리학자들과 과학자들은 질병 치료와 공동체의 진보를 위한 기술을 발전시켜나가면서 통섭과 윤리적 성찰을 통해 인류 공동체의 보편적 가치를 보존하는 방식으로 나아가야 할 것이다. 인류에게 공동체의 연대감은 소중한 가치이다. 우리가 다음 세대에게 이런 소중한 가치를 물려주지 않고 신체증강 기술과 유전자선별 기술만 남겨둔다면 그들은 기술에 의존한 나머지 [   ] 될 것이다.

① 개개인의 개별적인 가치를 경시하게
② 공동체의 전체주의적인 가치관에 사로잡히게
③ 생명공학 이전의 전통적인 가치관에 사로잡히게
④ 생명공학의 시대적인 변화를 따라잡지 못하게
⑤ 연대감, 협동과 같은 인류의 자산을 잊게

29. 다음 글에서 추론할 수 있는 것을 <보기>에서 모두 고르면?

프로이트는 섬뜩함을 일으키는 대표적인 특징으로 '죽음'과 '분신'을 꼽는다. 개인의 정신과정에 있어 섬뜩함은 본래는 친숙하거나 자신의 일부였던 것이 억압되면서 멀어진 것이며 이는 근본적으로 모든 삶의 목적인 '죽음'이라는 유기체의 실재를 지칭한다. 문명의 차원에서 죽음은 문명의 건설을 위해 우선적으로 억압되어야 하는 것이다. 이처럼 시체나 죽은 자의 생환, 귀신과 유령 같은 형상들은 억압된 것의 회귀라는 섬뜩함의 표상들이다. 한편, 분신은 유일하다고 믿는 자아의 위치를 교란시키고 자아의 분할, 구분, 교체라 할 수 있는 상황을 불러일으킨다는 점에서 원초적 나르시시즘을 위협한다. 분신은 본래 자아의 일부였으나 자아로부터 추방되고 억압된 것이다. 자아는 분신이라는 외부의 대상에게 이 추방된 것들을 투사시켜 처치하거나 분리함으로써 내적 분열을 방어하고자 한다.

죽음과 분신은 모두 '반복'이라는 섬뜩함의 형식으로 재현된다. 프로이트는 일상적이고 친숙한 것이라도 그것이 반복적으로 나타날 경우 자아는 섬뜩함을 느낄 수 있다고 설명했는데, 특히 그가 중요시한 것은 충동에서 포착되는 '반복 강박'이다. 인간에게는 파괴와 공격성을 갖춘 죽음 충동이 있다고 보았고, 놀이나 꿈을 반복함으로써 그것의 불쾌를 완화시키고, 자아가 해당 경험을 통제하는 능동적 주인이 되도록 도와주거나 상실한 대상에 대한 억압된 것들을 처리하기 위해 작동한다고 생각했다.

이처럼 '죽음', '분신', '반복 강박'의 요소는 좀비의 문화적 상상과 매혹에 설득력 있는 논거를 마련해준다. 많은 괴물 가운데서도 좀비가 죽음에 대한 가장 외설적인 표상이라는 점은 의문의 여지가 없다. 죽은 자의 생환으로서 좀비를 지칭하는 기표가 '살아있는 시체'라는 점을 상기해볼 때, 좀비는 삶과 죽음 어느 쪽에도 완전히 속하지 않는 낯설고 두려운 것으로서 회귀한다. 의식이 없고 말을 하지 못하는 좀비는 오로지 몸과 행위의 차원을 '반복'적으로 전시하면서 무의식의 내부에서 작동하는 충동의 움직임을 육화한다. 뱀파이어가 뛰어난 능력이나 재력과 세련된 취향으로 인간에게 익숙하게 교정된 귀족적 괴물이라면, 좀비는 오로지 고집스럽게 지속되는 충동의 차원에 머무르는 것이다.

<보 기>

ㄱ. 죽음과 분신을 억압하면 자아가 섬뜩함을 느끼지 않는다.
ㄴ. '살아있는 시체'는 문명의 건설을 위해 억압된 것으로, 자아에게 섬뜩함을 느끼게 한다.
ㄷ. 프로이트에 따르면, 뱀파이어는 좀비에 비해 섬뜩함을 덜 일으킨다.

① ㄱ
② ㄷ
③ ㄱ, ㄴ
④ ㄴ, ㄷ
⑤ ㄱ, ㄴ, ㄷ

30. 다음 글에서 추론할 수 있는 것은?

아주 옛날부터 사람들은 시간을 측정하고 나타내기 위해 다양한 장치를 만들어왔다. 해와 그림자를 이용한 해시계는 최초의 해법이었고, 이는 기계식 시계가 출현하고 한참이 지나서도 줄곧 널리 사용되었다. 적은 제작비용과 정확성 덕분에 수 세기에 걸쳐 사용되며 다양한 유형의 해시계가 개발되었다. 그러나 항상 사용할 수 없다는 이유로 인간은 다른 기구들을 발명하는데 노력해야 했다. 해시계의 단점을 보완하기 위해 개발된 물시계도 단점이 없는 것은 아니었다. 겨울에 물이 얼지 않도록 주의해야 했으며, 여름에 물이 증발하는 양만큼 물을 채워 넣어야 했다. 사람들은 이에 새로운 동력의 시계를 개발하기 위해 노력했는데, 13세기 후반에 등장한 폴리옷이 달린 굴대탈진기를 적용한 기계식 시계의 출현이 그 결과물이다.

초창기 기계식 시계는 무게추를 걸어서 추가 내려가는 힘으로 시계를 작동시킨다. 얼핏 생각하기에 물시계도 물이 떨어지는 것을 이용하였기 때문에 같은 중력을 사용한 방식이라 생각할 수 있겠지만, 시계의 메커니즘을 분석해보면 그 차이를 알 수 있다. 시계는 크게 동력을 발생시키는 동력부와 시간을 만들어내기 위해 톱니바퀴의 움직임을 제어하는 탈진기부, 그리고 시간을 표시하는 다이얼과 바늘로 구성된다. 물시계는 동력부가 아닌 탈진기부에서 물방울이 작은 구멍을 통해 똑똑 떨어지는 과정에서 중력이 작용하는 것이고 시계바늘을 움직이는 동력은 물의 부력을 이용하는 기계장치이다.

반면 기계식 시계는 동력부에 무게추를 걸어서 추가 중력에 의해 내려가는 힘을 동력으로 하고 폴리옷이 달린 굴대탈진기로 움직임을 제어하는 기계장치이다. 중력이라는 것은 지구 어디에서나 작용하고 밤과 낮을 가리지 않으며 기온에 영향을 받지 않기 때문에 기존 해시계나 물시계의 단점을 상쇄한다. 기계식 시계가 '기계식'이라 불리는 까닭은 탈진장치에 있다. 물이 똑똑 떨어지거나 새어 나오는 것은 물의 성질을 이용한 것인 반면, 기계식 탈진장치는 오로지 기계적인 구조로 작동하는 메커니즘을 갖고 있기 때문에 '기계식'이라 불린다. 이러한 탈진장치는 지속적으로 작용하는 운동에너지를 간헐적 운동으로 변환하여 시간차를 만들어 내는 메커니즘을 갖고 있다.

① 해시계와 물시계는 기계식 시계가 출현하고 나서도 계속해서 사용되었다.
② 물시계와 기계식 시계의 메커니즘에서 중력이 작용하는 부분은 같다.
③ 물시계는 물의 부력과 표면장력을 모두 이용한다.
④ 중력을 이용하는 시계가 그렇지 않은 시계보다 더 정확하다.
⑤ 시간차는 톱니바퀴의 움직임을 제어하는 부분과 관련이 있다.

31. 다음 글의 내용이 참일 때, 재석이가 항상 지루해하지 않기 위해서 추가로 필요한 규칙은?

> 재석이는 현악 4중주 공연을 보러 갔다. 공연을 감상하다보니, 연주자들이 일정한 규칙에 따라 움직이고 있는 것을 발견했다. 우선 지휘자가 손을 들면 바이올린은 연주되거나 비올라는 연주되지 않는다. 첼로가 연주되는데 재석이가 지루해하면 항상 바이올린이 연주되지 않았다. 재석이가 지루해하면 지휘자가 손을 들거나 비올라가 연주된다. 비올라가 연주되면, 그리고 오직 그 경우에만 첼로가 연주된다.

① 지휘자가 손을 들고 첼로가 연주된다.
② 지휘자가 손을 들지 않거나 비올라가 연주되지 않는다.
③ 비올라가 연주되면 지휘자가 손을 든다.
④ 바이올린이 연주되거나 비올라가 연주된다.
⑤ 바이올린이 연주되고 첼로가 연주되지 않는다.

32. 다음 글을 토대로 할 때 ㉠의 근거로 적절하지 않은 것은?

> ‘동물실험을 정당화할 수 있는가’는 최근 우리사회의 중요한 도덕적 쟁점 중 하나이다. 동물실험은 생명과학을 비롯한 과학과 공학 등의 연구를 목적으로 살아있는 동물을 대상으로 하여 수행하는 실험을 의미한다. 구체적으로는 특정한 가설을 검증하기 위해 실험실을 세팅해 놓고 동물에게 특정한 처치를 한 뒤 그 결과를 관찰하는 것이다. 다음과 같이 동물실험을 찬성하는 논변들이 제기되고 있지만, ㉠이러한 주장들은 모두 한계를 지니고 있다.
>
> 동물실험을 찬성하는 첫 번째 논변은 인간과 동물은 생물학적으로 유사하기 때문에 동물실험에서 얻은 결과를 인간으로 일반화 가능하다는 유사성 논변이다. 실험동물로 쓰이는 포유류들은 인간과 생물학적인 기능 차이에서 많은 유사성을 보인다. 구체적으로 척추를 비롯한 골절이 하는 기능이나, 피의 순환, 호흡 등의 기능이 유사하다. 따라서 신약이나 독성 물질에 대해 동물이 보이는 반응을 보고 1차적인 검증 및 인간을 대상으로 한 임상적용 가능성을 가늠해 볼 수 있다.
>
> 두 번째 논변은 이익논변으로, 동물실험이 현대 의학의 발전, 인간의 생명과 건강 증진을 위해서 꼭 필요하다고 보아 동물실험을 찬성한다. 대표적으로 철학자 코헨은 동물실험을 통해 질병을 없애고, 수명을 연장하고, 삶의 질을 개선하는 등의 인류의 진보가 이뤄졌다고 주장하며 동물실험을 적극 찬성한다. 동물실험은 대부분 동물의 고통이 필수적으로 수반되나, 그럼에도 불구하고 인간이 동물실험으로부터 얻는 이익이 그 고통을 능가하기 때문에 동물실험은 옹호된다.
>
> 마지막으로 대안 부재 논변은 동물실험을 대체할 수 있는 확실하고 신뢰할 만한 대안이 없기 때문에 동물실험을 찬성하는 논거이다. 대표적인 동물실험 대체 실험으로 제시되는 조직 배양을 이용한 실험이나, 컴퓨터 시뮬레이션을 활용하는 실험은 유기체 전체의 작용을 파악할 수 없으므로 완전한 대안이 될 수 없다. 따라서 대체 실험은 동물실험의 대안이라기보다 보완하는 수준에 불과하다는 것이다.

① 동물실험을 통해 초래되는 동물의 고통과 인간의 이익을 비교했을 때 인간의 이익이 더 사소한 경우가 있다.
② 생명을 가졌으나 이성적이지 않은 존재를 난폭하고 잔인하게 다루는 것은 인간의 도덕적 심성을 저해할 수 있다.
③ 동물실험을 대체할 수 있는 다양한 방안이 있으며 계속해서 개발되고 있다.
④ 동물에 대한 실험결과를 인간에게 일반화할 만큼 인간과 동물은 유사하지 않은 경우가 있다.
⑤ 고통받는 동물은 구체적인데 반해 실험을 통해 얻는 이득은 가상적이고 개연적이며 혜택의 대상도 구체적이지 않다.

33. 다음 글의 내용이 참일 때, 반드시 참인 것만을 <보기>에서 모두 고르면?

> ○ 모든 체조선수는 유연하다.
> ○ 훈련을 열심히 하지 않는 모든 선수는 유연하지 않다.
> ○ 모든 보디빌딩선수는 유연하지 않은 모든 선수에게 관심이 있다.
> ○ 유연하지 않은 모든 선수에게 관심이 있는 선수는 모두 그 자신도 유연하지 않다.
> ○ 어떤 경륜선수는 보디빌딩선수이다.

<보 기>

ㄱ. 체조선수이거나 보디빌딩선수인 갑이 훈련을 열심히 하지 않는다면, 갑은 유연하지 않은 모든 선수에게 관심이 있다.
ㄴ. 을이 보디빌딩선수라면, 어떤 경륜선수는 을에게 관심이 있다.
ㄷ. 병이 유연하다면, 병은 체조선수가 아니거나 경륜선수가 아니다.

① ㄱ
② ㄷ
③ ㄱ, ㄴ
④ ㄴ, ㄷ
⑤ ㄱ, ㄴ, ㄷ

34. 다음 글의 내용이 참일 때 반드시 참인 것은?

> A 부처에서 해외 교육연수 프로그램을 시행하기 위하여 갑, 을, 병, 정, 무 다섯 명의 사무관을 대상 후보자로 등록하였다. 최소한 한 명의 사무관이 해외 교육연수 프로그램 대상자로 선정될 수 있으며, 다음의 <조건>에 따라 대상자를 선정하도록 하였다.
>
> <조 건>
>
> ○ 예산 문제로 인해 후보자 다섯 명이 모두 선정될 수는 없다.
> ○ 갑과 을은 해외 교육연수 프로그램에 둘 다 함께 선정되거나 둘 다 함께 탈락한다.
> ○ 을이 선정된다면 병이 선정되거나 갑이 선정되지 않는다.
> ○ 갑이 선정되지 않는다면 정도 선정되지 않는다.
> ○ 정이 선정되지 않는다면 갑이 선정되고 병은 선정되지 않는다.
> ○ 갑이 선정되지 않는다면 무도 선정되지 않는다.
> ○ 무가 선정된다면 병은 선정되지 않는다.

① 선정된 사람은 '갑', '을', '병' 세 사람뿐이다.
② 선정되지 않는 사람은 '병' 한 사람뿐이다.
③ 선정된 사람은 '을'과 '병' 두 사람뿐이다.
④ 선정되지 않는 사람은 '무' 한 사람뿐이다.
⑤ 선정된 사람은 '병'과 '정' 두 사람뿐이다.

35. 다음 글에서 추론할 수 없는 것은?

스타니슬랍스키가 연극예술의 핵심으로 생각한 것은 배우이며, 배우의 연기는 체험에 근거해야 했다. 연극예술은 배우예술이며, 배우예술은 체험의 예술인 것이다. 스타니슬랍스키 그 자신이 연출가이기도 했지만, 그럼에도 강력한 연출가 중심의 연극을 지지하지 않았다. 미리 준비된 미장센, 세심하게 계산된 세부와 정확하다고 믿는 동선 등에 기인하는 20세기 초 연출가 중심의 방법론이 가져온 혁신이 매우 크다는 것을 그 역시 인정했다. 그러나 연극은 배우와 함께 만들어나가는 것이어야 한다는 생각, 배우에게 강제로 무엇인가를 요구할 수 없다는 생각을 스타니슬랍스키는 신념처럼 가지고 있었다.

또한 그는 배우 그 자신이 체험하고 느끼지 못한 역할을 무대 위에서 구현할 수는 없다고 생각했다. 그리고 배우는 '역할'인 동시에 '역할을 연기하는' '배우-통제자'라는 이중의 존재여야 했다. 스타니슬랍스키가 꿈꾼, 예술가로서의 배우, 예술로서의 배우, 즉 배우예술의 완전성은 바로 여기에 있다고 하겠다. 그는 배우가 무대에서 '역할로서 존재함'을 느끼기를 원했다. 그러나 그렇다고 하여 그가 무대 위에서 존재하는 배우와 역할 사이의 거리를 완전히 지울 수 있다고 여긴 것은 아니었다. 오히려 배우가 무대 위에서 역할의 삶을 살고 연기하는 동시에, '역할을 연기하는 배우'로서의 자신을 자각하는 것이 무엇보다 필요하다고 강조했다. 무대 위에서 배우는 역할 그 자체가 되는 것이 아니다. 역할을 이해하고 무대에서 그의 삶을 살면서 의식적으로 그 역할을 제어하는 자인 것이다.

그리고 이러한 스타니슬랍스키의 생각은 시스템에 대한 탐구로 이어졌다. 그가 시스템에서 특히 주목하는 것은 배우의 내적 감정의 진행이다. 스타니슬랍스키는 현대의 기술이 배우의 목소리를 녹음하고 제스처나 표정 등을 화면에 옮길 수 있다고 해도, 감정의 내적 진행은 복제할 수도 전달할 수도 없다고 강조한다. 따라서 그는 이를 합리적, 체계적으로 전달하도록 교육할 수 있는 방법을 찾아야 하며, 이것이 배우예술의 완성을 위해 필요한 조건이라고 생각했다. 즉, 단순한 연기의 기술이나 관습적인 표현법이 아니라, 이런저런 역할들을 어떻게 창조할 수 있는지, 어떻게 배우의 예술적 본성을 의식적으로 일깨워 초의식적 창조 과정 속으로 들어가도록 만들 수 있는지를 탐구해야 한다는 것이다.

① 스타니슬랍스키는 미리 준비된 미장센보다는 무대 위에서 배우의 자유로운 연기를 더 중시했다.
② 연극예술이 성공하기 위해서는 배우가 해당 역할을 직접 체험해보는 것이 중요하다.
③ 배우는 자신이 연기하는 역할을 자각하고, 자기 자신도 자각해야 한다.
④ 스타니슬랍스키는 배우가 역할 그 자체가 될 수는 없고, 그럴 필요도 없다고 보았다.
⑤ 현대의 기술이 배우의 감정까지 전달할 수 있다면, 배우예술은 완성될 것이다.

36. 다음 갑과 을의 논쟁에 대한 평가로 적절한 것만을 <보기>에서 모두 고르면?

갑 : 성상파괴주의자들의 목표는 찬양받을 만했다. 그들은 종교적 숭배를 개혁하고, 종교의 우상숭배와 신성모독을 진압하고자 했던 것이다. 그들의 주장은 간단했다. 신격은 그림으로 재현될 수 없다는 것이었다. 즉, 어떤 성상도 신적 본질을 묘사할 수 없다. 신을 그림으로 재현하는 것은 불가능할 뿐만 아니라 적절하지도 않다. 그것을 시도하는 일은 신적인 것과 지상의 것을 구별하지 못하는 것을 의미한다. 성상을 숭배하는 것은 더더욱 적절치 못하다. 온건하게는 성상의 숭배에 반대하는 정도지만, 과격하게 말하자면 어떠한 성상도 사용하지 못하게 하며 그 모든 것을 파괴해야 한다. 다르게 표현하면, 온건하게는 성상의 종교적 숭배를 반대하는 정도였지만, 과격하게는 모든 종류의 숭배를 반대하는 것이다.

을 : 신격을 재현할 수 없다는 것에 대해서는 그리스도의 형상이 신적 본질이 아닌 인간적 본질로 그리스도를 묘사했다는 것이라고 말할 수 있다. 또한 그리스인들에게는 진리와 심지어 가장 초월적인 것조차도 감각을 통해서만 얻어질 수 있다는 것이 명백했다. 우리는 육체와 상관없이 정신에 도달할 수는 없는 그런 방식으로 육체와 합일되어 있다. 우리는 우리가 듣는 말에 의해서 만큼이나 우리가 보는 형상들에 의해서 정신적인 것을 파악한다. 신적 본질을 인위적으로 묘사할 수는 없지만, 하느님께서 가시적 사물들 속에서 스스로를 나타내시는 것은 가능하다. 만약 하느님께서 가시적 사물들을 통해 스스로를 나타내신다면 그 사물들은 완전히 물질적인 것이 아니게 된다. 이런 교리는 비잔틴 신학자들에게 잘 알려져 있었으며 회화에 적용되기를 요구했을 뿐이었다.

<보 기>

ㄱ. 인간이 감각을 통해 신을 느낄 수 있다는 주장에 대해 갑은 동의하지 않을 것이다.
ㄴ. 인간이 성상을 통해 신적 본질을 묘사할 수 없다는 주장에 대해 을은 동의할 것이다.
ㄷ. 신이 직접 가시적 사물에 나타난다면, 갑과 을은 그 사물에 대한 숭배에 동의할 것이다.

① ㄱ
② ㄴ
③ ㄱ, ㄷ
④ ㄴ, ㄷ
⑤ ㄱ, ㄴ, ㄷ

37. 다음 글에 대한 분석으로 옳은 것만을 <보기>에서 모두 고르면?

범죄학 분야에서는 음주운전의 억제요인에 대해 억제이론을 중심으로 논의되고 있다. 억제이론의 바탕이 되는 고전주의 범죄학은 모든 개인이 행위로부터 얻어지는 잠재적 쾌락과 고통을 합리적으로 계산하여 법을 준수하거나 위반하게 된다는 것을 기본전제로 한다. 즉, 범죄를 통해 얻을 수 있는 이득과 법적 처벌로 인한 고통을 비교하여 법규를 준수할지 결정한다는 것이다. 억제이론에서는 기본적으로 사람들이 처벌을 두려워한다고 가정한다. 이렇듯 억제이론에서는 모든 사람이 범죄를 저지를지의 여부는 개인이 합리적으로 결정하며, 그에 대한 책임은 전적으로 개인 스스로의 책임이지 결코 사회의 책임이 아니다. 그러므로 범죄를 저지른 사람을 처벌함으로써 그 대가를 받게 하고 이러한 처벌을 통하여 미래의 범죄를 예방하는 것이 바람직하다.

억제이론은 이렇듯 법적 처벌에 관심을 가지며, 구체적으로는 처벌의 엄격성, 확실성, 신속성을 중요한 요소로 고려하고 있다. 처벌의 엄격성은 범죄로 인해 얻을 수 있는 이득이 크면 그에 따른 처벌도 엄격해야 범죄의 억제가 가능하다는 것이다. 처벌의 신속성은 형사제재가 범행 후에 얼마나 빨리 이루어지는가를 의미하며, 처벌의 확실성은 범행을 저질렀을 때 체포 등 범죄의 적발이 얼마나 확실하게 이루어지는가를 의미한다. 범죄에 대한 처벌이 엄격하고, 확실하고, 신속하다면 사람들은 범죄로부터 얻는 것보다 잃는 것이 많다고 합리적으로 계산할 것이고, 따라서 법을 위반하지 않을 것이다.

처벌에 의한 범죄억제효과는 일반예방효과와 특별예방효과의 두 가지 유형으로 구분된다. 일반예방효과는 범죄에 대한 처벌의 확실성에 의해 나타나는데 범죄행위에 대한 확실한 처벌이 잠재적 범죄자로 하여금 범죄를 저지르지 못하게 하는 효과를 말한다. 즉, 법을 위반하면 반드시 처벌된다는 의식을 모두에게 각인함으로써 일반인의 범죄를 예방하려는 것이다. 또한 특별예방효과는 범죄에 대한 처벌의 엄격성에 의해 나타난다. 범죄자 개인으로 하여금 처벌 기간과 이후의 생활에서 처벌의 두려움으로 범죄행위를 하지 못하게 하는 효과이다. 특별예방효과는 범죄자가 다시 범죄를 저지르지 못하게 하려는 것, 즉 재범을 줄이려는 시도라 할 수 있다.

<보 기>

ㄱ. 법적 처벌이 실제 이루어지기 전, 그 존재만으로도 범죄를 예방하는 효과가 있다.
ㄴ. 동일한 처벌이라도 범죄예방효과는 다를 수 있다.
ㄷ. 이미 범죄를 저지른 자에게는 일반예방효과보다는 특별예방효과가 더 중요하다.

① ㄱ
② ㄷ
③ ㄱ, ㄴ
④ ㄴ, ㄷ
⑤ ㄱ, ㄴ, ㄷ

38. 다음 글을 토대로 할 때, ㉠의 주장을 약화하지 않는 것만을 <보기>에서 모두 고르면?

㉠소크라테스는 소피스트들이 상대적이고 주관적 진리관을 내세워 세속적인 가치만 추구하는 것을 비판하면서, 보편적이고 절대적으로 존재하는 진리나 지식이 존재하며 이는 보편적 이성의 활동에 의해서 밝힐 수 있다고 보았다. 또한 그는 사람이 선악(善惡)을 분별할 수 있는 옳은 의견을 가지면 바람직한 생활을 할 수 있고, 그릇된 행위는 선악이 무엇인지 모르는 무지(無知)에서 비롯되는 것이기 때문에 자신의 무지를 자각하는 것이 덕을 쌓고 선을 행할 수 있는 기초가 된다고 보았다.

이러한 그의 사상은 소피스트들의 윤리적 회의주의나 상대주의를 극복할 수 있는 기반이 되었다. 소피스트들과 소크라테스의 교육방법은 모두 대화를 통해서 이루어진다. 하지만 소피스트들의 대화가 단순히 처세에 관련된 언변과 수사학에 치우친 반면, 소크라테스의 대화는 문답을 통해 자신의 무지를 깨닫고 성찰하며 진리 탐구 노력을 지속하게 한다는 점에서 차이가 있다.

소크라테스는 자신이 무지자(無知者)임을 내세워 문답의 상대방이 알고자 하는 주제에 대해 스스로의 의견을 밝히게 함으로써 진리 탐구를 시작하고, 상대방이 제시한 의견에 대해 논박을 진행함으로써 그 의견의 논리적 결함을 드러나게 한다. 그리고 상대방은 소크라테스의 논박에 대답을 시도하다가 아포리아에 이르게 되어 자신의 무지를 깨닫는 경험을 하게 된다. 하지만 소크라테스는 상대방이 무지를 깨달았다는 것에 그치지 않고 스스로 참된 진리에 도달할 수 있도록 탐구를 유도한다.

아포리아란 대화법을 통하여 문제를 탐구하는 도중에 부딪치게 되는 해결할 수 없는 어려운 문제를 말하는데, 이 문제는 해결하지 못하는 것으로 버려지는 것이 아니라 다른 방법이나 관점에서 새로이 탐구하는 출발점이 된다. 아포리아로 끝나는 소크라테스의 대화 의도는 분명하다. 첫째, 사람들이 확실하게 알고 있다고 생각하는 입장을 검토하는 것이다. 둘째, 상대방은 더 이상 반박하거나 설명할 수 없는 당황스러운 상태에 처하게 함으로써 스스로의 무지를 자각한다. 셋째, 무지의 자각을 통해 상대방은 참다운 지혜를 추구할 수 있는 기회를 얻게 될 것이라고 소크라테스는 생각한다. 무엇인가 모른다는 생각이 없다면 지식에 대한 추구는 존재할 수 없기 때문이다.

<보 기>

ㄱ. 자신의 무지를 아는 사람도 그릇된 행위를 할 수 있다.
ㄴ. 소피스트의 대화는 자신의 무지를 깨닫게 하기 위한 것이다.
ㄷ. 아포리아에 도달하지 않고도 자신의 무지를 깨달을 수 있다.

① ㄱ
② ㄴ
③ ㄱ, ㄷ
④ ㄴ, ㄷ
⑤ ㄱ, ㄴ, ㄷ

[39~40] 다음 글을 읽고 물음에 답하시오.

현대 사회가 점차 정보화 사회로 바뀌면서 음성, 화상 데이터 등 다양한 종류의 정보를 교환하고 저장하는 대량 정보 통신 시스템이 구축되어 가고 있다. 범세계적인 통신 기반구조인 인터넷이 일반화된 현재의 상황에서 시스템의 신뢰성과 안정성이 필수 불가결한 요건으로 인식되고 있다. 이러한 인식하에 각종 정보에 대한 보호 기술은 그 중요성을 아무리 강조해도 지나치지 않는다. 이러한 정보 보호 기술 중의 하나가 암호화 기법이다.

암호란 보통의 기호나 문자처럼 그 의미를 바로 알 수 없는 기호나 문자열들을 말한다. 그리스어로 숨겨진, 비밀이라는 뜻의 crypt와 글자라는 의미의 graph가 합쳐진 말에서 암호라는 단어가 생긴 것에서 알 수 있듯이 암호는 비밀을 유지하기 위해 발명되었다. 그리고 cipher라는 단어는 원래 아라비아어로 숫자 0을 의미한다. 이것이 암호의 의미로 사용된 것은 아라비아숫자가 유럽으로 전해진 역사와 관계가 있다. 0은 무언가를 숨기고 있는 비밀의 부호로 생각해 암호의 어원으로 자리 잡았다.

암호화는 제3자가 정보를 획득하더라도 그 의미를 분석할 수 없도록 하는 것으로서 수학적 지식에 기반을 두고 있는 것이 많다. 즉, 암호시스템에 관한 기본지식이 없으면 암호를 해독하기 어려워야 하는 특성 때문에 수학에서 아주 어렵다고 알려진 이론들을 적용한다. 일례로 RSA암호, 타원곡선암호 등은 소인수분해 문제, 이산 대수 등을 이용하고 있다. 이렇듯 암호를 개발하는데 있어서 수학은 중요한 역할을 한다.

시저(Caesar)가 사용하여 유명해진 시저 암호는 영문자 알파벳 각각을 세 자리 뒤의 다른 알파벳으로 대치하는 것이다. 즉 평문의 A는 D로, B는 E로, …, X는 A로 대치하는 것이다. 이것은 다음과 같은 규칙으로 표현될 수 있다. 첫째, 각 알파벳 문자를 순서대로 0부터 25까지의 정수로 표현한다. 둘째, 이 정수에 3을 더한 후 26으로 나눈 나머지를 구한다. 셋째, 구한 값을 규칙 첫째 규칙에 의해 다시 문자로 바꾼다. 예컨대, RENAISSANCE라는 평문은 UHQDLVVDQFH로 암호화된다.

시저 암호의 규칙에서 세 자리 뒤가 아닌 다른 수를 사용할 수도 있다. 이처럼 시저 암호를 확장하여 함수에 아핀변환을 사용하는 것을 아핀 암호라고 한다. 아핀 암호화 방법은 시저 암호의 규칙에서 둘째 규칙을 "이 정수에 임의의 정수 $K_1$을 곱하고 $K_2$를 더한 후 26으로 나눈 나머지를 구한다."로 바꾸면 된다. 예컨대, $K_1 = 3, K_2 = 1$이라고 한다면, RENAISSANCE라는 평문은 ANO BZDDBOHN으로 암호화된다.

39. 위 글에 대한 추론으로 적절한 것만을 <보기>에서 모두 고르면?

<보 기>

ㄱ. 최초의 암호는 아라비아 숫자 0을 이용한 것이었다.
ㄴ. 시저암호의 규칙을 알더라도 알파벳의 순서를 모른다면, 암호문을 평문으로 변환할 수 없다.
ㄷ. 시저 암호를 이용한 암호문과 아핀 암호를 이용한 암호문이 같다면, $K_1$는 1이고, $K_2$는 3이다.

① ㄱ
② ㄴ
③ ㄱ, ㄷ
④ ㄴ, ㄷ
⑤ ㄱ, ㄴ, ㄷ

40. 비게네르 암호를 이용한 암호문이 O CSZR EFY이고 원래의 평문이 I LOVE YOU라면, 다음 중 비밀키가 될 수 있는 것은?

비게네르 암호는 시저암호를 이용한 주기적 대치 암호이다. 평문에 일정한 길이의 비밀키를 계속 이어 더하여 암호화하는 방법이며, 평문의 같은 문자가 암호문에서는 여러 가지 문자로 대응될 수 있다. 예컨대, RENAISSANCE라는 평문이 있고 비밀키가 LOVE라고 하자. 이 경우 RENAISSANCE라는 글자가 11자이므로, 암호화를 위한 비밀키는 LOVELOVELOV로 변형되고, 각각의 자리에 해당되는 문자를 의미하는 정수끼리 더하면 되는 것이다. 그리고 그 값을 26으로 나눈 나머지를 구하여, 다시 문자로 변환하면 암호문을 얻을 수 있는 것이다.

① GREEN
② GRAY
③ BLUE
④ BLACK
⑤ WHITE

오리지널의 힘, 법률저널 PSAT
가장 실전답게, 차원이 다른 전략

# 2025년 법률저널 5급 PSAT 모의고사

| 5급 외교관후보자 · 입법고시 · 법원행시 · 지역인재 7급 대비 |

## 2025 법률저널 5급 PSAT 신청 혜택

### 하나, 얼리버드 이벤트 기간 신청자 응시료 할인

- 10회 패키지 신청시 600,000원 → 400,000원 (회당 40,000원)
- 7~9회 패키지 **회당 45,000원**
- 5~6회 패키지 **회당 48,000원**
- 1회당 응시료 **50,000원**

* 얼리버드 기간 : 2024.10.2. 10:00 ~ 10.31. 18:00

**얼리버드 이후 응시료**

- 10회 패키지 신청시 600,000원 → 500,000원 (회당 50,000원)
- 7~9회 패키지 **회당 52,000원**
- 5~6회 패키지 **회당 55,000원**
- 1회당 응시료 **60,000원**

* 8년 만에 응시료 첫 인상

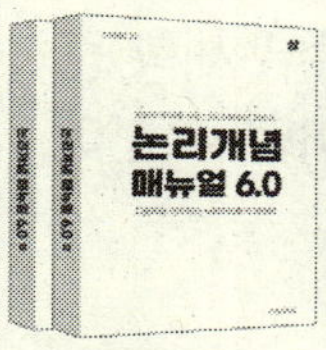
논리개념매뉴얼 6.0

강화약화매뉴얼 6.0

최근 6개년 헌인자상 PSAT 기출백서

PSAT고수들이 직접 풀어쓴 PSAT 기출문제 해설집(12개년)

PSAT 전국모의고사

THE 300제 언어이해

5급 헌법 기출백서

LEET 8개년 기출백서

### 둘, 총 31,000,000원 장학금 수여

- 면학 장학금 5,000,000원(5명)
- 법률저널 성적우수 장학금 10,000,000원(13명)
- 법조공익재단법인 격려장학금 5,000,000원(50명)
- 합격생 후원 장학금 1,000,000원(10명)
- 한국전기기술인협회 장학금 10,000,000원(5명)

| 구분 | 선발내용 | 시상내용 | 비고 |
|---|---|---|---|
| 면학 장학생 | 법조공익재단법인 사랑샘 이사장상(5명) | 각 100만 원 | 5,000,000원 |
| 성적 우수 장학생 | 법률저널 미래상(1명) | 200만 원 | 10,000,000원 |
| | 법률저널 희망상(2명) | 각 150만 원 | |
| | 법률저널 인재상(10명) | 각 50만 원 | |
| 법조공익재단법인 격려장학금 | 매회 현장 응시자 중 5명 성적순 선발 | 각 10만 원 | 5,000,000원 |
| 합격생 후원 장학금 | 매회 현장 응시자 중 1명 성적순 선발 | 각 10만 원 | 1,000,000원 |

※ 각 장학금 수상자는 최종 시험에 합격했을 때 합격수기를 의무적으로 제출해야 함.
제출한 합격수기는 법률저널 온·오프라인에 활용함.
※ 합격생 후원 장학금은 수험생들의 합격을 응원하는 마음으로 법률저널에 기부된 금액임.

**| 법조공익재단법인 사랑샘 면학 장학생**
- 제6회~제10회 Ace-PSAT 현장 응시자 중 선발
- 장학금 회차 총점 평균 성적이 상위 30% 이내
- 면학 및 성적 우수 중복 수상일 때 수상자에게 유리한 상 적용
- 필요한 서류 제출(추후 공지)

**| 법률저널 성적 우수 장학생**
- 제6회~제10회 Ace-PSAT 현장 응시자 중 성적순으로 선발
- 총점이 동점일 때 상황-자료-언어 성적순으로 결정

**| 법조공익재단법인 사랑샘 격려장학금**
- 매회 PSAT 성적순으로 5명 선발(현장 응시자에 한함)
- 격려장학금은 중복 수상 제한 없음(매회 수상 가능)
- 동점자가 선발인원보다 많을 때 상황-자료-언어영역의 성적순
- 격려장학금은 성적 발표 후 개별 통지 후 계좌로 입금

**| 한국전기기술인협회 장학생 추천**
**한국전기기술인협회 장학생 추천 요청 시(최근 4년 연속 추천)**
〈선발요건〉
① 기술직 전기 직렬 응시자
② 법률저널 PSAT 장학금 회차(제6~제10회) 모두 현장 응시자
③ 법률저널 가채점 및 합격예측시스템 참여자
④ 제1차시험 합격한 자(합격 증명서 제출)
⑤ ①~④ 요건을 모두 갖춘 자 중에서 성적순으로 추천
⑥ 성적순은 법률저널 PSAT, 동점일 경우 제1차 성적순
⑦ 전기기술인협회에서 장학금 수여(4월 중)

여러분의 합격, Ace-PSAT이 함께합니다.
Pre-PSAT과 함께라면, 내일의 시험을 오늘 준비 가능합니다!
내일의 합격, 오늘 선택한 법률저널에서 시작됩니다.

합격의 문을 여는 열쇠, 법률저널과 함께하세요.
2025년의 주인공은 바로 당신입니다.

**지금 바로 신청하고,**
**당신의 합격을 시작하세요!**

### 셋, 2024년도 기출문제 실제 시험지 제공

- 2024년도 기출문제(헌법과 PSAT) 실제 시험지 크기로 제작, 제공
- 2024년도 기출문제를 실제 시험지 크기로 한 번 더 풀어볼 기회(해설 제외)
- 제공 방법은 시험 종료 후 배부
- 본 이벤트는 제4회(2024.1.18.) Ace-PSAT 현장 신청자 중 응시자에 한함

### 넷, 온라인 신청자에게 문제지 무료 배송

- 온라인 응시자에게 문제지 무료 배송 서비스
- 택배 발송 시 문제지+해설지+OMR답안지 구성
- 시험 종료 후 매주 월요일 발송
- 온라인 응시는 모니터상에서 풀고 정답 제출해야 함
- 온라인 응시는 문제지 및 해설지 다운로드 및 프린터 불가 유의

## 시험일정 및 시간표 안내

**Real PSAT의 진수 느낄 실전 전국모의고사!**
**PSAT 고수들의 반복적인 검수로 퀄리티 UP!**

| 회차 | 시험일 | 시험장소 |
|---|---|---|
| 제1회 Pre-PSAT | 2024.12.21(토) | 〈서울〉 다양한 시험장서 실전연습! * 시험장 추후 공지 * 고시촌 시험장 조기에 마감 유의! |
| 제2회 Pre-PSAT | 2025.01.04(토) | |
| 제3회 Pre-PSAT | 2025.01.11(토) | |
| 제4회 Ace-PSAT | 2025.01.18(토) | |
| 제5회 Ace-PSAT | 2025.01.25(토) | |
| 제6회 Ace-PSAT | 2025.02.01(토) | 〈지방〉 부산 대구 대전 광주 * 지방은 제6회(2025.02.01.)부터 운영 * 시험장 추후 공지 |
| 제7회 Ace-PSAT | 2025.02.08(토) | |
| 제8회 Ace-PSAT | 2025.02.15(토) | |
| 제9회 Ace-PSAT | 2025.02.23(일) | |
| 제10회 Ace-PSAT | 2025.03.01(토) | |

※ 상기 일정은 5급 공채 및 입법고시 일정에 따라 변경될 수 있음.
※ Pre-PSAT은 기출문제와 가장 적합한 엄선 문제로 구성함.
※ 매회 성적 우수자 격려장학금 지급함.
※ 제21기 장학생 선발 회차는 제6~제10회 Ace-PSAT 응시자 대상임.
※ 현장 신청자가 결시한 때 문제지 배송 신청 시 착불로 발송함.

**시험시간표**

| 구분 | 시간 | | 시험과목 |
|---|---|---|---|
| 수험생 입실 및 교육 | 09:30~10:00 | 30분 | 09:30까지 시험실 입실 |
| 1교시 시험 | 10:00~10:25 | 25분 | 헌법 |
| | 10:25~11:55 | 90분 | 언어논리영역 |
| 중식 · 입실 | 11:55~13:30 | 95분 | 13:20까지 시험실 입실 |
| 2교시 시험 | 13:30~15:00 | 90분 | 자료해석영역 |
| 휴식 · 입실 | 15:00~15:30 | 30분 | 15:20까지 시험실 입실 |
| 3교시 시험 | 15:30~17:00 | 90분 | 상황판단영역 |

2025년 2월 1일 시행(제6회)

2025년도 국가공무원 5급 공채·외교관후보자 제1차시험·지역인재 7급·법원행시 대비

# ┃ 자료해석영역 ┃

2 교시

| 응시번호 | |
|---|---|
| 성 명 | |

문제책형

㉨

**응시자 주의사항**

1. **시험시작 전 시험문제를 열람하는 행위나 시험종료 후 답안을 작성하는 행위를 한 사람**은 「공무원임용시험령」 제51조에 의거 **부정행위자**로 처리됩니다.
2. **답안지 책형 표기는 시험시작 전** 감독관의 지시에 따라 **문제책 앞면에 인쇄된 문제책형을 확인**한 후, **답안지 책형란에 해당 책형(1개)을 '●'로 표기**하여야 합니다.
3. 시험이 시작되면 문제를 주의 깊게 읽은 후, **문항의 취지에 가장 적합한 하나의 정답만을 고르며,** 문제내용에 관한 질문은 할 수 없습니다.
4. **답안을 잘못 표기하였을 경우에는 답안지를 교체하여 작성**하거나 **수정할 수 있으며,** 표기한 답안을 수정할 때는 **응시자 본인이 가져온 수정테이프만을 사용**하여 해당 부분을 완전히 지우고 부착된 수정테이프가 떨어지지 않도록 손으로 눌러주어야 합니다. **(수정액 또는 수정스티커 등은 사용 불가)**
   - ■ **불량한 수정테이프의 사용과 불완전한 수정처리로 발생하는 모든 문제는 응시자 본인에게 책임이 있습니다.**
5. **시험시간 관리의 책임은 응시자 본인에게 있습니다.**
6. **성적확인용 비밀번호**는 성적확인시 꼭 필요하니 **임의로 4자리를 마킹**하고 기억해야 합니다.
   ※ 문제책은 시험종료 후 가지고 갈 수 있습니다.

**정답공개 및 이의제기 안내**

1. 최종정답 공개 : 2.6(목) 오후 5시 네이버 카페 'PSAT의 정석'(cafe.naver.com/lecpsat)에 공지
2. 이의제기 : 2.3(월) 오후 2시까지 / 네이버 카페 'PSAT의 정석'(cafe.naver.com/lecpsat) '이의제기 신청 게시판'에서 연결된 구글폼에 입력
3. 성적확인 안내
   - 각 과목별 성적통계는 2.7(금)에 네이버 카페 'PSAT의 정석'(cafe.naver.com/lecpsat) '통계 게시판'에서 확인
   - 개인 성적표는 2.7(금)에 법률저널 접수페이지의 '성적확인페이지'에서 확인
4. 시험 일정 안내(온·오프 동시 시행)
   - 7회 2025.2.8(토), 8회 2025.2.15(토), 9회 2025.2.23.(일), 10회 2025.3.1.(토)
     * 5~9회 장학금 회차(지방시험장 운영)
     * 매회 성적우수 5명(현장응시자 대상)에게 격려 장학금 지급
5. 면학장학금 신청자는 3월 18일까지 관련 서류를 제출 바랍니다.
6. 법률저널 예측시스템 운영(3월 8일 오후 5시부터 법률저널 홈페이지 및 네이버 카페 PSAT의 정석)

법률저널

1. 다음 <표>는 A ~ D 기업의 자산 및 부채에 관한 자료이다. <표>와 <조건>을 바탕으로 A ~ D에 해당하는 기업을 바르게 나열한 것은?

<표> A ~ D 기업의 자산 및 부채

(단위: 백만 원)

| 구분 | 자산 | | | | 부채 |
|---|---|---|---|---|---|
| | 금융 | 부동산 | 기타 | 합계 | |
| A | ( ) | 14,231 | 88 | 16,126 | 1,454 |
| B | 2,501 | 12,004 | 151 | ( ) | 2,281 |
| C | 6,872 | 17,892 | 96 | ( ) | 5,765 |
| D | ( ) | 16,519 | 58 | 20,017 | 4,849 |

※ 1) 자산은 금융자산, 부동산 자산, 기타자산으로만 구분됨.

2) 순자산 = 자산 − 부채

3) 부채 비율(%) = $\frac{\text{부채}}{\text{자산 − 부채}} \times 100$

<조 건>

○ 순자산이 150억 원 이상인 기업은 '나무'와 '바람'이다.

○ 부채비율이 가장 높은 기업은 '나무'이다.

○ '바다'와 '바람'의 순자산에서 금융자산이 차지하는 비중의 차이는 20%p 이상이다.

| | A | B | C | D |
|---|---|---|---|---|
| ① | 바다 | 하늘 | 바람 | 나무 |
| ② | 하늘 | 바다 | 바람 | 나무 |
| ③ | 바다 | 나무 | 바람 | 하늘 |
| ④ | 바다 | 하늘 | 나무 | 바람 |
| ⑤ | 하늘 | 바다 | 나무 | 바람 |

2. 다음 <표>는 2021년 전국 및 8도의 자전거도로 길이에 관한 자료이다. 이에 대한 <보기>의 설명 중 옳은 것만을 모두 고르면?

<표> 전국 및 8도의 자전거도로 종류별 길이

(단위: km)

| 지역 \ 종류 | 합계 | 자전거 전용도로 | 자전거보행 자겸용도로 | 자전거 전용차로 | 자전거 우선도로 |
|---|---|---|---|---|---|
| 전국 | ( ) | 3,684 | 18,955 | 868 | 1,743 |
| 경기도 | 5,612 | 650 | 4,646 | 243 | 73 |
| 강원도 | 1,680 | 106 | 1,361 | 61 | ( ) |
| 충청북도 | 1,311 | ( ) | 808 | 76 | 179 |
| 충청남도 | 1,458 | 273 | 1,172 | 13 | 0 |
| 전라북도 | 1,831 | ( ) | 1,238 | 55 | 262 |
| 전라남도 | 1,441 | 228 | 927 | 56 | ( ) |
| 경상북도 | 2,351 | 413 | 1,398 | 160 | 380 |
| 경상남도 | 1,894 | 434 | 1,243 | 69 | 148 |

※ 자전거도로는 자전거전용도로, 자전거보행자겸용도로, 자전거전용차로, 자전거우선도로로만 구분됨.

<보 기>

ㄱ. 전체 자전거도로에서 자전거보행자겸용도로가 차지하는 비중이 전국보다 높은 도는 3개이다.

ㄴ. 자전거도로 종류를 길이가 긴 것부터 나열한 순서가 충청북도와 동일한 도는 4개이다.

ㄷ. 모든 도는 지역별 전체 자전거도로에서 차지하는 비중이 10% 이상인 자전거도로 종류가 2개 이상이다.

ㄹ. 전국 자전거전용차로에서 도가 차지하는 비중이 전국 자전거전용도로에서 도가 차지하는 비중보다 작은 도는 충청남도, 전라북도, 경상남도이다.

① ㄱ, ㄴ
② ㄱ, ㄷ
③ ㄱ, ㄹ
④ ㄴ, ㄷ
⑤ ㄴ, ㄹ

3. 다음 <표>는 2018 ~ 2022년 '갑'시의 쓰레기 처리에 관한 자료이다. 이에 대한 설명으로 옳은 것은?

<표 1> 연도별 청소구역 인구 및 쓰레기

(단위: 명, 천 톤)

| 구분＼연도 | 2018 | 2019 | 2020 | 2021 | 2022 |
|---|---|---|---|---|---|
| 청소구역 인구 | 871,785 | 871,674 | 868,106 | 855,685 | 842,786 |
| 배출량 | 2,900 | 3,886 | 3,658 | 4,395 | 4,801 |
| 처리량 | 2,656 | 3,787 | 3,178 | 4,094 | 4,608 |

※ 쓰레기 수거율(%) = $\frac{\text{처리량}}{\text{배출량}} \times 100$

<표 2> 쓰레기 처리방법별 처리량

(단위: 천 톤)

| 방법＼연도 | 2018 | 2019 | 2020 | 2021 | 2022 |
|---|---|---|---|---|---|
| 매립 | 144 | 437 | 429 | 421 | 374 |
| 소각 | 182 | 441 | 448 | 447 | 456 |
| 재활용 | 2,290 | 2,869 | 2,279 | 3,155 | 3,470 |
| 기타 | 40 | 40 | 22 | 71 | 308 |

※ 쓰레기 처리방법은 매립, 소각, 재활용, 기타로만 구분됨.

① 쓰레기 수거율이 95% 이상인 연도는 3개이다.

② 청소구역 인구 당 쓰레기 배출량은 매년 증가한다.

③ 쓰레기 처리량에서 재활용에 의한 처리가 차지하는 비중은 매년 75% 이상이다.

④ 2019년 이후 쓰레기 처리량이 많은 연도일수록 쓰레기 처리량에서 소각에 의한 처리가 차지하는 비중이 낮다.

⑤ 2019년 이후 전년 대비 쓰레기 처리량의 변화율은 매년 15% 이상이다.

4. 다음 <표>는 '갑'국의 버스 요금에 관한 자료이다. 이에 대한 <보기>의 설명 중 옳은 것만을 모두 고르면?

<표> 버스 종류, 연령 및 수단별 버스 요금

(단위: 원)

| 연령 | 수단＼종류 | 간선 버스 | 순환 버스 | 광역 버스 | 마을 버스 | 심야 버스 |
|---|---|---|---|---|---|---|
| 성인 (19세 이상) | 현금 | 1,300 | 1,200 | 2,400 | 1,000 | 2,250 |
| | 교통카드 | 1,200 | 1,100 | 2,300 | 900 | 2,150 |
| | 조조할인 | 960 | 880 | 1,840 | 720 | - |
| 청소년 (13세 이상 18세 이하) | 현금 | 1,000 | 800 | 1,800 | 550 | 1,800 |
| | 교통카드 | 720 | 560 | 1,360 | 480 | 1,360 |
| | 조조할인 | 580 | 450 | 1,090 | 380 | - |
| 아동 (6세 이상 12세 이하) | 현금 | 450 | 350 | 1,200 | 300 | 1,200 |
| | 교통카드 | 450 | 350 | 1,200 | 300 | 1,200 |
| | 조조할인 | 360 | 280 | 960 | 240 | - |

※ 1) 할인은 교통카드 할인과 조조할인으로 구분되며, 조조할인은 심야버스를 제외한 버스를 첫차 때부터 6:30까지 교통카드를 이용하여 탑승한 경우 적용됨.

2) 심야버스는 출발지에서 00:00 ~ 4:00에 출발한 버스를 탑승한 경우를 의미하며, 모든 버스에 동일하게 적용됨.

3) 할인율(%) = $\frac{\text{현금 요금} - \text{할인 시 요금}}{\text{현금 요금}} \times 100$

<보 기>

ㄱ. 37세 甲이 15세, 9세 아이와 함께 출발지에서 15:30에 출발한 순환버스를 16:00에 교통카드로 탑승한 경우, 총 요금의 할인율은 15% 이상이다.

ㄴ. 버스 요금의 변화가 없다면, 10세 乙이 출발지에서 16:45에 출발한 버스를 18:05에 교통카드로 탑승한 경우와 3년 후 乙이 동일하게 버스를 탑승한 경우의 요금 증가율은 간선, 순환, 마을버스가 동일하다.

ㄷ. 28세 丙이 출발지에서 3:45에 출발한 간선버스를 4:30에 교통카드로 탑승한 경우의 요금은 丙이 출발지에서 5:40에 출발한 간선버스를 6:25에 현금을 내고 탑승한 경우의 요금보다 60% 이상 비싸다.

ㄹ. 간선, 순환, 광역, 마을버스별로 조조할인을 받을 경우 할인율이 큰 연령대부터 순서대로 나열하면, 청소년, 성인, 아동으로 동일하다.

① ㄱ, ㄷ

② ㄱ, ㄹ

③ ㄴ, ㄷ

④ ㄱ, ㄴ, ㄹ

⑤ ㄴ, ㄷ, ㄹ

5. 다음 <표>는 2018 ~ 2022년 '갑'국의 철도사고에 관한 자료이다. 제시된 <표> 이외에 <보고서>를 작성하기 위해 추가로 필요한 자료만을 <보기>에서 모두 고르면?

<표 1> 철도사고 종류별 사고 건수

(단위: 건)

| 종류 \ 연도 | 2018 | 2019 | 2020 | 2021 | 2022 |
|---|---|---|---|---|---|
| 전체 | 105 | 98 | 72 | 57 | 64 |
| 열차사고 | 4 | 4 | 6 | 4 | 17 |
| 건널목사고 | 11 | 8 | 15 | 8 | 7 |
| 사상사고 | 87 | 82 | 46 | 44 | 36 |
| 기타안전사고 | 3 | 4 | 5 | 1 | 4 |

<표 2> 철도 사상사고 종류별 사상자 수

(단위: 명)

| 종류 \ 구분 | 2018 | | 2019 | | 2020 | | 2021 | | 2022 | |
|---|---|---|---|---|---|---|---|---|---|---|
| | 사상 | 사망 | 사상 | 사망 | 사상 | 사망 | 사상 | 사망 | 사상 | 사망 |
| 여객사상 | 54 | 23 | 34 | 6 | 13 | 4 | 13 | 1 | 3 | 0 |
| 공중사상 | 23 | 21 | 40 | 31 | 25 | 22 | 20 | 15 | 21 | 15 |
| 직무사상 | 12 | 5 | 14 | 2 | 10 | 3 | 11 | 3 | 14 | 5 |

※ 1) 철도 사상사고는 여객사상사고, 공중사상사고, 직무사상사고로만 구분됨.
2) 사상자란 사망자와 부상자의 합을 의미하며, 부상자는 경상자와 중상자로 구분됨.

<보고서>

철도사고 총 건수는 2013년 이후 지속적으로 감소하다가 2022년 소폭 증가하였다. 다만, 2018년 대비 2022년 철도사고 감소율이 35% 이상으로 나타나 철도사고가 장기적으로는 감소하였다.

철도사고 종류별로 살펴보면, 철도사고 중 사상사고 건수의 비중은 2018년부터 2022년까지 매년 전년 대비 감소하였다. 특히 2020년에는 사상사고 건수가 전년 대비 40% 이상 감소하였다. 반면, 열차사고 건수는 2018년부터 2021년까지는 매년 10건 미만이다가, 2022년에는 사고 건수가 전년 대비 300% 이상 증가하여 주의가 요구된다.

철도 사상사고를 세부적으로 살펴보면, 사상사고 종류별 사고건수는 2018년부터 2022년까지 매년 여객사상사고, 공중사상사고, 직무사상사고 순으로 많았다. 철도 사상사고로 인한 사상자 수는 2018년부터 2022년까지 매년 감소하였으며, 사상사고 1건당 사상자 수는 동기간 동안 매년 1명 이상이었다. 사상자 중 부상자의 비중은 동기간 동안 매년 증감을 반복하였다. 한편, 부상자 중 중상자의 비중은 경상자의 비중보다 매년 높았다.

<보 기>

ㄱ. 2013 ~ 2017년 철도사고 종류별 사고 건수

(단위: 건)

| 종류 \ 연도 | 2013 | 2014 | 2015 | 2016 | 2017 |
|---|---|---|---|---|---|
| 전체 | 123 | 119 | 118 | 107 | 103 |
| 열차사고 | 8 | 6 | 7 | 4 | 3 |
| 건널목사고 | 14 | 15 | 11 | 8 | 7 |
| 사상사고 | 98 | 92 | 97 | 92 | 90 |
| 기타안전사고 | 6 | 6 | 3 | 3 | 3 |

ㄴ. 2018 ~ 2022년 철도 사상사고 종류별 사고 건수

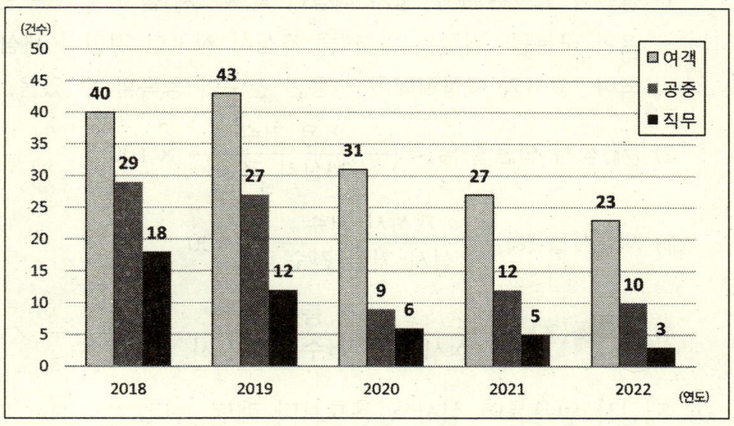


ㄷ. 2018 ~ 2022년 사상자 중 부상자 수 및 비중

(단위: 명, %)

| 종류 \ 연도 | 2018 | 2019 | 2020 | 2021 | 2022 |
|---|---|---|---|---|---|
| 부상자 수 | 40 | 49 | 19 | 25 | 18 |
| 부상자 비중 | 44.9 | 55.7 | 39.6 | 56.8 | 47.4 |

ㄹ. 2018 ~ 2022년 부상 중 경상자 및 중상자의 비중

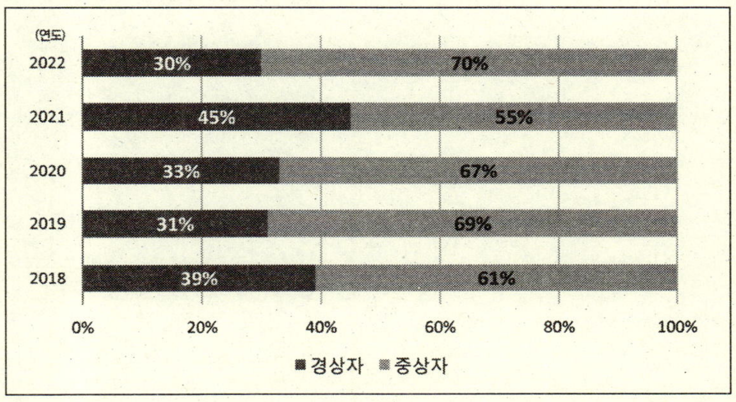


① ㄱ, ㄷ
② ㄱ, ㄹ
③ ㄴ, ㄷ
④ ㄱ, ㄴ, ㄹ
⑤ ㄴ, ㄷ, ㄹ

6. 다음 <표>는 2018 ~ 2022년 '갑'국의 특허 출원 및 등록에 관한 자료이다. 이에 대한 설명으로 옳지 않은 것은?

<표> 연도별 특허 출원 및 등록 건수

(단위: 건)

| 종류 / 연도 | 출원 | 심사 | | 재심사 | 인용 | 등록 |
|---|---|---|---|---|---|---|
| | | 인용 | 거절 | | | |
| 2018 | 140,512 | 87,124 | 53,388 | 50,719 | 38,829 | 124,915 |
| 2019 | 147,298 | 89,790 | 57,508 | 55,783 | 35,134 | 123,317 |
| 2020 | 153,780 | 95,466 | 58,314 | 55,981 | 37,919 | 130,982 |
| 2021 | 152,616 | 100,143 | 52,473 | 51,424 | 36,550 | 133,465 |
| 2022 | 162,759 | 118,575 | 44,184 | 42,196 | 34,297 | 150,780 |

※ 1) 출원한 발명은 모두 심사 대상이 되며, (재)심사 결과는 인용과 거절로만 구분됨. 거절된 발명 중 재심사 청구한 것만이 재심사 대상이 되며, 심사와 재심사에서 인용된 건수만 등록할 수 있음.

2) $\text{(재)심사 인용률(\%)} = \frac{\text{인용 건수}}{\text{(재)심사 건수}} \times 100$

3) $\text{재심사율(\%)} = \frac{\text{재심사 건수}}{\text{심사 거절 건수}} \times 100$

4) $\text{등록률(\%)} = \frac{\text{등록 건수}}{\text{심사 인용 건수 + 저심사 인용 건수}} \times 100$

① 재심사 인용률이 심사 인용률보다 매년 높다.
② 2019년 이후 전년 대비 출원 건수 증가율이 가장 높은 해는 2022년이다.
③ 재심사 거절 건수는 2019년 이후 매년 감소한다.
④ 등록률은 매년 감소한다.
⑤ 심사 거절 건수가 두 번째로 적은 해에 재심사율이 가장 높다.

7. 다음 <표>와 <보고서>는 2022년 A ~ E국의 농업 면적 및 생산량에 관한 자료이다. 이를 근거로 판단할 때, A ~ E 중 '갑'국에 해당하는 국가는?

<표> 2022년 A ~ E국 농업 면적 및 생산량

(단위: $km^2$, %, 톤)

| 구분 \ 국가 | | A | B | C | D | E |
|---|---|---|---|---|---|---|
| 토지 면적 | | 95,210 | 377,873 | 289,105 | 98,729 | 358,870 |
| 토지 면적 대비 농업 면적 비율 | | 31.0% | 8.5% | 12.3% | 33.0% | 9.1% |
| 생산량 | 쌀 | 5,016,120 | 1,201,840 | 405,221 | 699,812 | 481,620 |
| | 보리 | 109,726 | 476,172 | 86,312 | 225,330 | 911,014 |
| | 밀 | 25,788 | 2,847 | 20,118 | 39,381 | 54,109 |

<보고서>

'갑'국의 농업 생산성을 알아보기 위해 2022년 전체 토지 면적 대비 농업 면적 비율과 대표적인 농산물인 쌀, 보리, 밀의 생산량을 조사하였다.

먼저 2022년 '갑'국의 농업 면적은 30,000$km^2$이상이었다. 한편 '갑'국의 농업 면적 대비 쌀, 보리, 밀 생산량 합의 비율은 50톤/$km^2$ 미만이었다.

쌀, 보리, 밀의 생산량을 비교하면, '갑'국은 쌀, 보리, 밀 순으로 생산량이 많았다. 특히 '갑'국은 쌀, 보리, 밀 생산량의 합에서 쌀이 차지하는 비중이 70% 이상이었으며 보리의 비중은 20% 미만이었다.

① A
② B
③ C
④ D
⑤ E

8. 다음 <표>는 2021년 '갑'국의 국가기술자격 기술·기능 분야 종목별 시험 현황에 관한 자료이다. 이를 근거로 작성한 <보고서>의 내용 중 옳은 것만을 모두 고르면?

<표> 2021년 국가기술자격 기술·기능 분야 종목별 시험 현황

(단위: 명)

| 종목＼구분 | 필기 | | | 실기 | | |
|---|---|---|---|---|---|---|
| | 접수 | 응시 | 합격 | 접수 | 응시 | 합격 |
| 기술사 | 272 | 224 | 17 | 30 | 30 | 17 |
| 기능장 | 256 | 222 | 126 | 211 | 191 | 62 |
| 기사 | 6,537 | 4,647 | 2,062 | 3,755 | 3,166 | 1,238 |
| 산업기사 | 3,461 | 2,394 | 958 | 1,518 | 1,296 | 599 |
| 기능사 | 12,064 | 9,976 | 5,198 | 9,442 | 8,418 | 4,260 |

※ 1) 국가기술자격 기술·기술 분야의 종목은 기술사, 기능장, 기사, 산업기사, 기능사로만 구분됨.

2) 응시율(%) = $\frac{\text{응시자 수}}{\text{접수자 수}} \times 100$

3) 합격률(%) = $\frac{\text{합격자 수}}{\text{응시자 수}} \times 100$

<보고서>

2021년 국가기술자격 기술·기능 분야의 종목별 필기시험 현황을 살펴보면, ㉠ 필기 접수자 수가 많은 종목일수록 필기 합격자 수도 많았다. 또한, 산업기사를 제외하고는 필기 응시율이 70% 이상이었으며, ㉡ 필기 합격률이 50%를 넘는 종목은 기능장과 기능사뿐이었다. 특히, 기술사의 필기 합격률은 10% 미만으로 가장 낮았다.

2021년 국가기술자격 기술·기능 분야의 종목별 실기시험 현황을 살펴보면, ㉢ 실기 응시율이 가장 높은 종목과 실기 합격률이 가장 높은 종목은 기술사로 동일하였다. 반면, ㉣ 기사는 실기 응시율과 실기 합격률이 가장 낮은 종목이었다. 또한 기술사를 제외하고는 종목별 실기 합격률이 필기 합격률보다 높았다.

① ㄱ, ㄷ
② ㄱ, ㄹ
③ ㄴ, ㄷ
④ ㄴ, ㄹ
⑤ ㄴ, ㄷ, ㄹ

9. 다음 <표>는 지하철 노선 현황에 관한 자료이다. 이에 대한 <보기>의 설명 중 옳은 것만을 모두 고르면?

<표> 지하철 노선 현황

(단위: km, km/h, 개)

| 노선＼구분 | 총 길이 | 최고속도 | 표정속도 | 통행 방향 | 역 수 |
|---|---|---|---|---|---|
| 1호선 | 200.7 | 110 | 65.5 | 좌측 | 99 |
| 2호선 | 60.2 | 90 | 32.5 | 우측 | 51 |
| 3호선 | 38.2 | 90 | 35.8 | 우측 | 34 |
| 4호선 | 31.7 | 80 | 33.9 | 우측 | 26 |
| 5호선 | 52.3 | 80 | 32.3 | 우측 | 51 |
| 6호선 | 36.4 | 80 | 29.1 | 우측 | 39 |
| 7호선 | 61.3 | 80 | 33.3 | 우측 | 53 |
| 8호선 | 17.7 | 80 | 32.7 | 우측 | 18 |
| 9호선 | 40.6 | 100 | 26.5 | 우측 | 38 |
| 신림선 | 7.53 | 60 | 28.8 | 우측 | 11 |
| 분당선 | 52.9 | 100 | 36.1 | 좌측 | 36 |

※ 1) 지하철 노선은 1호선 ~ 9호선, 신림선, 분당선만 고려함.

2) 평균 역간 거리 = $\frac{\text{총 길이}}{\text{역 수} - 1}$

<보 기>

ㄱ. 우측으로 통행하는 지하철 노선 중 평균 역간 거리가 1km 이상인 노선은 7개이다.

ㄴ. 5호선부터 9호선 중 역 수가 많은 노선일수록 표정속도가 빠르다.

ㄷ. 표정속도로 노선 전체를 정차 없이 주행할 경우, 총 주행시간이 1시간 30분을 초과하는 노선은 5개이다.

ㄹ. 최고속도로 노선 전체를 정차 없이 주행할 경우, 총 주행시간이 40분 이상이 걸리는 노선은 2개이다.

① ㄱ, ㄴ
② ㄱ, ㄷ
③ ㄱ, ㄹ
④ ㄴ, ㄷ
⑤ ㄴ, ㄹ

10. 다음 <표>는 2022년 '갑'시 교육과정별 학교 개황에 관한 자료이다. <표>를 이용하여 작성한 그래프로 옳지 않은 것은?

<표 1> 2022년 상반기 수입원별 임업 수입

(단위: 천 원)

| 수입원 \ 월 | | 1분기 | | | | 2분기 | | | |
|---|---|---|---|---|---|---|---|---|---|
| | | 1월 | 2월 | 3월 | 계 | 4월 | 5월 | 6월 | 계 |
| 목재 | | 82 | 45 | 39 | 166 | 83 | 37 | 24 | 144 |
| 단기임산물 | 수실류 | 584 | 347 | 56 | 987 | 28 | 37 | 285 | 350 |
| | 버섯 | 90 | 115 | 122 | 327 | 310 | 243 | 61 | 614 |
| | 조경재 | 172 | 148 | 502 | 822 | 504 | 346 | 295 | 1,145 |
| | 기타 | 255 | 196 | 561 | 1,012 | 930 | 539 | 354 | 1,823 |
| | 합계 | 1,101 | 806 | 1,241 | 3,148 | 1,772 | 1,165 | 995 | 3,932 |
| 채취 임산물 | | 4 | 137 | 54 | 195 | 35 | 41 | 19 | 95 |
| 계 | | 1,187 | 988 | 1,334 | 3,509 | 1,890 | 1,243 | 1,038 | 4,171 |

※ 임업 수입의 수입원은 목재, 단기임산물(수실류, 버섯, 조경재, 기타), 채취임산물로만 구분됨.

<표 2> 2022년 하반기 수입원별 임업 수입

(단위: 천 원)

| 수입원 \ 월 | | 3분기 | | | | 4분기 | | | |
|---|---|---|---|---|---|---|---|---|---|
| | | 7월 | 8월 | 9월 | 계 | 10월 | 11월 | 12월 | 계 |
| 목재 | | 14 | 10 | 11 | 35 | 20 | 21 | 546 | 587 |
| 단기임산물 | 수실류 | 109 | 17 | 945 | 1,071 | 1,757 | 549 | 530 | 2,836 |
| | 버섯 | 33 | 41 | 124 | 198 | 104 | 111 | 110 | 325 |
| | 조경재 | 499 | 119 | 270 | 888 | 264 | 695 | 264 | 1,223 |
| | 기타 | 210 | 139 | 337 | 686 | 201 | 468 | 202 | 871 |
| | 합계 | 851 | 316 | 1,676 | 2,843 | 2,326 | 1,823 | 1,106 | 5,255 |
| 채취 임산물 | | 4 | 8 | 323 | 335 | 131 | 35 | 5 | 171 |
| 계 | | 869 | 334 | 2,010 | 3,213 | 2,477 | 1,879 | 1,657 | 6,013 |

① 2022년 하반기 단기임산물 수입의 전월 대비 증가율

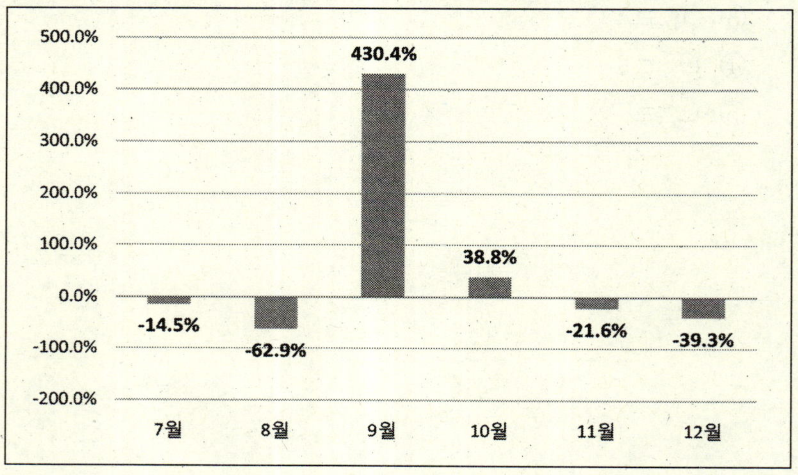


② 2022년 임업 수입의 수입원별 구성비

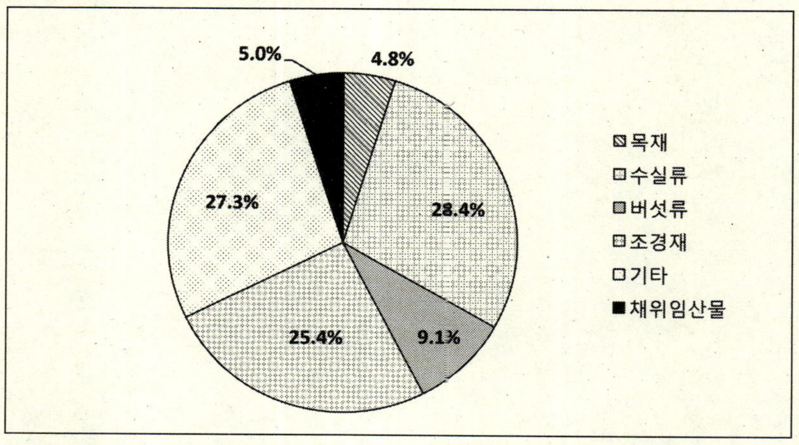


③ 2022년 분기별 목재 및 채취임산물의 임업 수입

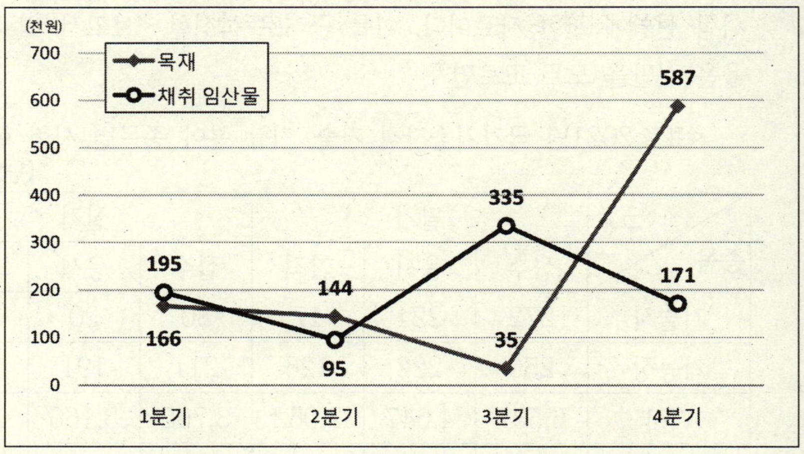


④ 2022년 2분기, 3분기의 단기임산물 수입의 수입원별 비중

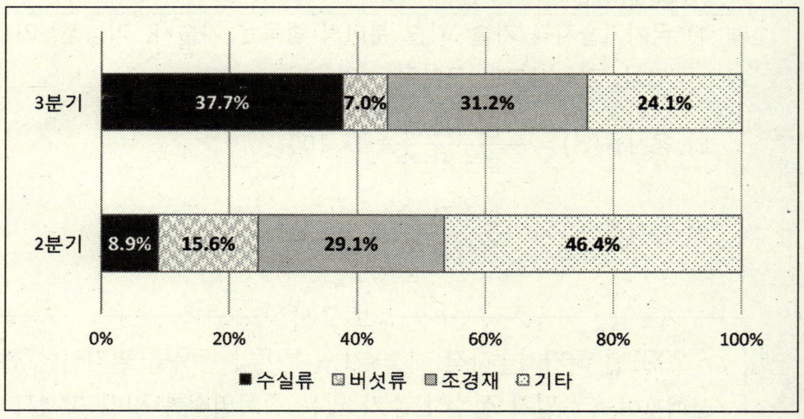


⑤ 2022년 하반기 임업 수입의 전월 대비 증가액

(단위: 천 원)

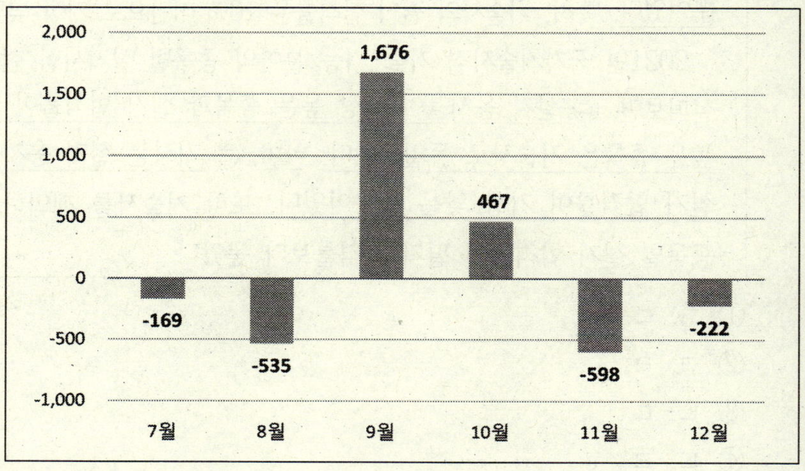

11. 다음 <표>는 ‘갑’국과 ‘을’국의 소득세 세율에 관한 자료이다. 이에 대한 <보기>의 설명 중 옳은 것만을 모두 고르면?

<표> ‘갑’국과 ‘을’국의 소득세 세율

(단위: %)

| 과세표준 \ 구분 | ‘갑’국 | | ‘을’국 | |
|---|---|---|---|---|
| | 개정 전 | 개정 후 | 개정 전 | 개정 후 |
| 1,500만 원 이하 | 6 | 4 | 8 | 7 |
| 1,500만 원 초과 4,500만 원 이하 | 15 | 16 | 12 | 15 |
| 4,500만 원 초과 9,000만 원 이하 | 24 | 20 | 20 | 18 |
| 9,000만 원 초과 1.5억 원 이하 | 30 | 25 | 25 | 24 |
| 1.5억 원 초과 3억 원 이하 | 35 | 30 | 32 | 30 |
| 3억 원 초과 | 38 | 35 | 38 | 37 |

※ 소득세는 과세표준 구간별 해당 과세표준에 세율을 곱한 금액의 총합임. 예를 들어, 과세표준이 4,000만원 인 경우, 개정 전 ‘갑’국의 소득세는 465만 원(=1,500만 원 × 0.06 + 2,500만 원 × 0.15)임.

<보 기>

ㄱ. 과세표준이 3,500만 원인 경우, ‘갑’국과 ‘을’국 모두 개정 전보다 개정 후의 소득세가 더 크다.

ㄴ. 과세표준이 7,500만 원인 경우, ‘갑’국과 ‘을’국 모두 개정 여부와 관계없이 소득세가 1,000만 원 이상이다.

ㄷ. 8,000만 원 이상의 동일한 과세표준에 대해 ‘갑’국의 개정 후 소득세가 ‘을’국의 개정 후 소득세보다 크다.

ㄹ. 과세표준이 9,000만 원에서 25,000만 원으로 상승할 경우, ‘을’국에서 소득세 인상 정도는 개정 후보다 개정 전이 크다.

① ㄱ, ㄴ
② ㄱ, ㄷ
③ ㄱ, ㄹ
④ ㄴ, ㄹ
⑤ ㄴ, ㄷ, ㄹ

12. 다음 <표>와 <그림>은 ‘갑’국의 기계류 부문별 설비투자에 관한 자료이다. 이에 근거하여 <표>의 A ~ D에 해당하는 기계류 부문을 바르게 연결한 것은?

<표> 기계류 부문별 설비투자 지수

| 부문 \ 연도 | 2018 | 2019 | 2020 | 2021 | 2022 |
|---|---|---|---|---|---|
| A | 95 | 98 | 105 | 119 | 121 |
| B | 101 | 100 | 104 | 118 | 120 |
| C | 105 | 110 | 111 | 116 | 119 |
| D | 98 | 99 | 108 | 115 | 122 |

※ 1) 연도별 설비투자 지수는 2015년 설비투자를 100으로 할 때, 해당 연도 설비투자의 상대적인 값임.
2) A ~ D는 각각 기타, 일반, 전자, 정밀 중 하나임.

<그림> 기계류 부문별 설비투자 증가율

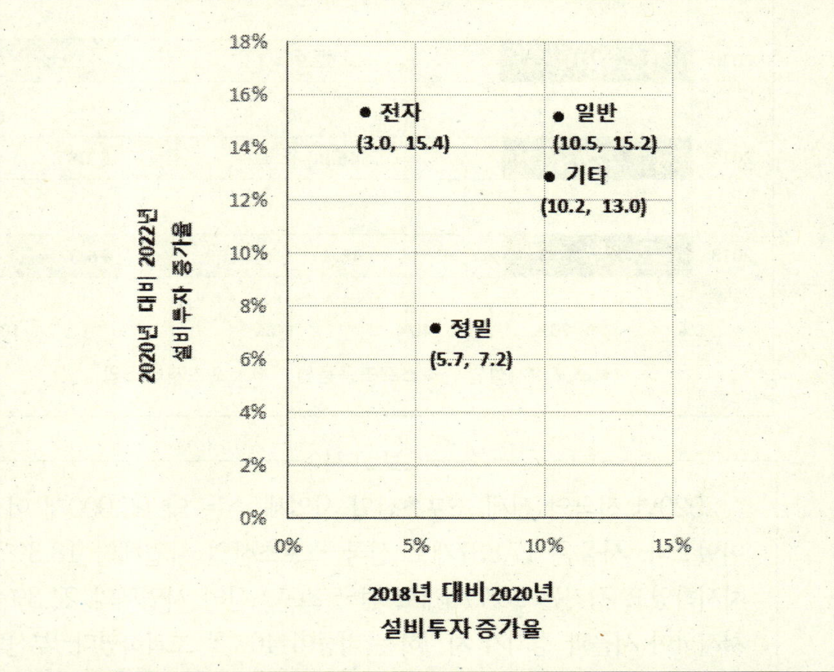


※ 괄호 안의 수치는 (2018년 대비 2020년 설비투자 증가율, 2020년 대비 2022년 설비투자 증가율)을 나타냄

| | A | B | C | D |
|---|---|---|---|---|
| ① | 일반 | 전자 | 정밀 | 기타 |
| ② | 일반 | 정밀 | 전자 | 기타 |
| ③ | 기타 | 전자 | 정밀 | 일반 |
| ④ | 기타 | 전자 | 일반 | 정밀 |
| ⑤ | 전자 | 일반 | 기타 | 정밀 |

13. 다음 <표>와 <그림>은 '갑'국의 스포츠산업 사업체 및 매출액 현황에 관한 자료이다. 제시된 <표>와 <그림> 이외에 <보고서>를 작성하기 위해 추가로 필요한 자료만을 <보기>에서 모두 고르면?

<표> 2020년 지역별 및 분류별 스포츠산업 사업체 수

(단위: 개, %)

| 분류 / 구분 / 지역 | 전체 | | 시설업 | | 용품업 | | 서비스업 | |
|---|---|---|---|---|---|---|---|---|
| | 사업체 수 | 비중 | 사업체 수 | 비중 | 사업체 수 | 비중 | 사업체 수 | 비중 |
| 서울 | 17,837 | 18.3 | 6,925 | 18.1 | 5,135 | 16.6 | 5,777 | 20.3 |
| 경기 | 23,776 | 24.3 | 9,290 | 24.3 | 7,460 | 24.2 | 7,026 | 24.6 |
| 부산 | 6,650 | 6.8 | 2,310 | 6 | 2,362 | 7.6 | 1,978 | 6.9 |

※ 1) 스포츠산업은 시설업, 용품업, 서비스업으로만 구분됨.
2) 비중은 전국 사업체 수에서 지역별 사업체 수가 차지하는 비중임.

<그림> 2018 ~ 2020년 분류별 스포츠산업 매출액 비중

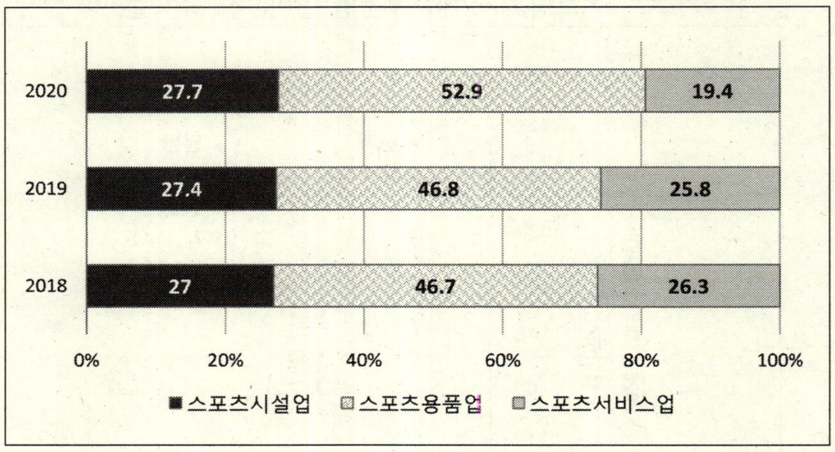


<보고서>

2020년 전국의 전체 스포츠산업 사업체 수는 약 95,000개 이상이었으며, 서울은 17,837개로 전국 스포츠산업 사업체의 18.3%를 차지하였고 경기는 23,776개로 전국 스포츠산업 사업체의 24.3%를 차지하여 서울과 경기가 차지하는 비중이 40%를 초과하였다. 부산의 스포츠산업 사업체 수는 6,650개로 광역시 중 가장 많았다.

2020년 전국의 분류별 사업체 수는 시설업, 용품업, 서비스업 순으로 많았으며, 시설업과 용품업의 사업체 수는 각각 30,000개 이상이었다. 또한 2020년부터 지난 3년 동안 시설업과 용품업의 사업체 수는 매년 증가하였으나 서비스업은 매년 감소한 것으로 나타났다.

2020년 서울의 스포츠산업 사업체 수 중 용품업의 비중은 35% 이상으로 가장 높은 비중을 차지하였으며 스포츠 시설업과 서비스업도 각각 30% 이상으로 분류별로 고르게 분포하고 있었다. 반면, 경기와 부산의 스포츠 사업체 수 중에서는 시설업의 비중이 가장 높았다.

스포츠산업 매출액은 2019년 전년 대비 증가하였다가 2020년 전년 대비 35% 이상 감소하였다. 2020년 용품업의 매출액은 스포츠산업 전체 매출액의 50% 이상을 차지하여 매출액이 25조원 이상이었으며 서비스업 매출액은 전체 매출액의 20% 미만으로 9.2조원에 그쳤다.

<보 기>

ㄱ. 2020년 전국 스포츠산업 사업체 수 및 분류별 비중
ㄴ. 2018 ~ 2020년 연도별 스포츠산업 전체 매출액
ㄷ. 6개 광역시의 스포츠산업 사업체 수 및 분류별 비중
ㄹ. 2018 ~ 2019년 전국 스포츠산업 분류별 사업체 수

① ㄱ, ㄷ
② ㄱ, ㄹ
③ ㄴ, ㄹ
④ ㄱ, ㄴ, ㄹ
⑤ ㄴ, ㄷ, ㄹ

14. 다음 <표>는 2020 ~ 2021년 '갑'국의 로봇산업 연구개발에 관한 자료이다. 이에 대한 설명으로 옳지 않은 것은?

<표> 로봇산업 연구개발 현황

(단위: 건, 백만 원)

| 구분 / 용도 | 2020 | | 2021 | |
|---|---|---|---|---|
| | 건수 | 금액 | 건수 | 금액 |
| 정부지원 | 854 | 216,460 | 428 | 118,882 |
| 외부지출 | 26 | 522 | 16 | 670 |
| 타 국가 지원 | 17 | 1,250 | 6 | 220 |
| 자체개발 | 1,033 | 175,732 | 749 | 152,868 |

※ 로봇산업 연구개발의 용도는 정부지원, 외부지출, 타 국가 지원, 자체개발로만 구분됨.

① 전체 로봇산업 연구개발 건수에서 자체개발이 차지하는 비중은 매년 50% 이상이다.
② 전체 로봇산업 연구개발 금액에서 정부지원이 차지하는 비중은 2020년 대비 2021년에 15%p 이상 감소한다.
③ 2020년 대비 2021년에 로봇산업 연구개발 건수의 감소율이 가장 큰 용도는 금액의 감소율도 가장 크다.
④ 로봇산업 연구개발 건수 당 금액이 가장 큰 용도는 2020년과 2021년에 동일하다.
⑤ 로봇산업 연구개발 건수 당 금액이 2020년 대비 2021년에 증가하는 용도는 3개이다.

15. 다음 <보고서>는 2018 ~ 2021년 '갑'국의 법규 위반 행위별 교통사고 현황에 관한 자료이다. <보고서>의 내용에 부합하지 않는 자료는?

<보고서>

교통사고 가해자의 주요 법규 위반 행위는 차로위반, 과속, 중앙선침범, 신호위반으로 구분된다. 주요 법규 위반 행위로 인한 사고 건수는 2019년 전년 대비 증가하였다가 이후 2021년까지 매년 감소하였다. 주요 법규 위반 행위로 인한 부상자 수 또한 2019년 전년 대비 증가하였다가 이후 2021년까지 매년 감소한 것으로 나타났다. 한편, 2018년부터 2021년까지 사고 건수 당 부상자 수는 매년 1.5명 이상이었다.

차로위반에 따른 사고 건수는 2018년, 2019년에 4,000건 이상이었다가 2020년과 2021년에는 4,000건 미만으로 감소하였다. 한편, 차로위반에 따른 사고 건수 중 주간 사고 건수의 비중이 매년 60% 이상이었다. 2018년 중앙선 침범에 따른 사고 건수는 과속에 따른 사고 건수의 10배 이상이었다. 그러나 2019년부터 2021년까지 중앙선 침범에 따른 사고 건수는 매년 감소하고, 동기간 동안 과속에 따른 사고 건수는 매년 증가하여 2021년 중앙선 침범에 따른 사고 건수는 과속에 따른 사고 건수의 7배 미만이었다. 2018년부터 2021년까지 신호위반에 따른 사고 건수는 매년 24,000건 이상이었고, 동기간 동안 사고 건수는 증감을 반복하였다.

주요 법규 위반 행위에 따른 사고의 부상자 수를 살펴보면, 차로위반에 따른 사고의 부상자 수는 2020년에 전년 대비 8% 이상 감소하였고 2021년에는 전년 대비 20% 이상 감소하였다. 과속에 따른 사고의 부상자 수는 2019년에 전년 대비 30% 이상 증가하였으며, 이후 2021년까지 매년 증가하였다. 2020년과 2021년에 주요 법규 위반 행위에 따른 부상자 수에서 신호위반에 따른 부상자 수의 비중은 모두 60% 이상이었으며, 중앙선 침범에 따른 부상자 수의 비중은 모두 20% 이상이었다.

① 과속, 중앙선 침범 및 신호위반에 따른 사고 건수의 변화

(단위: 건)

| 구분 | 2019년 | 전년 대비 증가 | 2021년 | 전년 대비 증가 |
|---|---|---|---|---|
| 과속 | 1,124 | 174 | 1,326 | 85 |
| 중앙선 침범 | 9,344 | -215 | 8,224 | -140 |
| 신호위반 | 27,921 | 3,196 | 24,608 | 96 |

② 주야별 차로위반에 따른 사고 건수

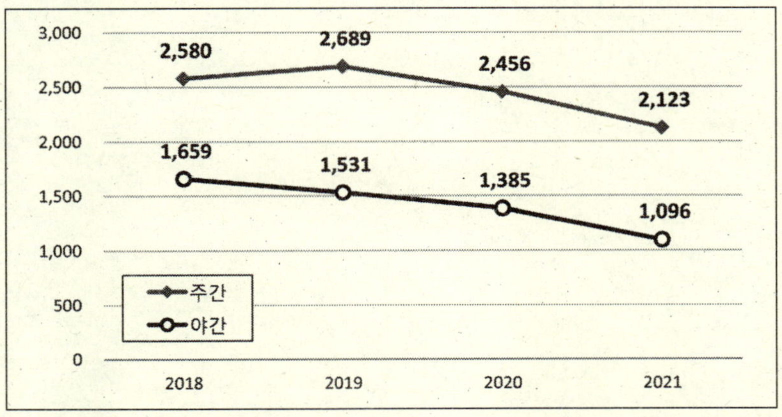


③ 주요 법규 위반 행위에 따른 사고 건수 및 부상자 수

| 구분 | 2018 | 2019 | 2020 | 2021 |
|---|---|---|---|---|
| 사고 건수(건) | 39,473 | 42,609 | 37,958 | 37,377 |
| 부상자 수(명) | 64,781 | 69,706 | 60,624 | 57,947 |

④ 차로위반 및 과속에 따른 사고의 부상자 수

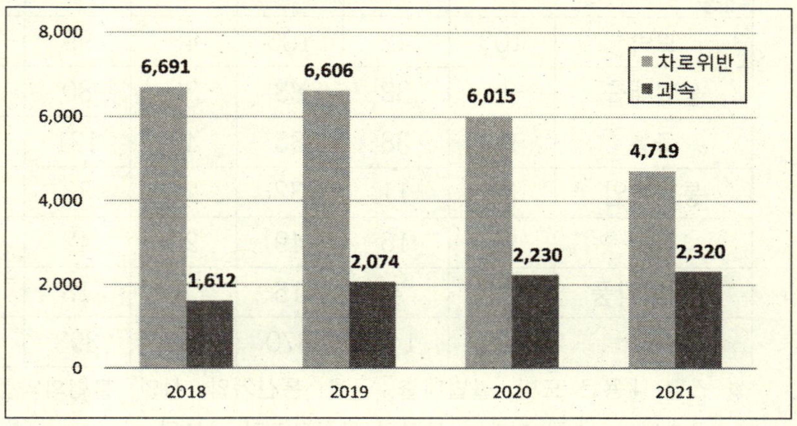


⑤ 2020년, 2021년 주요 법규 위반 행위에 따른 부상자 수

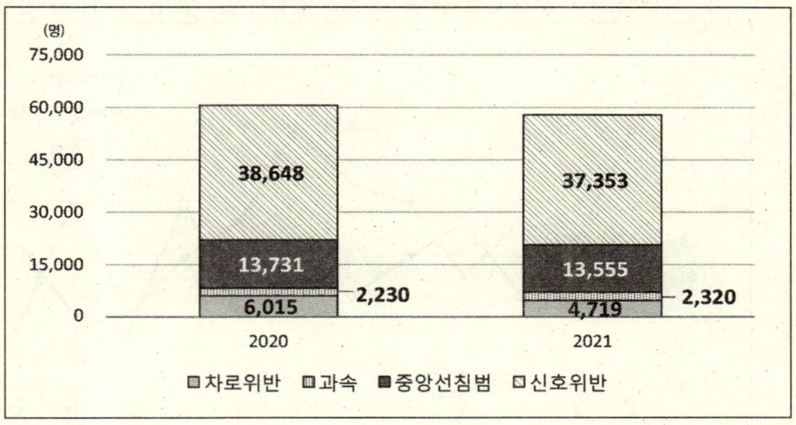

16. 다음 <표>와 <그림>은 2020 ~ 2022년 '갑'국의 휴대전화 스팸 수신량에 관한 자료이다. 이에 대한 설명으로 옳은 것은?

<표> 내용 및 형태별 스팸 수신량

(단위: 통)

| 연도 / 형태 / 내용 | 2020 | | 2021 | | 2022 | |
|---|---|---|---|---|---|---|
| | 문자 | 음성 | 문자 | 음성 | 문자 | 음성 |
| 도박 | 103 | 42 | 105 | 48 | 99 | 49 |
| 불법대출 | 88 | 32 | 83 | 36 | 80 | 52 |
| 금융 | 95 | 38 | 85 | 40 | 121 | 38 |
| 통신가입 | 36 | 11 | 32 | 22 | 33 | 18 |
| 성인 | 45 | 16 | 49 | 23 | 42 | 13 |
| 불법의약품 | 24 | 4 | 16 | 3 | 18 | 6 |
| 계 | 391 | 143 | 370 | 172 | 393 | 176 |

※ 스팸 내용은 도박, 불법대출, 금융, 통신가입, 성인, 불법의약품으로만 구분되며, 스팸 형태는 문자와 음성으로만 구분됨.

<그림 1> 2021년 월별 도박, 불법대출, 금융 스팸 수신량

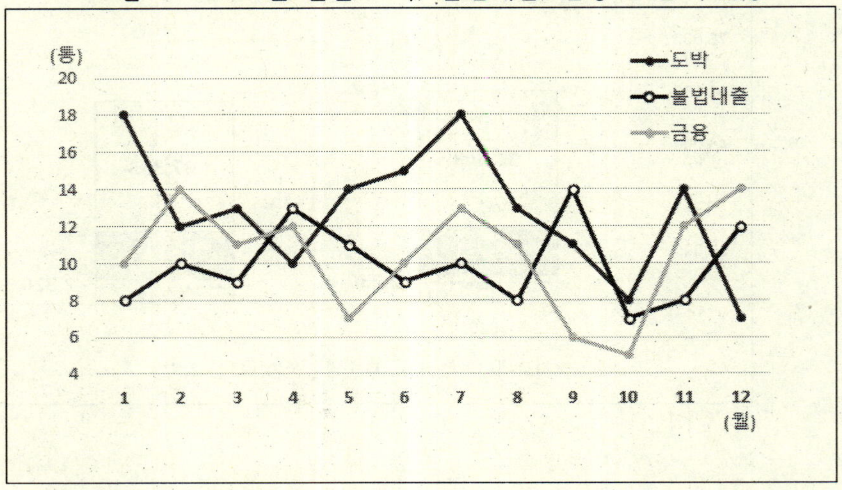


<그림 2> 2022년 월별 도박, 불법대출, 금융 스팸 수신량

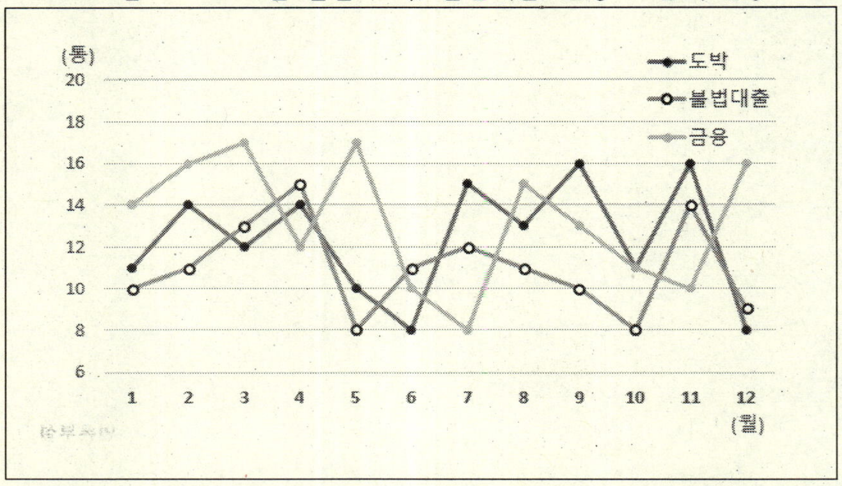


① 전체 스팸 수신량에서 음성 스팸 수신량이 차지하는 비중은 매년 30% 이상이다.

② 2022년 4분기 도박, 불법대출, 금융 스팸 수신량의 합에서 금융 스팸 수신량이 차지하는 비중은 40% 이상이다.

③ 도박 스팸 수신량에서 도박 문자 스팸 수신량이 차지하는 비중은 매년 증가한다.

④ 불법대출 스팸 수신량은 2021년 10월부터 2022년 4월까지 매달 증가한다.

⑤ 2021년과 2022년 7월의 전월 대비 도박, 불법대출, 금융 스팸 수신량 합의 증가율은 각각 20% 이상이다.

17. 다음 <표>는 2019 ~ 2021년 A ~ E국의 진료실적 현황에 관한 자료이고, <보고서>는 '갑'국의 진료실적 현황을 분석한 자료이다. 이를 근거로 판단할 때, A ~ E 중 '갑'국에 해당하는 국가는?

<표> 2019 ~ 2021년 A ~ E국의 진료실적 현황

(단위: 천 명, 만 일, 억 원)

| 국가 | 구분 / 연도 | 진료실 인원 | 급여일수 | 진료비 | 급여비 |
|---|---|---|---|---|---|
| A | 2019 | 3,226 | 73,731 | 72,352 | 56,559 |
| | 2020 | 3,138 | 74,167 | 73,407 | 57,379 |
| | 2021 | 3,151 | 78,278 | 79,783 | 62,217 |
| B | 2019 | 2,316 | 49,626 | 44,541 | 34,798 |
| | 2020 | 2,251 | 49,406 | 44,997 | 35,173 |
| | 2021 | 2,255 | 52,626 | 49,978 | 38,925 |
| C | 2019 | 1,101 | 19,818 | 19,386 | 14,963 |
| | 2020 | 1,066 | 19,684 | 19,447 | 15,005 |
| | 2021 | 1,064 | 20,864 | 21,276 | 16,318 |
| D | 2019 | 2,554 | 59,087 | 55,321 | 43,101 |
| | 2020 | 2,478 | 58,794 | 54,712 | 42,681 |
| | 2021 | 2,497 | 61,980 | 59,792 | 46,497 |
| E | 2019 | 3,226 | 65,255 | 66,231 | 51,392 |
| | 2020 | 3,143 | 67,960 | 66,690 | 51,760 |
| | 2021 | 3,158 | 69,192 | 72,336 | 55,818 |

<보고서>

'갑'국의 진료실 인원은 2019년부터 2021년까지 증감을 반복하였다. 다만, 2019년 대비 2021년에 진료실 인원의 변화율은 3% 미만에 그쳤다. 진료실 인원 당 진료비는 2019년부터 2021년까지 매년 200만 원 이상이었다.

급여일수는 2019년 대비 2021년에 증가하였으며, 증가율은 5% 이상이었다. 또한, 급여비는 2019년부터 2021년까지 매년 증가하였으며, 급여일수 당 급여비 또한 매년 증가하였다.

① A

② B

③ C

④ D

⑤ E

[18~19] 다음 <표>는 '갑'국의 2021 ~ 2022년 평생교육기관 현황에 관한 자료이다. 다음 물음에 답하시오.

<표 1> 2021년 평생교육기관 현황

(단위: 개, 명)

| 구분 | 기관 | 기관 | 학생 | 강사 | 직원 |
|---|---|---|---|---|---|
| 비형식 | 소계 | 4,493 | 20,677,731 | 64,460 | 19,795 |
| | 원격 | 1,042 | 18,457,610 | 14,719 | 6,090 |
| | 언론부설 | 1,134 | 223,109 | 4,598 | 3,239 |
| | 비형식 기타 | 2,317 | 1,997,012 | 45,143 | 10,466 |
| 준형식 | 소계 | 1,043 | 512,490 | 7,486 | 4,573 |
| | 특수 대학원 | 805 | 124,981 | 978 | 161 |
| | 방송통신학교 | 66 | 14,809 | 1,667 | 124 |
| | 준형식 기타 | 172 | 372,700 | 4,841 | 4,288 |

※ 평생교육기관은 원격, 언론부설, 비형식 기타, 특수대학원, 방송통신학교, 준형식 기타로만 구분됨.

<표 2> 2022년 평생교육기관 현황

(단위: 개, 명)

| 구분 | 기관 | 기관 | 학생 | 강사 | 직원 |
|---|---|---|---|---|---|
| 비형식 | 소계 | 4,869 | 20,438,180 | 67,381 | 21,758 |
| | 원격 | 1,204 | 17,843,120 | 17,299 | 7,337 |
| | 언론부설 | 1,343 | 332,405 | 5,163 | 3,739 |
| | 비형식 기타 | 2,322 | 2,262,655 | 44,919 | 10,682 |
| 준형식 | 소계 | 1,032 | 507,980 | 7,454 | 4,939 |
| | 특수 대학원 | 795 | 124,468 | 924 | 163 |
| | 방송통신학교 | 66 | 14,255 | 1,956 | 138 |
| | 준형식 기타 | 171 | 369,257 | 4,574 | 4,638 |

<표 3> 2022년 지역별 평생교육기관 수

(단위: 개)

| 구분 | 기관 | A | B | C | D | E |
|---|---|---|---|---|---|---|
| 비형식 | 소계 | 1,996 | 340 | 690 | 1,082 | 761 |
| | 원격 | 825 | 43 | 121 | 184 | 375 |
| | 언론부설 | 521 | 60 | 179 | 401 | 247 |
| | 비형식 기타 | 650 | 237 | 390 | 497 | 139 |
| 준형식 | 소계 | 315 | 130 | 180 | 156 | 251 |
| | 특수 대학원 | 262 | 72 | 60 | 122 | 220 |
| | 방송통신학교 | 11 | 14 | 15 | 8 | 9 |
| | 준형식 기타 | 42 | 44 | 34 | 26 | 22 |

18. 위 <표>에 대한 설명으로 옳지 않은 것은?

① 전체 평생교육기관에서 비형식 평생교육기관이 차지하는 비중은 2021년과 2022년에 모두 80% 이상이다.

② 2021년 비형식 평생교육기관 중에서 강사 당 학생 수가 많은 기관부터 나열하면, 원격, 언론부설, 비형식 기타 순이다.

③ 2022년 전체 평생교육기관에서 특수 대학원이 차지하는 비중이 20% 이상인 지역은 E뿐이다.

④ 2022년 모든 유형의 평생교육기관에서 직원은 전년 대비 증가한다.

⑤ 기관당 강사 수가 가장 많은 평생교육기관은 2021년과 2022년에 동일하다.

19. 위 <표>를 이용하여 작성한 자료로 <보기> 중 옳은 것만을 모두 고르면?

<보 기>

ㄱ. 2021년과 2022년의 평생교육기관별 강사 수

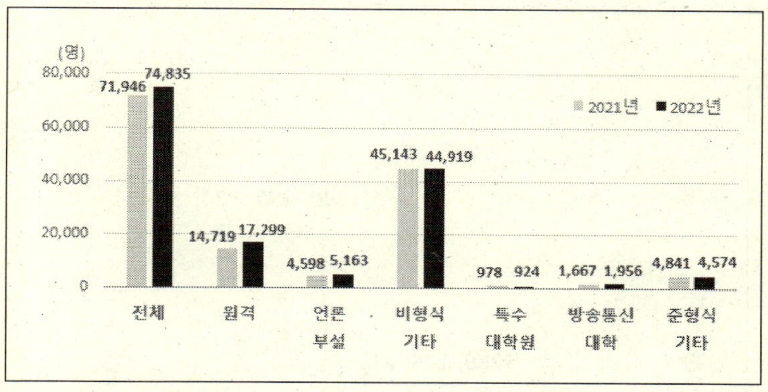


ㄴ. 2022년 지역별 평생교육기관 비중

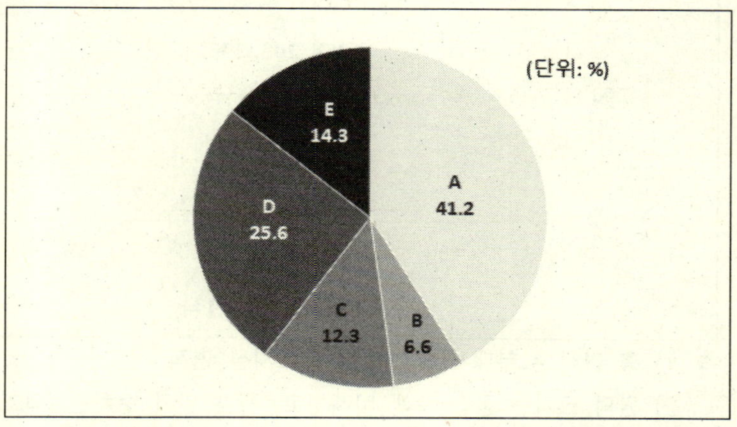


ㄷ. 2022년 지역별 비형식·준형식 평생교육기관 비중

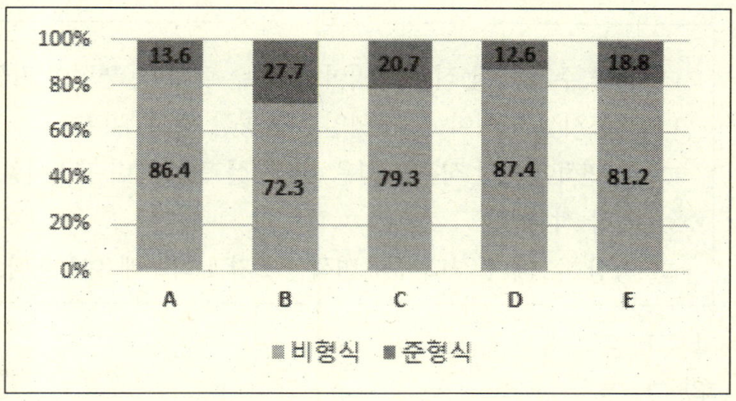


ㄹ. 2021년 비형식·준형식 평생교육기관별 학생 수 비중

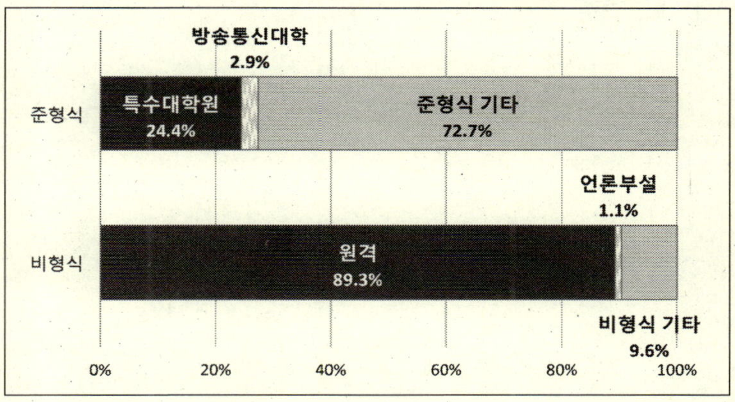


① ㄱ, ㄴ

② ㄱ, ㄷ

③ ㄱ, ㄹ

④ ㄴ, ㄷ

⑤ ㄴ, ㄹ

20. 다음 <그림>은 '갑'국 A ~ E 지역의 지역별 제조업 현황에 관한 자료이다. 이에 대한 <보기>의 설명 중 옳은 것만을 모두 고르면?

<그림> 지역별 제조업 시설 면적 및 공장 수

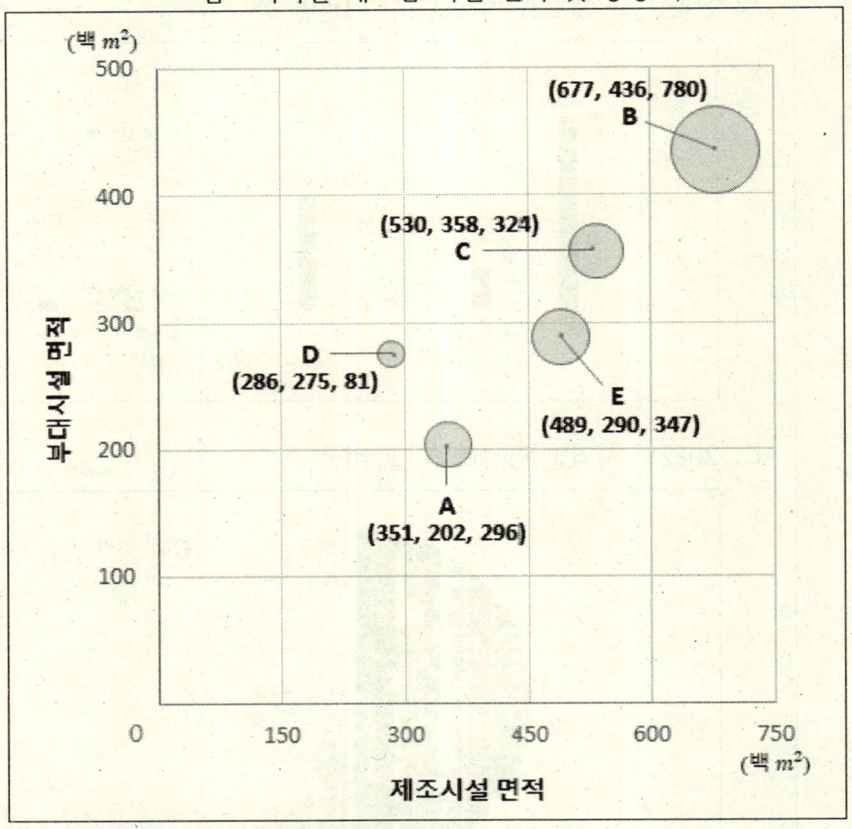


※ 1) 총 면적 = 부대시설 면적 + 제조지설 면적
2) 원의 크기는 공장 수에 비례하고, 괄호 안의 수치는 (제조시설 면적, 부대시설 면적, 공장 수)를 나타냄.

<보 기>

ㄱ. 공장 수가 가장 적은 지역이 공장 수 대비 총 면적이 가장 크다.
ㄴ. 제조시설 면적이 큰 지역일수록 공장 수도 많다.
ㄷ. 총 면적이 가장 작은 지역은 부대시설 면적 대비 제조시설 면적도 가장 작다.
ㄹ. 공장 수 대비 부대시설 면적은 D가 B의 5배 이상이다.

① ㄱ, ㄷ
② ㄱ, ㄹ
③ ㄴ, ㄷ
④ ㄴ, ㄹ
⑤ ㄱ, ㄷ, ㄹ

21. 다음 <표>는 2020 ~ 2021년 '갑'국의 바이오산업 분야별 수출 및 수입액에 관한 자료이다. 이에 대한 설명으로 옳지 않은 것은?

<표> 2020년과 2021년 바이오산업 분야별 수출 및 수입액

(단위: 천만 원)

| 구분 \ 분야 | 2020 | | 2021 | |
|---|---|---|---|---|
| | 수출액 | 수입액 | 수출액 | 수입액 |
| 의약 | 324,713 | 184,552 | 350,649 | 406,590 |
| 화학·에너지 | 32,400 | 20,223 | 36,030 | 28,958 |
| 식품 | 241,430 | 10,416 | 235,287 | 10,549 |
| 환경 | 11 | 16 | 6 | 14 |
| 의료기기 | 303,738 | 4,711 | 422,093 | 5,803 |
| 장비·기기 | 4,769 | 20,888 | 5,063 | 22,817 |
| 자원 | 1,179 | 1,991 | 1,132 | 1,930 |
| 서비스 | 96,875 | 248 | 138,722 | 259 |
| 합계 | 1,005,115 | 243,045 | 1,188,982 | 476,920 |

※ 1) 바이오산업 분야는 의약, 화학·에너지, 식품, 환경, 의료기기, 장비·기기, 자원, 서비스로만 구분됨.
2) 순수출액 = 수출액 - 수입액

① 2021년 전년 대비 수출액이 증가한 바이오 분야는 2021년 전년 대비 수입액도 증가한다.
② 전체 바이오 수출액에서 의약과 식품이 차지하는 비중은 2021년에 전년 대비 각각 감소한다.
③ 순수출액이 (+)값인 바이오 분야 수는 2020년이 2021년보다 많다.
④ 2021년 수입액의 전년 대비 증가율이 가장 큰 바이오 분야는 2021년 수출액의 전년 대비 증가율이 10% 미만이다.
⑤ 2021년 수출액의 전년 대비 증가율이 바이오 전체보다 큰 분야는 3개이다.

22. 다음 <표>와 <정보>는 2018년과 2021년 '갑'국의 부문별 및 에너지원별 보일러 에너지 사용량에 관한 자료이다. 이를 근거로 <보기>의 설명 중 옳은 것만을 모두 고르면?

<표> 부문별 및 에너지원별 보일러 에너지 사용량

(단위: 백 toe)

| 연도 | 부문 \ 에너지 | 연료 석탄 | 연료 석유 | 연료 가스 | 전력 | 합계 |
|---|---|---|---|---|---|---|
| 2018 | A | 49,927 | 25,511 | 47,271 | 381 | 123,090 |
| | B | 329,846 | 5,699 | 915 | 53 | 336,513 |
| | C | - | 217 | 5,768 | 3 | 5,988 |
| | D | - | 5 | 21 | 1 | 27 |
| | 합계 | 379,773 | 31,432 | 53,975 | 438 | 465,618 |
| 2021 | A | 53,470 | 20,186 | 53,482 | 440 | 127,578 |
| | B | 246,279 | 1,114 | 4,910 | 52 | 252,355 |
| | C | - | 167 | 5,086 | 2 | 5,255 |
| | D | - | 6 | 24 | - | 30 |
| | 합계 | 299,749 | 21,473 | 63,502 | 494 | 385,218 |

※ 보일러 에너지원은 석탄, 석유, 가스, 전력으로만 구분되며 부문은 A ~ D로만 구분됨.

<정 보>

○ A ~ D는 건물, 발전, 산업, 수송 중 하나이다.
○ 2018년 보일러 에너지로 모든 에너지원을 사용하는 부문은 산업, 발전이다.
○ 2018년 대비 2021년에 보일러 에너지 사용량이 증가하는 에너지원의 수가 가장 많은 부문은 산업이다.
○ 부문별 전체 보일러 에너지 사용량 중 가스가 차지하는 비중이 두 번째로 큰 부문은 2018년과 2021년에 수송으로 동일하다.

<보 기>

ㄱ. 전체 보일러 에너지 사용량에서 발전 부문이 차지하는 비중은 2018년 대비 2021년에 감소한다.
ㄴ. 2018년과 2021년에 가스 보일러 에너지 사용량은 건물 부문이 발전 부문보다 많다.
ㄷ. 2018년과 2021년에 산업 부문의 연료 보일러 에너지 사용량에서 가스가 차지하는 비중은 40% 이상이다.
ㄹ. 수송 부문의 보일러 에너지 사용량에서 가스가 차지하는 비중은 2018년 대비 2021년에 감소한다.

① ㄱ, ㄴ
② ㄱ, ㄷ
③ ㄱ, ㄹ
④ ㄴ, ㄷ
⑤ ㄴ, ㄹ

23. 다음 <표>는 2021 ~ 2022년 '갑'국의 대기업과 중소기업의 기업경기지수에 관한 자료이다. 이에 대한 설명으로 옳은 것은?

<표> 대기업과 중소기업의 기업경기지수

| 구분 \ 월 | | 2022년 11월 지수 | 2022년 11월 전년 동월 대비 증감 | 2022년 12월 지수 | 2022년 12월 전년 동월 대비 증감 |
|---|---|---|---|---|---|
| 대기업 (50개) | 매출 | 96 | -24 | 92 | -24 |
| | 수출 | 88 | -28 | 92 | -20 |
| | 내수판매 | 92 | -20 | 96 | -16 |
| | 생산 | 84 | -20 | 88 | -20 |
| 중소기업 (400개) | 매출 | 82 | -7 | 74 | -21 |
| | 수출 | 90 | -7 | 81 | -15 |
| | 내수판매 | 78 | -9 | 74 | -16 |
| | 생산 | 82 | -15 | 76 | -20 |

※ 1) 지수 = 100 + 대(중소)기업 중 '확대' 응답 업체 비중(%) - 대(중소)기업 중 '둔화' 응답 업체 비중(%)
2) 매월 기업은 매출, 수출, 내수판매, 생산 실적에 대해 확대 혹은 둔화로만 응답하며, 2021년 1월 이후 '갑'국의 기업경기지수 응답 업체는 변화 없음.

① 2022년 12월 매출 확대로 응답한 대기업은 24개이다.
② 2022년 11월 수출 둔화로 응답한 중소기업은 수출 확대로 응답한 대기업의 10배이다.
③ 2021년 12월 생산 둔화로 응답한 중소기업은 전월 대비 2개 감소한다.
④ 2021년 11월 수출과 내수판매 모두 확대라 응답한 대기업은 최소 6개이다.
⑤ 2022년 12월 매출 둔화라 응답한 중소기업은 전월 대비 10% 이상 증가한다.

24. 위 <표>를 이용하여 작성한 자료로 <보기> 중 옳은 것만을 모두 고르면?

<표 1> 직능별 공무원 수

(단위: 명)

| 직능 \ 연도 | 2015 | 2016 | 2017 | 2018 | 2019 |
|---|---|---|---|---|---|
| 정무직 | 227 | 237 | 238 | 248 | 241 |
| 별정직 | 687 | 460 | 530 | 607 | 608 |
| 특정직 | 40,589 | 45,903 | 48,807 | 49,389 | 54,304 |
| 고위공무원직 | 36 | 40 | 38 | 37 | 39 |
| 일반직 | 235,780 | 250,080 | 252,541 | 258,841 | 266,913 |
| 전체 | 277,319 | 296,720 | 302,154 | 309,122 | 322,105 |

※ 직능별 공무원은 정무직, 별정직, 특정직, 고위공무원직, 일반직으로만 구분됨.

<표 2> 일반직 1 ~ 9급 공무원 수

(단위: 명)

| 직급 \ 연도 | 2015 | 2016 | 2017 | 2018 | 2019 |
|---|---|---|---|---|---|
| 1급 | 14 | 5 | 5 | 10 | 8 |
| 2급 | 80 | 74 | 75 | 71 | 81 |
| 3급 | 375 | 389 | 391 | 403 | 398 |
| 4급 | 2,810 | 2,830 | 2,849 | 2,908 | 3,030 |
| 5급 | 16,265 | 16,989 | 17,098 | 17,636 | 18,284 |
| 6급 | 58,338 | 74,280 | 75,129 | 76,511 | 79,924 |
| 7급 | 72,951 | 84,405 | 83,321 | 82,913 | 81,892 |
| 8급 | 55,926 | 40,829 | 41,655 | 44,260 | 45,173 |
| 9급 | 29,021 | 30,279 | 32,018 | 34,129 | 38,123 |
| 합계 | 235,780 | 250,080 | 252,541 | 258,841 | 266,913 |

<보 기>

ㄱ. 연도별 전체 및 일반직 공무원 수

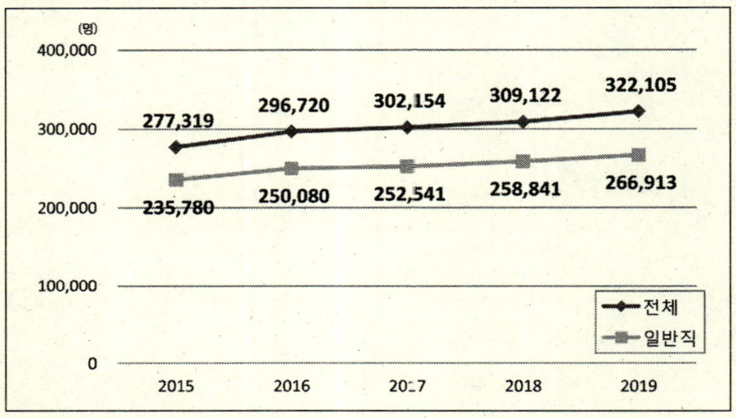


ㄴ. 2018년 일반직 1~9급 공무원 직급별 비중

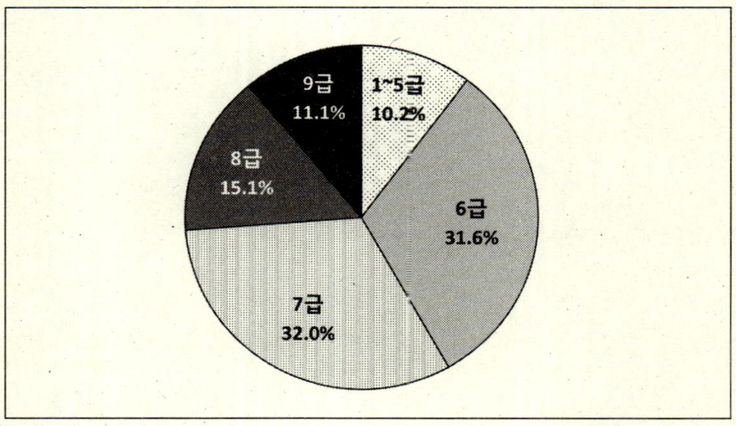


ㄷ. 연도별 전년 대비 정무직, 별정직, 고위공무원직 수 변화

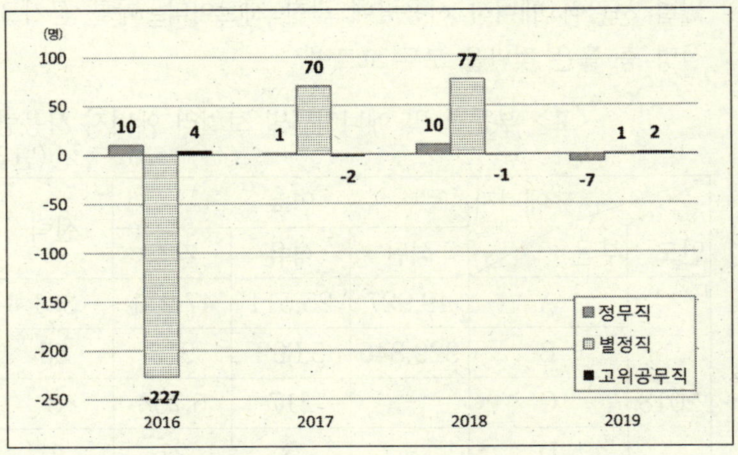


ㄹ. 2016년 일반직 1~5급의 전년 대비 증가율

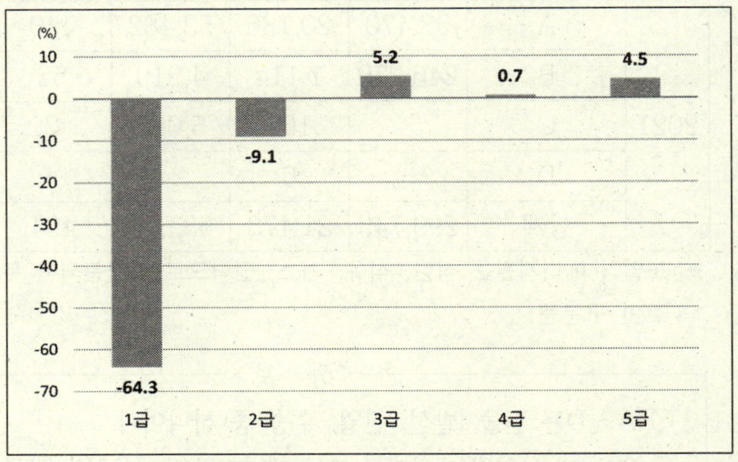


① ㄱ, ㄷ
② ㄴ, ㄷ
③ ㄴ, ㄹ
④ ㄱ, ㄴ, ㄷ
⑤ ㄱ, ㄷ, ㄹ

25. 다음 <표>는 2021년 '갑'국의 한의약산업 현황에 관한 자료이다. 이에 대한 <보기>의 설명 중 옳은 것만을 모두 고르면?

<표> 한의약산업 매출규모별 업체 수 및 종사자 수

(단위: 명, 개)

| 구분 / 매출규모 | 업체 수 | 종사자 수 | | |
|---|---|---|---|---|
| | | 남자 | 여자 | 합계 |
| 계 | 28,797 | 43,354 | 73,628 | 116,982 |
| 5천만 원 미만 | 10,250 | 7,630 | 6,570 | 14,200 |
| 5천만 원 이상 1억 원 미만 | 2,911 | 2,893 | 2,607 | 5,500 |
| 1억 원 이상 5억 원 미만 | 11,637 | 12,674 | 30,087 | 42,761 |
| 5억 원 이상 10억 원 미만 | 2,630 | 4,611 | 11,261 | 15,872 |
| 10억 원 이상 | 1,369 | 15,546 | 23,103 | 38,649 |

<보 기>

ㄱ. 매출규모가 클수록 전체 종사자에서 남자가 차지하는 비중이 작다.
ㄴ. 2021년 한의약산업 매출액의 합은 최소 3.8조원 이상이다.
ㄷ. 매출규모가 클수록 업체 당 종사자 수가 많다.

① ㄱ
② ㄴ
③ ㄷ
④ ㄱ, ㄷ
⑤ ㄴ, ㄷ

26. 다음 <표>는 2016년과 2021년 6대 광역시의 청소비용 및 수입에 관한 자료이다. 이에 대한 <보기>의 설명 중 옳은 것만을 모두 고르면?

<표> 2016년과 2021년 6대 광역시 청소비용 및 수입

(단위: 백만 원)

| 연도 / 구분 / 지역 | 2016 | | 2021 | |
|---|---|---|---|---|
| | 수집운반 처리비 | 종량제봉투 판매수입 | 수집운반 처리비 | 종량제봉투 판매수입 |
| 부산광역시 | 102,345 | (　　) | 132,562 | 67,045 |
| 대구광역시 | 74,754 | 34,486 | 101,038 | 45,292 |
| 인천광역시 | 88,541 | 43,699 | 154,307 | 63,511 |
| 광주광역시 | 54,577 | 25,204 | (　　) | 34,539 |
| 대전광역시 | 70,382 | 28,885 | 66,235 | 34,024 |
| 울산광역시 | 34,440 | 20,832 | 41,774 | 26,858 |
| 합계 | 425,039 | 213,150 | 555,208 | 271,269 |

※ 주민부담률(%) = $\frac{\text{종량제봉투 판매수입}}{\text{수집운반처리비}} \times 100$

<보 기>

ㄱ. 2016년 대비 2021년 수집운반처리비의 증가율이 가장 큰 광역시는 종량제봉투 판매수입의 증가율도 가장 크다.
ㄴ. 2021년 주민부담률이 6대 광역시 합계보다 큰 광역시는 5개이다.
ㄷ. 2016년 대비 2021년 주민부담률이 상승하는 광역시는 3개이다.
ㄹ. 6대 광역시 종량제봉투 판매수입 합계에서 지역별 종량제봉투 판매수입이 차지하는 비중이 25% 이상인 광역시는 2016년과 2021년에 동일하다.

① ㄱ, ㄴ
② ㄱ, ㄷ
③ ㄱ, ㄹ
④ ㄴ, ㄷ
⑤ ㄴ, ㄹ

27. 다음 <표>는 대전광역시의 행정구역별 지방세 및 기타 행정 정보에 관한 자료이다. 이에 대한 설명으로 옳지 않은 것은?

<표> 대전시 행정구역별 지방세 및 행정 정보

(단위: 백만 원, 백 명, 백 세대, %)

| 구분<br>행정구역 | 지방세 | 인구 수 | 세대 수 | 재정자립도 |
|---|---|---|---|---|
| 대전시본청 | (　　) | - | - | - |
| 동구 | 125,946 | (　　) | 1,040 | 10.8 |
| 중구 | 157,958 | 2,404 | 1,063 | 12.4 |
| 서구 | 392,154 | 4,812 | 2,037 | 17.6 |
| 유성구 | 448,648 | 3,493 | 1,453 | 27.6 |
| 대덕구 | 157,780 | 1,770 | (　　) | 15.0 |
| 전체 | 1,991,013 | 14,746 | 6,351 | 43.9 |

※ 대전광역시 행정구역은 동구, 중구, 서구, 유성구, 대덕구로만 구분되며, 지방세에 대해서만 대전시본청이 구분되어 징수함.

① 대전시본청의 지방세는 대덕구 지방세의 4배 이상이다.
② 재정자립도가 가장 낮은 행정구역은 인구가 두 번째로 적다.
③ 세대 수가 대전광역시 전체에서 차지하는 비중이 20% 이상인 행정구역은 지방세가 대전광역시 전체에서 차지하는 비중도 20% 이상이다.
④ 1인당 지방세가 80만 원 미만인 행정구역은 2개이다.
⑤ 1세대 당 지방세가 두 번째로 높은 행정구역은 세대수가 가장 적다.

28. 다음 <표>는 '갑'사 직원(A ~ I) 및 직급별 연봉에 관한 자료이다. 이에 대한 <보기>의 설명 중 옳은 것만을 모두 고르면?

<표 1> '갑'사 직원 A ~ I의 연봉

(단위: 만 원)

| 직원 | 연봉 |
|---|---|
| C | 3,300 |
| F | 5,500 |
| H | 8,000 |
| A ~ I 합계 | 43,000 |

※ '갑'사의 직원은 A ~ I로 9명이 있으며, 사원 2명, 주임 1명, 대리 2명, 과장 2명, 차장 1명, 부장 1명으로 구성됨.

<표 2> '갑'사 직급별 연봉

(단위: 만 원)

| 구분 | 평균 연봉 |
|---|---|
| 사원 | 3,000 |
| 대리 이하 직급 | 3,500 |

※ 1) '평균 연봉'은 해당 임직원 연봉의 합을 해당 임직원 수로 나눈 값임.
2) 직급을 높은 것부터 순서대로 나열하면 부장, 차장, 과장, 대리, 주임, 사원이며 직급이 같으면 연봉도 같으며 직급이 높을수록 연봉도 높음.

<보 기>

ㄱ. 주임에서 대리로 진급할 때의 연봉 상승률은 25% 미만이다.
ㄴ. F의 직급은 과장이고 H의 직급은 부장이다.
ㄷ. 과장과 대리의 연봉 차이가 차장과 부장의 연봉 차이보다 크다.

① ㄱ　② ㄷ
③ ㄱ, ㄴ　④ ㄴ, ㄷ
⑤ ㄱ, ㄴ, ㄷ

29. 다음 <표>는 2018 ~ 2022년 '갑'국의 용도별 및 소유구분별 건축물 현황에 관한 자료이다. 이에 대한 <보기>의 설명 중 옳은 것만을 모두 고르면?

<표 1> 용도별 건축물 현황

(단위: 동)

| 용도<br>연도 | 주거용 | 상업용 | 공업용 | 사회용 | 기타 |
|---|---|---|---|---|---|
| 2018 | 454,821 | 126,950 | 2,681 | 16,285 | 3,988 |
| 2019 | 449,972 | 126,707 | 2,600 | 16,377 | 3,949 |
| 2020 | (　　) | 126,365 | 2,522 | 16,346 | 4,161 |
| 2021 | 435,702 | (　　) | 2,441 | 16,209 | 4,353 |
| 2022 | 430,608 | (　　) | 2,314 | 16,913 | 3,805 |

※ 건축물의 용도는 주거용, 상업용, 공업용, 사회용, 기타로만 구분됨.

<표 2> 소유구분별 건축물 현황

(단위: 동)

| 용도<br>연도 | 국공유 | 개인 | 법인 | 기타 | 합계 |
|---|---|---|---|---|---|
| 2018 | 11,813 | 414,114 | 25,520 | 153,278 | 604,725 |
| 2019 | 11,995 | 406,536 | 27,026 | 154,048 | 599,605 |
| 2020 | 11,920 | 397,403 | (　　) | 155,642 | 593,194 |
| 2021 | 12,170 | (　　) | 29,156 | 156,460 | 585,636 |
| 2022 | 12,319 | (　　) | 28,906 | 156,882 | 581,157 |

※ 건축물의 소유는 국공유, 개인, 법인, 기타로만 구분됨.

<보 기>

ㄱ. 상업용 건축물은 매년 감소한다.
ㄴ. 개인 소유의 주거용 건축물은 매년 24만 동 이상이다.
ㄷ. 전체 건축물에서 법인 소유 건축물이 차지하는 비중은 매년 5% 미만이다.
ㄹ. 전체 건축물에서 사회용 건축물이 차지하는 비중은 2022년에 가장 높다.

① ㄱ, ㄴ
② ㄱ, ㄷ
③ ㄴ, ㄷ
④ ㄴ, ㄹ
⑤ ㄷ, ㄹ

30. 다음 <표>는 2015 ~ 2019년 '갑'국의 119 출동 및 구조 현황에 관한 자료이다. <표>를 이용하여 작성한 그래프로 옳지 않은 것은?

<표> 119 출동 및 구조 현황

(단위: 건, 명)

| 구분 \ 연도 | | 2015 | 2016 | 2017 | 2018 | 2019 |
|---|---|---|---|---|---|---|
| 출동건수 | | 631,653 | 759,581 | 802,410 | 837,967 | 899,562 |
| 구조건수 | | 478,654 | 609,913 | 653,815 | 664,658 | 725,237 |
| 사고종별 구조인원 | 합계 | 120,633 | 134,804 | 115,191 | 101,959 | 100,300 |
| | 화재 | 3,725 | 4,022 | 2,958 | 3,123 | 2,670 |
| | 교통 | 26,287 | 26,941 | 22,864 | 19,977 | 18,008 |
| | 수난 | 3,185 | 3,318 | 3,187 | 2,819 | 3,232 |
| | 기계 | 1,536 | 1,396 | 1,277 | 985 | 1,103 |
| | 승강기 | 21,911 | 26,118 | 28,537 | 29,441 | 25,926 |
| | 산악 | 8,679 | 7,582 | 7,208 | 6,429 | 6,456 |
| | 갇힘 | 10,662 | 17,099 | 13,688 | 11,203 | 10,753 |
| | 기타 | 44,648 | 48,328 | 35,472 | 27,982 | 32,152 |

① 연도별 출동건수 및 구조건수

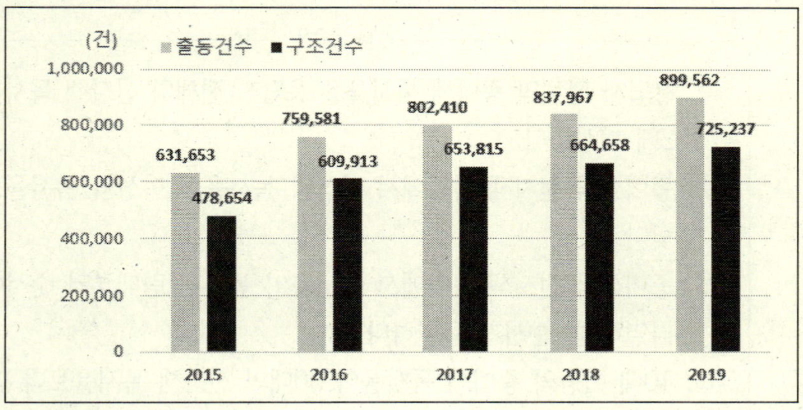


② 2018년 사고종별 구조인원 구성비

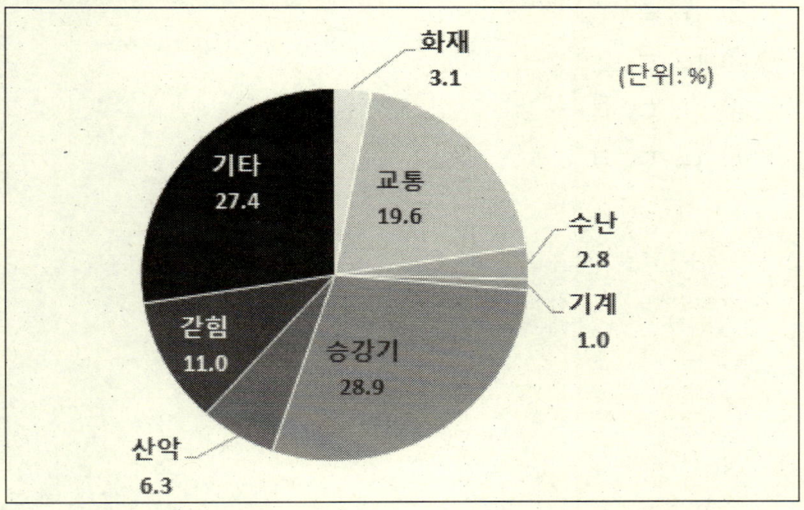


③ 연도별 구조인원 중 승강기 사고 구조인원의 비중

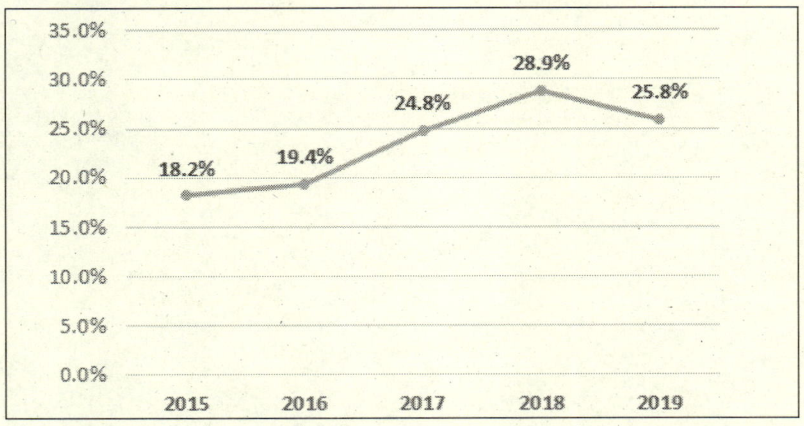


④ 연도별 구조건수 당 구조인원

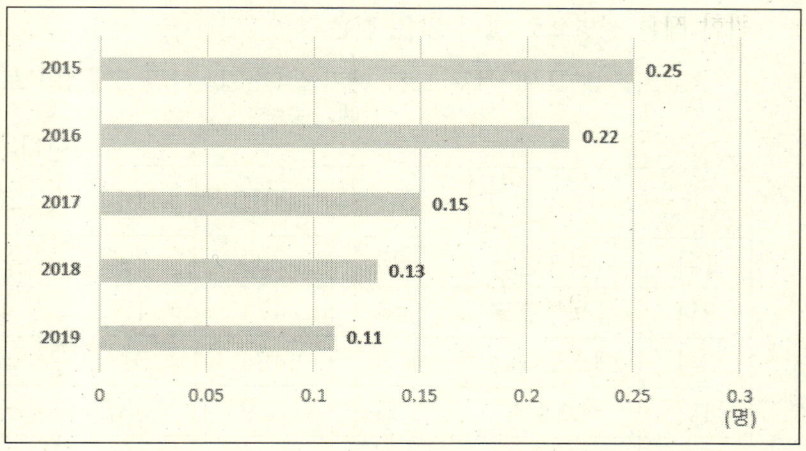


⑤ 연도별 구조건수의 전년 대비 증가율

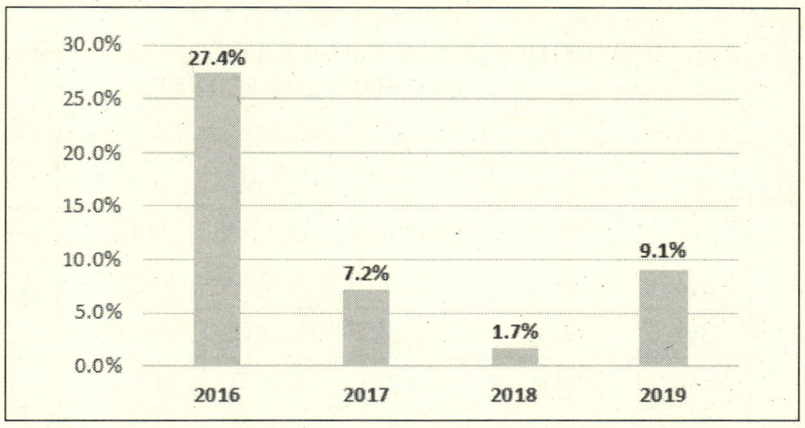

31. 다음 <표>는 2015~2018년 OECD 도시 폐기물에 관한 자료이다. 이에 대한 설명으로 옳지 않은 것은?

<표 1> 2018년 기준 도시 폐기물 OECD 하위 5개국의 도시 폐기물량

(단위: 천 톤)

| 국가 \ 연도 | | 2015 | 2016 | 2017 | 2018 |
|---|---|---|---|---|---|
| 1위 | 아이슬란드 | 195 | 220 | 225 | 247 |
| 2위 | 룩셈부르크 | 346 | 474 | 476 | 488 |
| 3위 | 에스토니아 | 473 | 494 | 514 | 535 |
| 4위 | 키프로스 | 525 | 539 | 537 | 562 |
| 5위 | 라트비아 | 798 | 802 | 798 | 785 |
| 하위 5개국 합계 | | 2,337 | 2,529 | 2,550 | 2,617 |

<표 2> 2018년 기준 도시 폐기물 OECD 상위 10개국 및 OECD 전체 도시 폐기물량

(단위: 천 톤)

| 국가 \ 연도 | | 2015 | 2016 | 2017 | 2018 |
|---|---|---|---|---|---|
| 1위 | 미국 | 237,782 | 243,225 | 243,724 | 265,225 |
| 2위 | 중국 | 191,419 | 203,620 | 215,209 | 235,711 |
| 3위 | 독일 | 51,625 | 52,133 | 51,790 | 50,260 |
| 4위 | 일본 | 43,981 | 43,170 | 42,894 | 42,727 |
| 5위 | 프랑스 | 34,344 | 35,356 | 35,817 | 35,889 |
| 6위 | 튀르키예 | 31,283 | 33,763 | 34,173 | 34,533 |
| 7위 | 영국 | 31,475 | 31,710 | 30,912 | 30,786 |
| 8위 | 이탈리아 | 29,524 | 30,112 | 29,572 | 30,165 |
| 9위 | 스페인 | 21,158 | 21,542 | 22,018 | 22,229 |
| 10위 | 대한민국 | 18,705 | 19,627 | 19,524 | 20,453 |
| 상위 10개국 합계 | | 691,296 | 714,258 | 725,633 | 767,978 |
| OECD 전체 | | 807,922 | 834,895 | 848,886 | 894,708 |

① 2018년 기준 도시 폐기물 OECD 하위 3개국은 매년 도시 폐기물량이 증가한다.

② OECD 전체 도시 폐기물량 중 미국의 도시 폐기물이 차지하는 비중은 매년 감소한다.

③ 2015년에 2015년 기준 도시 폐기물 OECD 상위 10개국의 폐기물이 OECD 전체 도시 폐기물량에서 차지하는 비중은 85% 이상이다.

④ 2018년 기준 도시 폐기물 OECD 상위 5개국의 도시 폐기물량은 매년 OECD 전체 도시 폐기물량의 50% 이상이다.

⑤ 2016년부터 2018년까지 도시 폐기물량의 전년 대비 증가율은 매년 중국이 대한민국보다 크다.

32. 다음 <표>는 '갑'국 성인의 도서형태별 독서 현황에 관한 설문조사 자료이다. 이에 대한 <보기>의 설명 중 옳은 것만을 모두 고르면?

<표> 성인의 도서형태별 독서 현황

(단위: 명)

| 구분 \ 도서형태 | | 응답자 수 | 종이책 | | 전자책 | |
|---|---|---|---|---|---|---|
| | | | 읽음 | 안 읽음 | 읽음 | 안 읽음 |
| 전체 | | 6,000 | 2,443 | 3,557 | 1,139 | 4,861 |
| 성별 | 남 | 2,991 | 1,208 | 1,783 | 601 | 2,390 |
| | 여 | 3,009 | 1,235 | 1,774 | 538 | 2,471 |
| 연령별 | 20대 | 1,016 | 613 | 403 | 513 | 503 |
| | 30대 | 964 | 542 | 422 | 370 | 594 |
| | 40대 | 1,123 | 500 | 623 | 155 | 968 |
| | 50대 | 1,173 | 398 | 775 | 61 | 1,112 |
| | 60대 이상 | 1,724 | 390 | 1,334 | 40 | 1,684 |

※ 1) 응답자는 종이책과 전자책에 대해 각각 읽음 혹은 안 읽음으로 응답하였음.

2) 독서율(%) $= \frac{\text{'읽음' 응답자 수}}{\text{'읽음' 응답자 수} + \text{'안 읽음' 응답자 수}} \times 100$

<보 기>

ㄱ. 응답자 전체의 종이책 독서율은 응답자 전체의 전자책 독서율의 2배 이상이다.

ㄴ. 종이책과 전자책 각각에서 남성의 독서율이 여성의 독서율보다 낮다.

ㄷ. 종이책과 전자책 각각에서 독서율이 높은 연령대부터 순서대로 나열하면, 순서가 동일하다.

ㄹ. 40대 이상의 종이책 독서율이 30대의 전자책 독서율보다 낮다.

① ㄱ, ㄴ

② ㄱ, ㄹ

③ ㄴ, ㄷ

④ ㄱ, ㄷ, ㄹ

⑤ ㄴ, ㄷ, ㄹ

[33~34] 다음 <표>는 '갑'~'무'의 국어, 영어, 수학, 사회 성적에 관한 자료이다. 다음 물음에 답하시오.

<표> 2022년 1학기 '갑'~'무'의 성적

(단위: 점)

| | 국어 | 영어 | 수학 | 사회 | 평균 |
|---|---|---|---|---|---|
| 갑 | 88 | 92 | 82 | ( ) | 89.25 |
| 을 | 91 | ( ) | 75 | 88 | 85.5 |
| 병 | 82 | 85 | ( ) | 96 | 90.25 |
| 정 | ( ) | ( ) | 87 | ( ) | 87 |
| 무 | ( ) | 82 | 87 | ( ) | 88.75 |
| 평균 | ( ) | ( ) | 85 | 92.2 | - |
| 최솟값 | 80 | ( ) | ( ) | ( ) | - |
| 최댓값 | 92 | 93 | 98 | ( ) | - |

※ 국어, 영어, 수학, 사회 성적은 최소 0점부터 최대 100점까지 가능함.

33. 위 <표>에 근거하여 평균이 두 번째로 높은 과목, 최솟값이 두 번째로 낮은 과목, 최댓값이 가장 높은 과목을 순서대로 바르게 나열한 것은?

① 영어, 국어, 사회
② 영어, 국어, 수학
③ 영어, 영어, 사회
④ 국어, 영어, 사회
⑤ 국어, 수학, 수학

34. 위 <표>와 <순위산정방식>을 이용하여 순위를 산정할 때, <보기>의 설명 중 옳은 것만을 모두 고르면?

<순위산정방식>

○ A방식 : 국어, 영어, 수학의 평균이 높은 학생부터 순서대로 1위, 2위, 3위, 4위, 5위로 하되, 평균이 동일한 경우 영어 성적이 높은 학생을 높은 순위로 함.

○ B방식 : 과목별 최댓값에 해당하는 학생에게는 4점, 최솟값에 해당하는 학생에게는 1점, 최댓값과 최솟값에 해당하지는 않고 과목별 평균 이상인 학생에게는 3점, 과목별 평균 미만인 학생에게는 2점을 부여함. 이후 4과목에 부여된 점수의 합이 높은 학생부터 순서대로 1위, 2위, 3위, 4위, 5위로 하되, 점수의 합이 동일한 경우 수학 성적이 높은 학생을 높은 순위로 함.

<보 기>

ㄱ. '병'의 순위는 어떠한 방식에 의하더라도 1위이다.
ㄴ. B방식으로 산정할 때, 과목별로 '갑'~'무'에게 부여된 점수의 합은 동일하다.
ㄷ. A방식과 B방식으로 산정한 순위가 다른 학생은 두 명이다.
ㄹ. '갑'의 국어 성적이 91점이 될 경우, '갑'의 순위는 어떠한 방식에 의하더라도 1위이다.

① ㄱ, ㄴ
② ㄱ, ㄷ
③ ㄴ, ㄷ
④ ㄴ, ㄹ
⑤ ㄷ, ㄹ

35. 다음 <표>는 2019~2021년 '갑'국의 비금융법인과 금융법인의 자산 및 부채에 관한 자료이다. 이에 대한 설명으로 옳지 않은 것은?

<표> 비금융법인과 금융법인의 자산 및 부채

(단위: 천억 원)

| 구분 | | 연도 2019 | 2020 | 2021 |
|---|---|---|---|---|
| 비금융법인 | 비금융자산 | 49,624 | 52,754 | 57,757 |
| | 생산 | 35,901 | 37,523 | 41,105 |
| | 비생산 | 13,723 | 15,231 | 16,652 |
| | 금융자산 | 27,997 | 31,669 | 35,863 |
| | 금융부채 | 52,354 | 61,338 | 66,861 |
| 금융법인 | 비금융자산 | 1,871 | 1,999 | 2,203 |
| | 생산 | 1,104 | 1,155 | 1,276 |
| | 비생산 | 767 | 844 | 927 |
| | 금융자산 | 86,398 | 95,004 | 103,485 |
| | 금융부채 | 84,593 | 92,824 | 100,803 |

※ 1) 자산 = 비금융자산 + 금융자산
2) 순자산 = 자산 - 금융부채

① 비금융법인 순자산은 매년 금융법인 순자산의 5배 이상이다.
② 금융법인의 비금융자산에서 비금융생산자산이 차지하는 비중은 2019년에 가장 높다.
③ 2020년 이후 전년 대비 비금융법인의 금융자산 증가율은 전년 대비 금융법인의 금융자산 증가율보다 매년 높다.
④ 2020년 이후 전년 대비 순자산의 증가율이 가장 높은 해는 비금융법인과 금융법인이 동일하다.
⑤ 2020년 이후 전년 대비 금융법인의 자산 증가폭이 전년 대비 비금융법인의 자산 증가폭보다 매년 크다.

36. 다음 <보고서>는 2014 ~ 2019년 인구통계를 분석한 자료이다. <보고서>의 내용과 부합하지 않는 자료는?

<보고서>

2019년 총 인구는 5,184만 명 이상으로 2014년 대비 1% 이상 증가하였다. 또한 2015년 이후 매년 전년 대비 인구가 증가하였다. 한편, 2014년에는 남자가 여자보다 1만 명 이상 많았으나 2015년부터 여자가 남자를 초과하였으며 2019년에는 여자가 남자보다 10만 명 이상 많았다.

인구를 연령별로 살펴보면, 생산가능인구는 2014년부터 2016년까지 매년 증가하다가 2017년 이후 매년 감소하였다. 2016년 대비 2019년 생산가능인구의 감소율이 1.1% 이상으로 나타났다. 다만, 2014년부터 매년 생산가능인구가 차지하는 비중은 전체의 70% 이상으로 유지되었다. 한편, 2016년에 고령인구가 유소년인구를 초과하였으며 2019년에는 고령인구가 유소년인구보다 156만 명 이상 많은 것으로 나타났다.

인구를 지역별로 살펴보면, 서울의 인구는 2015년에는 1,000만 명 이상이었으나, 2016년부터 1,000만 명 미만으로 이후 매년 감소하였다. 반면, 경기 인구는 2015년 1,252만 명으로 이후 매년 증가하였다. 6대 광역시의 인구는 2015년부터 2017년까지 1,300만 명 이상이었으나, 2018년부터는 1,300만 명 미만으로 감소하였다.

출생자 수는 2015년부터 2019년까지 매년 감소하였으며, 이 중 전년 대비 감소율이 가장 큰 해는 2017년으로 10% 이상 감소하였다. 또한, 2015년 대비 2019년에 출생자 수는 25% 이상 감소하였다. 사망자 수는 2015년부터 2018년까지 매년 증가하다가 2019년 감소하였으며, 사망률은 매년 0.5% 이상이었다. 또한 사망자 중 남자가 여자보다 매년 2만 명 이상 많았다.

① 2014 ~ 2019년 성별 인구 수

(단위: 명)

| 구분 | 남자 | 여자 | 합계 |
|---|---|---|---|
| 2014 | 25,669,296 | 25,658,620 | 51,327,916 |
| 2015 | 25,758,186 | 25,771,152 | 51,529,338 |
| 2016 | 25,827,594 | 25,868,622 | 51,696,216 |
| 2017 | 25,855,919 | 25,922,625 | 51,778,544 |
| 2018 | 25,866,129 | 25,959,930 | 51,826,059 |
| 2019 | 25,864,816 | 25,985,045 | 51,849,861 |

② 2014 ~ 2019년 연령별 인구 수

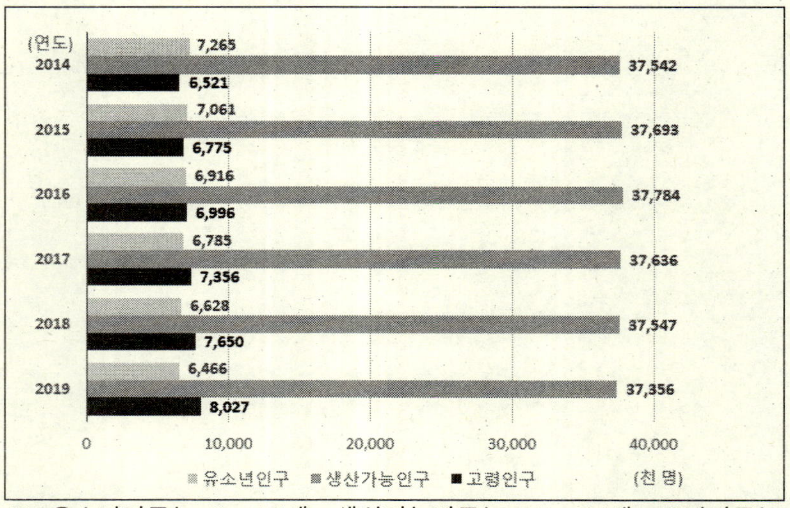


※ 유소년인구는 0 ~ 14세, 생산가능인구는 15 ~ 64세, 고령인구는 65세 이상을 의미함.

③ 2015 ~ 2019년 지역별 인구 수

(단위: 천 명)

| 구분 | 2015 | 2016 | 2017 | 2018 | 2019 |
|---|---|---|---|---|---|
| 서울 | 10,022 | 9,931 | 9,857 | 9,766 | 9,730 |
| 경기 | 12,522 | 12,717 | 12,874 | 13,077 | 13,240 |
| 6대 광역시 | 13,092 | 13,082 | 13,026 | 12,963 | 12,888 |

④ 2015 ~ 2019년 성별 출생자 수

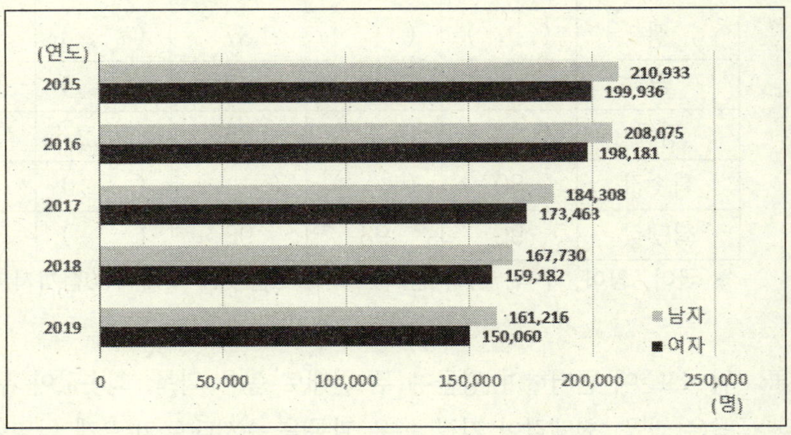


⑤ 2015 ~ 2019년 사망자 수 및 사망률

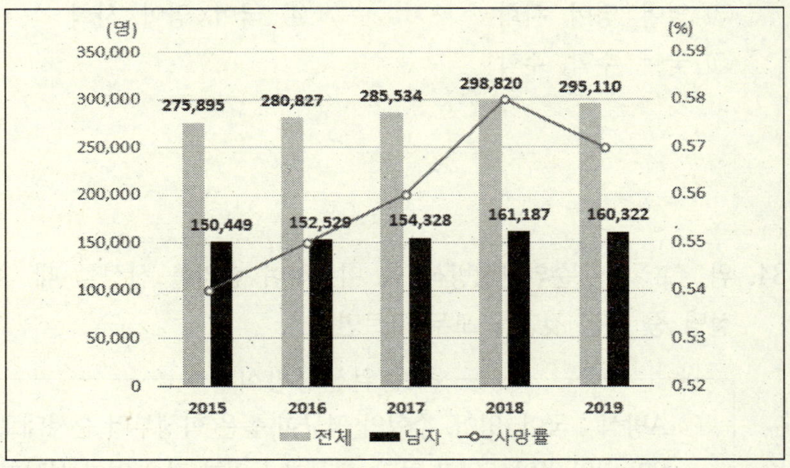

37. 다음 <표>와 <설명>은 2020년과 2021년 A ~ E지역의 전입 및 전출에 관한 자료이다. 이에 근거하여 A ~ E지역 중 2020년 1월 1일 0시 대비 2021년 1월 1일 0시에 인구 변화분이 가장 큰 지역과 가장 작은 지역을 바르게 연결한 것은?

<표> 2020년 인구 전입·전출

(단위: %)

| 전출 \ 전입 | A | B | C | D | E |
|---|---|---|---|---|---|
| A | 70 | 10 | 15 | 5 | 0 |
| B | 5 | 76 | 5 | 8 | 6 |
| C | 20 | (　　) | 60 | 0 | 5 |
| D | 10 | 6 | 0 | 74 | 10 |
| E | 5 | 11 | (　　) | 8 | 66 |

※ 1) 전입·전출은 A ~ E지역 간에서만 이루어지며, 인구는 매년 1월 1일 0시를 기준으로 함. 예를 들어 <표>에서 '11'은 2020년 1월 1일 0시 기준 E지역 인구의 11%가 B지역으로 이동함을 의미함.
2) 연도별 인구 전입·전출은 매년 1월 1일부터 12월 31일까지 발생하며, 동일인의 전입·전출은 최대 1회만 가능함.
3) 인구 변화는 전입·전출에 의해서만 가능함.

<설　명>

○ 2020년 1월 1일 0시 기준 A ~ E지역 인구의 합은 11,000명이고 인구가 가장 많은 지역은 3,000명인 E이다.
○ 2020년 E지역에서 C지역으로 이동한 인구는 2020년 C에서 B로 이동한 인구, A에서 C로 이동한 인구와 동일하다.
○ 2021년 1월 1일 0시 기준 A의 인구는 2,275명이다.

| | 가장 큰 지역 | 가장 작은 지역 |
|---|---|---|
| ① | B | C |
| ② | B | D |
| ③ | A | D |
| ④ | E | C |
| ⑤ | E | D |

38. 다음 <표>는 2000 ~ 2020년 세계 테니스 대회 결과에 관한 자료이다. <표>와 <테니스대회방식>에 근거하여 선수 '갑' ~ '무' 중 2000 ~ 2020년 테니스 대회에서 받은 상금의 합이 가장 큰 선수는?

<표> 2000 ~ 2020년 세계 테니스 대회 결과

(단위: 회)

| 구분 \ 선수 | 갑 | 을 | 병 | 정 | 무 |
|---|---|---|---|---|---|
| 우승 횟수 | 5 | 6 | 2 | 3 | 5 |
| 결승 진출 횟수 | 7 | 9 | 2 | 11 | 10 |
| 준결승 진출 횟수 | 13 | 15 | 11 | 12 | 17 |

<테니스대회방식>

○ 경기는 토너먼트로 진행되며 준결승에서 승리한 선수만 결승에 진출한다.
○ 결승에서 승리한 선수가 우승자가 되고, 패배한 선수가 준우승자가 된다.
○ 우승자는 220만 달러의 상금을, 준우승자는 150만 달러의 상금을 받으며, 준결승에 진출하였으나 패배한 선수는 30만 달러의 상금을 받는다.

① 갑
② 을
③ 병
④ 정
⑤ 무

39. 다음 <표>는 '갑'국의 다리(A~I)에 관한 자료이다. 이에 대한 <보기>의 설명 중 옳은 것만을 모두 고르면?

<표> 지하철 노선 현황

(단위: m)

| 구분 \ 다리 | 길이 | 폭 | 종류 | 준공연도 |
|---|---|---|---|---|
| A | 2,765 | 24.3 | 현수교 | 2013 |
| B | 7,224 | 11.5 | 사장교 | 2019 |
| C | 7,420 | 25 | 현수교 | 2003 |
| D | 3,368 | 28.7 | 사장교 | 2014 |
| E | 5,926 | 56.4 | 현수교 | 2000 |
| F | 7,310 | 15.7 | 사장교 | 2000 |
| G | 5,052 | 25.5 | 현수교 | 2010 |
| H | 3,060 | 14 | 사장교 | 2013 |
| I | 11,856 | 33.4 | 사장교 | 2009 |

<보 기>

ㄱ. 폭 대비 길이가 가장 긴 다리는 폭이 가장 좁다.

ㄴ. 사장교인 다리는 준공연도가 빠를수록 폭도 넓다.

ㄷ. 사장교 중 길이가 가장 긴 다리의 폭은 현수교 중 길이가 가장 긴 다리의 폭보다 1.3배 이상 넓다.

ㄹ. A보다 길이가 2.5배 이상 긴 다리는 모두 폭 대비 길이가 A의 3배 이상이다.

① ㄱ, ㄷ
② ㄱ, ㄹ
③ ㄴ, ㄷ
④ ㄴ, ㄹ
⑤ ㄷ, ㄹ

40. 다음 <표>와 <정보>는 '갑'국 국민 40,000명을 대상으로 생애주기별 사회서비스 이용률을 설문조사한 결과이다. 이를 근거로 한 <보기>의 설명 중 옳은 것만을 모두 고르면?

<표> 생애주기별 사회서비스 이용

(단위: 개, 명, %)

| 서비스 \ 생애주기 | | 미혼기 | 자녀 출생전기 | 자녀 성장기 | 자녀 독립기 | 노인기 |
|---|---|---|---|---|---|---|
| 평균 이용 서비스 | | 0.37 | 0.83 | 1.87 | 0.72 | 1.23 |
| 응답자 수 | | 3,000 | ( ) | 17,000 | 8,000 | ( ) |
| 성인돌봄 | 노인 돌봄 | - | - | 2.6 | 0.7 | 7.8 |
| | 장애인 돌봄 | - | 0.4 | 0.7 | 0.5 | 1.1 |
| | 일상생활지원 | - | - | 1.6 | 0.7 | 7.7 |
| 아동돌봄 | 출산지원 | 0.7 | 23.9 | 21.4 | - | 0.2 |
| | 보육 | - | 0.6 | 80.7 | - | 0.4 |
| | 방과 후 돌봄 | - | 0.7 | 2.2 | - | 0.6 |
| | 기타 돌봄 | - | 0.7 | 1.9 | - | - |
| 건강 | 신체건강 | ( ) | 46.3 | 59.0 | 57.8 | 78.7 |
| | 정신건강 | 0.7 | 1.0 | 0.5 | 1.7 | 0.9 |
| | 재활 | - | 0.4 | 0.5 | 0.5 | 2.2 |
| 교육 | 교육지원 | 0.7 | 4.0 | 7.5 | 3.4 | 7.9 |
| | 정보제공 | 0.4 | 0.6 | 1.2 | 1.0 | 0.7 |
| 문화 | | 3.2 | 2.8 | 2.4 | 2.0 | 3.7 |
| 주거 | | 1.1 | 1.3 | 4.6 | 3.4 | 11.4 |

<정 보>

○ 사회 서비스 이용 경험을 질문하였으며, 응답자는 복수의 서비스 선택이 가능함.

○ 노인기 보육 서비스 이용 응답자 수는 자녀독립기 재활 서비스 이용 응답자 수와 같다.

○ 미혼기 신체건강 서비스 이용 응답자 수는 노인기 정신건강 서비스 이용 응답자 수의 10배이다.

<보 기>

ㄱ. 평균 이용 서비스 개수가 많은 생애주기일수록 성인돌봄 서비스 이용 응답자 수가 많다.

ㄴ. 자녀성장기 응답자 중 2개 이상의 아동돌봄 서비스를 이용한 응답자는 최대 1,100명 이하이다.

ㄷ. 자녀독립기 건강 서비스 이용 응답자 수는 자녀성장기 주거 서비스 이용 응답자 수의 6배 이상이다.

ㄹ. 신체건강 서비스 이용 응답자 수가 많은 생애주기일수록, 문화 서비스 이용 응답자 수도 많다.

① ㄱ, ㄷ
② ㄱ, ㄹ
③ ㄴ, ㄷ
④ ㄴ, ㄹ
⑤ ㄷ, ㄹ

2025년 2월 1일 시행(제6회)

2025년도 국가공무원 5급 공채·외교관후보자 제1차시험·지역인재 7급·법원행시 대비

# | 상황판단영역 |

3 교시

| 응시번호 | |
|---|---|
| 성 명 | |

문제책형 ㉶

**응시자 주의사항**

1. **시험시작 전 시험문제를 열람하는 행위나 시험종료 후 답안을 작성하는 행위를 한 사람**은 「공무원 임용시험령」 제51조에 의거 **부정행위자**로 처리됩니다.
2. **답안지 책형 표기는 시험시작 전** 감독관의 지시에 따라 **문제책 앞면에 인쇄된 문제책형을 확인**한 후, **답안지 책형란에 해당 책형(1개)을 '●'로 표기**하여야 합니다.
3. 시험이 시작되면 문제를 주의 깊게 읽은 후, **문항의 취지에 가장 적합한 하나의 정답만을 고르며,** 문제내용에 관한 질문은 할 수 없습니다.
4. **답안을 잘못 표기하였을 경우에는 답안지를 교체하여 작성**하거나 **수정할 수 있으며,** 표기한 답안을 수정할 때는 **응시자 본인이 가져온 수정테이프만을 사용**하여 해당 부분을 완전히 지우고 부착된 수정테이프가 떨어지지 않도록 손으로 눌러주어야 합니다. **(수정액 또는 수정스티커 등은 사용 불가)**
   - **불량한 수정테이프의 사용과 불완전한 수정처리로 발생하는 모든 문제는 응시자 본인에게 책임이 있습니다.**
5. **시험시간 관리의 책임은 응시자 본인에게 있습니다.**
6. **성적확인용 비밀번호**는 성적확인시 꼭 필요하니 **임의로 4자리를 마킹**하고 기억해야 합니다.
   ※ 문제책은 시험종료 후 가지고 갈 수 있습니다.

**정답공개 및 이의제기 안내**

1. 최종정답 공개 : 2.6(목) 오후 5시 네이버 카페 'PSAT의 정석'(cafe.naver.com/lecpsat)에 공지
2. 이의제기 : 2.3(월) 오후 2시까지 / 네이버 카페 'PSAT의 정석'(cafe.naver.com/lecpsat) '이의제기 신청 게시판'에서 연결된 구글폼에 입력
3. 성적확인 안내
   - 각 과목별 성적통계는 2.7(금)에 네이버 카페 'PSAT의 정석'(cafe.naver.com/lecpsat) '통계 게시판'에서 확인
   - 개인 성적표는 2.7(금)에 법률저널 접수페이지의 '성적확인페이지'에서 확인
4. 시험 일정 안내(온·오프 동시 시행)
   - 7회 2025.2.8(토), 8회 2025.2.15(토), 9회 2025.2.23.(일), 10회 2025.3.1.(토)
     * 5~9회 장학금 회차(지방시험장 운영)
     * 매회 성적우수 5명(현장응시자 대상)에게 격려 장학금 지급
5. 면학장학금 신청자는 3월 18일까지 관련 서류를 제출 바랍니다.
6. 법률저널 예측시스템 운영(3월 8일 오후 5시부터 법률저널 홈페이지 및 네이버 카페 PSAT의 정석)

법률저널

1. 다음 글을 근거로 판단할 때 옳은 것은?

제○○조(다양성위원회의 설치) 방송통신위원회(이하 "위원회"라 한다)는 방송의 여론 다양성을 보장·증진하기 위하여 다양성위원회를 둔다.
제□□조(다양성위원회의 구성) ① 다양성위원회는 다양성위원회 위원장(이하 "다양성위원장"이라 한다) 1명을 포함한 7명 이상 9명 이하의 다양성위원회 위원(이하 "다양성위원"이라 한다)으로 구성한다.
② 다양성위원은 위원회 위원장이 위원회의 의결을 거쳐 위촉한다.
③ 다양성위원장은 다양성위원 중에서 위원회 위원장이 지명하며, 다양성위원장이 부득이한 사유로 직무를 수행할 수 없을 때에는 위원회 위원장이 지명하는 다양성위원이 그 직무를 대행한다.
④ 다양성위원의 임기는 2년으로 하되, 1회에 한하여 연임할 수 있다. 다만, 보궐 위원의 임기는 전임자의 잔임 기간으로 한다.
제△△조(다양성위원의 자격) 다양성위원은 다음 각 호의 어느 하나에 해당하는 자로 위촉한다.
1. 판사·검사·변호사로 5년 이상 재직한 사람
2. 대학에서 신문방송, 통계, 법률, 행정, 경제 관련 학과의 교수로 5년 이상 재직한 사람
제◇◇조(다양성위원회 회의) ① 다양성위원회 회의는 정기회의와 임시회의로 구분하며, 정기회의는 월 1회, 임시회의는 다양성위원회 재적위원 3분의 1 이상의 요구가 있을 때 개최한다.
② 다양성위원회 의사는 재적위원 과반수 출석과 출석위원 과반수 찬성으로 의결한다.
제◎◎조(다양성위원의 제척) ① 다양성위원이 자신과 친족관계에 있는 자가 해당 사안에 대해 권리·의무관계가 있는 경우에는 제◇◇조의 규정에 따른 안건 등의 심의·의결에서 제척된다.
② 제1항의 규정에 따라 심의·의결에 참가하지 못하는 다양성위원은 제◇◇조의 규정에 의한 의결 정족수 계산에 포함하지 아니한다.

① 다양성 위원회는 8명 이상의 위원으로 구성한다.
② 다양성 위원장이 부득이한 사유로 직무를 수행할 수 없을 때는 다양성 위원장이 지명하는 다양성 위원이 그 직무를 대행한다.
③ 다양성 위원이 1년 6개월 재직 후 사임하였다면, 그에 대한 보궐 위원의 임기는 2년이다.
④ 다양성 위원회에서 제척되거나 궐위된 위원이 없을 경우, 다양성 위원회 위원 중 최소 3명의 요구가 있어야 임시회의가 개최될 수 있다.
⑤ 다양성 위원회 위원 중 1명이 제척된 경우, 최소 2명 이상의 찬성이 있어야 다양성 위원회의 의사를 의결할 수 있다.

2. 다음 글을 근거로 판단할 때 옳은 것은?

제○○조(최종가격표기) ① 다음 각 호의 영업소는 가격을 표시할 때, 이를 최종지불가격으로 표시하여야 한다.
1. 편의점, 대형마트, 슈퍼마켓
2. 면적이 150m² 이상인 휴게음식점 및 일반음식점
② 제1항의 최종지불가격에는 별도지불하여야 하는 봉사료, 부가가치세 등이 모두 포함되며, 이는 별도 표기할 수 없다.
③ 제1항을 위반한 경우, 영업소를 관할하는 시장·군수·구청장은 이에 대해 시정명령을 내릴 수 있다.
제□□조(옥외가격표기) ① 제○○조 제1항 제2호의 영업소는 영업소 외부에 최종지불가격을 표시하여야 한다.
② 옥외의 인정범위는 다음 각 호의 어느 하나에 해당하는 것으로 한다.
1. 실외의 출입문
2. 외부에 설치되어있는 창문과 외벽
3. 기타 영업소 밖에서 육안으로 확인할 수 있는 외부 공간
③ 외부에 표시되는 품목의 수는 주요항목 5가지 이상으로 하되, 취급메뉴가 5가지 미만일 경우 전 품목을 표기한다.
④ 서비스의 단위가 1인분이 아닌 경우 주문 가능한 최소단위 인원과 가격을 표시한다.
제△△조(식육가격표기) ① 휴게음식점 및 일반음식점에서 판매하는 식육의 가격은 100g당 가격으로 표시해야 한다. 다만, 1인분에 해당하는 중량당 가격을 병기할 수 있다.
② 제1항에도 불구하고 다음 각 호의 경우는 식육의 가격을 100g당 가격으로 표시하지 아니할 수 있다.
1. 조리 완료되어 바로 섭취 가능한 형태로 제공되는 경우
2. 샤브샤브 등 야채가 포함되어 제공되는 품목(단, 추가고기는 표시 대상)
3. 1마리 단위로 제공되는 닭, 오리 등의 품목
제◇◇조(벌칙) 제○○조 제1항을 위반한 자는 1천만원 이하의 벌금에 처한다.
제◎◎조(과태료) 다음 각 호에 어느 하나에 해당하는 자에게는 5백만원 이하의 과태료를 부과한다.
1. 제□□조 제1항을 위반한 자
2. 제△△조 제1항을 위반한 자

① A시의 백화점에서 판매하는 음식에 부가가치세가 별도로 표기되어 있다면, A시장은 백화점에 시정명령을 내릴 수 있다.
② 면적이 100m²인 일반음식점에서 영업소 외부에 최종지불가격을 표시하여야 한다.
③ 면적이 200m²인 휴게음식점에서 모든 취급 메뉴의 최종지불가격을 영업소 내벽에만 표기한 경우, 이를 외부에서 육안으로 확인할 수 있더라도 5백만원의 과태료를 부과할 수 있다.
④ 닭을 판매하는 휴게음식점에서 가격을 1인분 단위(300g)로만 표기하였다면, 3백만원의 과태료를 부과할 수 있다.
⑤ 일반음식점에서 샤브샤브를 판매한다면, 추가고기의 가격을 150g 단위로 표기하였다면, 5백만원의 벌금에 처할 수 있다.

3. 다음 글과 <상황>을 근거로 판단할 때, 재학생 A~C 중 2024년도 1학기에 기숙사에 입사할 수 있는 사람만을 모두 고르면?

제□□조(기간) 기숙사 재사 기간은 매년 1학기 수업 기간, 하계방학 기간, 2학기 수업 기간, 동계방학 기간으로 구분하여 운영하고 사생은 매기간 종료와 함께 퇴사한다.

제△△조(입사 제한자) 다음 각 호의 어느 하나에 해당하는 자는 입사할 수 없다.
1. 학칙에 의한 징계를 받은 자.
2. 누적된 벌점이 20점 이상인 자.
3. 강제 퇴사 후 1년이 지나지 아니한 자.
4. 직전 재사 기간에 자진 퇴사한 자.
5. 재사 중 2회 이상 퇴사(강제 퇴사 포함) 후 재입사하려는 자. 다만, 질병 퇴사는 퇴사 횟수에 포함하지 않는다.

제◇◇조(벌점) ① 다음 각 호의 규칙을 위반한 자는 벌점을 받게 되며, 이는 매 재사 시 누적된다.
1. 외부인의 숙박 허용 – 10점
2. 전열기구의 사용 – 8점
3. 음주 후 주사 – 5점
4. 무단 외박 – 3점
5. 무단 지각 – 1점

② 한 재사 기간 내에 벌점을 10점 이상 받거나, 누적된 벌점이 20점 이상이면 강제 퇴사된다. 다만, 제1항 제2호를 위반한 경우 벌점과 관계없이 즉시 강제 퇴사 처리된다.

제◎◎조(퇴사신고 및 시기) ① 사생이 퇴사하는 경우 퇴사일 1일 전까지 사용호실에 대한 공용비품 사용 및 청소상태 등의 확인을 받고 퇴사체크리스트와 퇴사원을 제출하여야 한다.

② 사생실 청소불량 및 개인물건을 방치한 채 퇴사한 경우 벌점 4점을 적용한다.

※ 직전 재사 기간에는 방학 기간도 포함된다. 예를 들어, 2학기의 직전 재사 기간은 하계방학 기간이다.

<상 황>

A~C는 2024년도 1학기 수업 기간에 기숙사에 입사하려는 본교 재학생이다.
○ A는 2021년도 1학기 수업 기간 재사 중 벌점 10점을 받아 강제 퇴사되었다. 이후 2023년도 2학기 수업 기간 재사 중 폐렴으로 인해 질병 퇴사하였다.
○ B는 2020년도 2학기 수업 기간 재사 중 무단 외박을 3회 하였고, 2021년도 1학기 수업 기간 재사 중 음주 후 주사를 1회 하였으며. 이후 2023년도 2학기 수업 기간에 입사하여 전열기구 사용 중 적발되었다.
○ C는 2020년도 동계방학 기간 퇴사 시에 사생실에 개인 물건을 방치한 채로 퇴사하였다. 그 후 2022년도 2학기 수업 기간에 재사 중 친구인 D를 숙박시킨 후 적발되었다.

① A
② B
③ A, C
④ B, C
⑤ A, B, C

4. 다음 글을 근거로 판단할 때 옳은 것은?

제00조(기간) ① 실습기간은 2주이며, 교생은 실습기간 동안 매주 월요일부터 금요일까지 출근한다.
② 교생은 실습기간 동안 실습 수업을 5회 한다.

제00조(제출 서류) ① 교생은 결핵 검사지, 성범죄 경력 확인서, 코로나 CPR 검사지를 직접 학교에 제출한다.
② 제1항에도 불구하고 교생은 결핵 검사지를 종합 보건증으로 갈음할 수 있다. 종합 보건증은 검사를 진행한 의료기관이 직접 제출한다.

제00조(출결) ① 교생은 출결을 성실히 지켜야 하며, 출결사항(지각, 결석, 조퇴)은 각 사유에 따라 공공, 질병, 무단으로 나뉜다.
② 다음 각호를 초과하는 결석, 지각, 조퇴가 있다면 당해 실습을 미이수 처리한다.
1. 무단결석 : 2회
2. 무단 지각 및 조퇴 : 6회
3. 질병 결석 : 5회
③ 공공결석은 결석 횟수에 포함하지 아니한다.

제00조(실습록) ① 교생은 매 출근 시에 실습록을 작성한다.
② 교생은 매주 금요일에 1주간의 실습록을 모아서 학년대표교생에게 제출한다.
③ 학년 대표 교생은 각 학년 교생들의 실습록을 취합하여 학교에 제출한다.

제00조(코로나) ① 코로나에 감염된 후, 3일간 출석을 금하며, 이는 공공 결석으로 처리한다.
② 만약 4일 이상 증상이 지속되는 경우, 4일차부터는 이를 질병 결석으로 관리한다.
③ 증상이 있으나, 비감염자인 경우, 3일간 질병 결석할 수 있다.

제00조(대표 교생) ① 대표 교생에는 전체 대표 교생과 학년 대표 교생이 있다.
② 전체 대표 교생은 실습 수업과 별도로 대표 교생 수업을 1회 진행한다.
③ 전체 대표 교생은 무단결석 즉시 실습 미이수 처리가 된다.

제00조(실습의 이수) 실습록을 모두 제출하고, 출결이 정상인 경우, 실습은 이수된 것으로 한다.

① 교생은 실습 기간 동안 14일 출근한다.
② 교생은 결핵 검사지를 제출하지 않았다면 종합 보건증을 직접 학교에 제출하여야 한다.
③ 모든 교생은 실습록을 2번 작성한다.
④ 코로나에 감염된 후, 증상이 지속되는 5일 동안 연속하여 결석한 것 외에 출결사항이 없고, 실습록을 모두 제출하였다면 실습은 이수 처리된다.
⑤ 학년 대표 교생은 수업을 총 6회 진행한다.

5. 다음 글을 근거로 판단할 때, 甲이 소학위를 취득한 분과를 모두 고른 것은?

○ 소학위 제도는 분과에 개설되어 있는 과목을 모두 이수하면, 해당 분과의 소학위를 받을 수 있고, 소학위를 모아 정식 학위를 받을 수 있도록 하여 평생교육을 증진하기 위해 만들어진 제도이다.
○ 甲은 경제학 학위를 받기 위해 소학위 제도를 이용하고 있으며, 휴직 기간 30일 동안 최대한 많은 소학위를 취득하고자 한다.
○ 甲은 하루에 4시간을 공부에 투자할 수 있다.
○ 같은 개수의 소학위를 취득할 수 있다면, 이수에 투자하여야 하는 시간이 가장 긴 경우를 선택한다.
○ 각 과목은 필수이수시간 이상을 투자하여야 수강한 것으로 인정되며, 개설과목 이외의 과목은 없다.

<개설과목>

| 과목명 | 분과 | 필수이수시간 |
|---|---|---|
| 산업조직론 | 정책 | 19 |
| 재정학 | 정책 | 22 |
| 위험관리 | 금융 | 29 |
| 파생상품 | 금융 | 17 |
| 통화제도 | 제도 | 35 |
| 통계학 | 계량 | 13 |
| 수리경제학 | 계량 | 20 |

① 정책, 제도, 계량
② 정책, 금융, 제도
③ 정책, 금융, 계량
④ 금융, 제도, 계량
⑤ 정책, 금융, 제도, 계량

6. 다음 글과 <상황>을 근거로 판단할 때, 甲이 1차년도부터 3차년도까지 받은 연봉의 총액은?

공무원은 매년 12월 31일을 기준으로 성과계약등평가 결과 등에 따라 성과연봉을 지급한다.

전년도 업무성과의 평가결과에 따라 지급되는 당해연도 성과연봉은 다음 해의 연봉액에 합산하여 누적하는 방식을 채용한다. 즉, 1차년도에 기본연봉을 받고, 2차년도에 기본연봉과 성과연봉을 받았다면, 3차년도에는 기본연봉과 누적연봉, 성과연봉을 받는 형식이다. 다만 이때 누적연봉은 누적연봉을 지급받는 당해연도의 기본연봉을 초과할 수 없다.

기본연봉은 3차년도부터 전년대비 10%씩 증가한다.

성과연봉은 (성과기준급)×(지급률)만큼 지급한다. 성과기준급은 당해 기본연봉과 같다. 그 지급기준은 다음과 같다.

| 팀 / 개인 | S등급 | A등급 | B등급 | C등급 |
|---|---|---|---|---|
| 지급률 | 175% | 125% | 85% | 0% |

<상 황>

甲은 1차년도에 기본연봉을 2000만원 받은 9급 공무원이다. 2차년도에는 S등급을 받았고, 3차년도에는 A등급을 받았다.

① 1억 3765만원
② 1억 4650만원
③ 1억 5915만원
④ 1억 7340만원
⑤ 1억 8695만원

7. 다음 글을 근거로 판단할 때, <보기>에서 옳은 것만을 모두 고르면?

> XX부에서 사무관들의 퇴근 시간에 영향을 미치는 요소들을 알아보기 위하여 10개 부서를 대상으로 설문조사 및 실험을 진행하였다. 각 부서 인력의 기본적인 능력과 업무량은 동일했다. 독립변수는 의사소통 원활도, 상관의 퇴근 시간, 조직단결력, 집까지의 거리로 두고, 종속변수는 퇴근 시간으로 두었다.
>
> 조사 결과 기본적으로 의사소통 원활도가 뛰어날수록, 조직단결력이 낮을수록 퇴근시간이 빨라졌다. 그리고 상관의 퇴근시간이 늦어질수록 야근 분위기가 잡혀, 사무관의 퇴근시간도 늦어지는 경향을 보였다. 다만, 구성원 사이의 의사소통 원활도가 매우 높으면 야근 분위기가 있더라도, 퇴근시간이 빠를 수 있다. 직장에서 집까지의 거리에 따른 퇴근시간은 특이한 양상을 보였다. 1시간을 기점으로 그보다 시간이 많이 걸리면 퇴근시간이 급격하게 빨라지나, 그 이외의 구간에서는 유의미한 차이를 보이지 않았다.

<보 기>

ㄱ. 퇴근시간이 빠른 사무관은 소속 부서의 조직단결력이 높을 것이다.
ㄴ. 퇴근시간이 빠른 사무관이라도, 소속 부서에 야근 분위기가 있을 수 있다.
ㄷ. 집까지의 거리가 먼 사무관보다 가까운 사무관의 퇴근 시간이 항상 늦을 것이다.

① ㄱ
② ㄴ
③ ㄱ, ㄴ
④ ㄴ, ㄷ
⑤ ㄱ, ㄴ, ㄷ

8. 다음 글을 근거로 판단할 때, 클래식 음악회에서 네 번째로 연주되는 독주곡은?

> 甲 : 이번에 하는 클래식 음악회 들었어?
> 乙 : 응, 모차르트 곡과 베토벤 곡을 5곡씩 연주한다는 그거지?
> 甲 : 응, 맞아! 모차르트의 곡과 베토벤의 곡을 하나씩 번갈아 가면서 연주하고, 첫곡은 모차르트의 곡이래.
> 乙 : 근데, 협주곡이니, 소나타니 이건 무슨 말이야?
> 甲 : 쉽게 말해서, 소나타는 혼자 연주하는 독주곡, 협주곡과 교향곡 같은 건 여럿이서 함께 연주하는 거야.
> 乙 : 그렇구나, 모차르트의 곡은 터키 소나타, 카덴차 협주곡, 쉬운 소나타, 행진 소나타, 작은 별 변주 소나타, 이 순서로 연주되나 봐.
> 甲 : 맞아. 행진 소나타는 이번 연주회에서 두 명이 연주하는 유일한 소나타야.
> 乙 : 신기하다. 그런 곡도 있구나.
> 甲 : 응 맞아. 그리고 베토벤 곡은 비창 소나타, 영웅 교향곡, 열정 소나타, 운명 교향곡, 황제의 협주곡, 이 순서인 것 같은데. 두 작곡가의 곡 모두 작곡한 순서대로 연주되네.
> 乙 : 그리고 열정 소나타가, 1806년에 작곡되었고, 운명 교향곡은 1808년에 작곡되었는데, 이 두 작품의 차이에 주의해서 감상해 달라는데?
> 甲 : 맞아. 아, 그리고 베토벤 곡은 베토벤이 청각을 잃은 뒤 작곡한 곡부터 연주한대. 베토벤이 귀가 안 들리게 되었던 때가 언제더라?
> 乙 : 1807년에 잃었어.
> 甲 : 아, 그래서 두 곡을 잘 비교해달라는 거였구나.

① 작은 별 변주 소나타
② 쉬운 소나타
③ 행진 소나타
④ 비창 소나타
⑤ 열정 소나타

9. 다음 글과 <상황>을 근거로 판단할 때, 甲이 2007, 2009, 2011년에 납부한 조세의 합은?

○ 곡물로 토지세를 징수하는 A국은 최근 조세 제도를 개혁하고 있다.
○ 처음에는 풍작 수준과 토질에 따라 조세를 징수하였으나, 2008년부터는 해당 토질에서 풍작도가 낮음일 때의 조세를 징수하였고, 2010년부터는 풍작도와 토질이 낮음일 때의 조세만을 징수하였다.
○ 다음은 개혁 이전의 토지 1결당 조세 표이다.

| 토질 \ 풍작도 | 높음 | 중간 | 낮음 |
|---|---|---|---|
| 높음 | 20두 | 18두 | 16두 |
| 중간 | 14두 | 12두 | 10두 |
| 낮음 | 8두 | 6두 | 4두 |

<상 황>

A국 국민은 2000년도부터 중간 토질의 땅 7결을 갖고 있으며, 2005~2007년에는 풍작도가 중간이었고, 2008년부터는 풍작도가 계속 높음이었다.

① 156두
② 182두
③ 210두
④ 246두
⑤ 280두

10. 다음 글을 근거로 판단할 때, 태블릿PC의 정확한 지수를 옳게 계산한 것은?

'다' 전자제품 사이트에서는 중고 전자제품도 판매를 한다. 이때, 중고제품의 가격을 정하기 위하여 배터리 효율, 외향, 감가상각의 값을 곱한 값을 지수로 활용한다.

이때, 종민은 자신의 태블릿PC를 판매하려고 내놓았다. 종민은 처음 계산한 지수가 있었으나, 높은 값을 받고 싶었던 그는 배터리 효율 값을 4분의 1만큼 높이고, 외향 값을 4분의 1만큼 높여서 지수를 계산한 뒤 이를 사이트 관리자에게 보냈다.

사이트 관리자는 종민의 태블릿PC가 구형임을 알아내고, 감가상각을 종민이 제출한 값의 5분의 1만큼 줄여 정확한 값으로 조정하였다. 다만, 배터리 효율과 외향은 처음 종민이 계산한 수치가 정확했으나, 이는 그냥 넘기고 종민이 제출한 값으로 지수를 계산하였다. 이렇게 나온 지수는 종민이 처음 계산한 지수보다 0.15만큼 더 컸다.

① 0.12
② 0.24
③ 0.48
④ 0.6
⑤ 0.72

11. 다음 글을 근거로 판단할 때, 甲이 동창모임 날짜로 선택하지 않을 날짜는?

> 甲은 5월에 동창 모임을 개최하려고 한다. 5월의 첫날은 월요일이며, 31일까지 있다. 甲에게는 다음과 같은 일정이 있고, 이 일정을 피해서 동창모임을 하려고 한다.
> ○ 1, 4번째 수요일에는 피부과에 간다.
> ○ 매주 월, 목요일에는 과외가 잡혀있다.
> ○ 8일~19일까지는 교생실습에 나간다.
> ○ 25~28일까지 3박 4일로 부산 여행을 간다.
> ○ 매주 일요일에 테니스 소모임에 나간다.
> ○ 23일에 대한일보와 인터뷰가 잡혀있다.

① 2일
② 5일
③ 7일
④ 20일
⑤ 31일

12. 다음 글과 <상황>을 근거로 판단할 때, XX대학 보조금을 지원 받을 수 있는 동아리를 모두 고르면?

> <S대학 동아리 보조금 제도>
> ○ 제도의 목적
> – 대학 동아리와 커뮤니티의 활성화 및 다양한 분야의 활동에 대한 보조금 지원
> ○ 수급 자격
> – 중앙 동아리 (학술 분야 외)
> – 학술분야의 중앙 동아리라면 인원이 25명 이상이어야 함
> – 단과 동아리더라도 인원이 25명 이상이면 지원 가능
> – 모임 횟수가 12회 이상이어야 함
> ○ 참여 제한
> – (평균 참여자/인원)이 1/2를 넘어야 함
> – 취업, 학술, 창업 동아리의 경우 산출물 지수가 45 이상이어야 함

<상 황>

XX대학에서 보조금 지원을 신청한 동아리는 다음과 같다.

| 이름 | 소속 | 분야 | 인원 | 평균 참여자 | 모임 횟수 | 산출물 지수 |
|---|---|---|---|---|---|---|
| 甲 | 단과 | 운동 | 38 | 27 | 13 | 43 |
| 乙 | 중앙 | 취업 | 22 | 18 | 11 | 48 |
| 丙 | 단과 | 친목 | 24 | 13 | 15 | 21 |
| 丁 | 단과 | 창업 | 27 | 14 | 21 | 46 |
| 戊 | 중앙 | 학술 | 29 | 14 | 13 | 49 |

① 甲, 丙
② 甲, 丁
③ 甲, 丁, 戊
④ 乙, 丙
⑤ 乙, 丁, 戊

13. 다음 글을 근거로 판단할 때, ㉠에 해당하는 말로 적절한 것은?

C 초등학교 2학년 교실에서 다섯 고개 숫자놀이를 하고 있다. 이 게임은 술래인 사람이 1~100까지의 숫자 중 하나를 종이에 쓴 뒤, 나머지 학생들이 예, 아니오로 답할 수 있는 질문을 하고, 그에 대한 답변을 들은 뒤 종이에 쓰여진 숫자를 맞추는 게임이다. 질문은 다섯 개까지 할 수 있다. 다음은 게임을 하던 중 학생들 간의 대화이다.

<대화>

술래 : 자, 숫자 적었어, 이제 무엇이든 물어봐.
甲 : 짝수니?
술래 : 아니.
乙 : 3의 배수야?
술래 : 응.
丙 : 80 이상의 숫자니?
술래 : 응.
丁 : 제곱수니?
술래 : 아니.
戊 : [ ㉠ ]
술래 : 응
甲 : 아, 이제 알겠다. [ ] 맞지?
술래 : 응 맞아.

① 4로 나누었을 때 나머지가 3이니?
② 90보다 크니?
③ 9의 배수니?
④ 약수의 개수가 총 4개니?
⑤ 자기자신과 1을 제외한 약수가 모두 소수니?

14. 다음 글과 <공고>를 근거로 판단할 때, 3일차 1교시에 보는 과목의 분류명은?

D고등학교는 하루 2교시, 4일에 걸쳐 중간고사를 실시하려고 한다. 한 교시에 1과목씩, 총 8과목의 시험을 보려고 한다. 다음은 시험 과목의 목록이다. 심화수학과 심화과학은 개설된 두 과목 중 하나만 선택하여 시험을 보는 선택과목이고, 다른 과목은 필수과목이다.

<시험 과목 목록>

| 그룹 | 분류명 | 과목명 |
|---|---|---|
| 1그룹 | 국어 | 논술과 독서 |
| | 수학 | 고급수학 |
| | 심화수학 | 선형대수학 |
| | 심화수학 | 미분적분학 |
| 2그룹 | 사회 | 사회와 문화 |
| | 과학 | 물리학 2 |
| | 심화과학 | 고급 물리학 |
| | 심화과학 | 기초 역학 |
| 3그룹 | 영어 | 영문학의 이해 |
| | 체육과 예술 | 건강과 웰니스 |

<공 고>

이번 중간고사의 실시는 다음과 같은 원칙에 따라 이루어짐을 공고함. 단, 하단에 배치된 원칙이 그보다 상단에 배치된 원칙을 어길 수 없음.

1. 필수과목의 시험이 모두 치러진 뒤에 선택과목의 시험이 치러진다.
2. 1그룹 과목의 시험이 모두 치러진 뒤에 2그룹 과목의 시험이 치러지며, 2그룹 과목의 시험이 모두 치러진 뒤에 3그룹 과목의 시험이 진행된다.
3. 분류명의 가나다순으로 시험이 치러진다.

① 수학
② 영어
③ 과학
④ 사회
⑤ 심화과학

15. 다음 글과 <상황>을 근거로 판단할 때 甲이 이길 확률은?

○ 카드를 갖고 하는 가위바위보 게임이 있다.
○ 참가자는 처음에 가위, 바위, 보 카드를 3개씩 받는다.
○ 다른 사람과 승부를 시작하면 총 3번의 게임을 하게 되며, 이때, 이긴 횟수가 진 횟수보다 많으면 이기게 된다. 1승 1무 1패라면 비긴 게임으로 하며, 사용한 카드는 버린다.

<상 황>

甲은 두 번의 게임 후 가위 세 장이 남았으며, 마지막으로 알 수 없는 카드 세 장이 남은 乙과 승부하려고 한다.

① $\frac{8}{27}$
② $\frac{1}{3}$
③ $\frac{10}{27}$
④ $\frac{11}{27}$
⑤ $\frac{4}{9}$

16. 다음 글과 <상황>을 근거로 판단할 때, 주원이 관서지역을 여행하는 데에 드는 비용은?

<관서 지역 여행 팜플렛>

○ 대표 여행 관광지에 대한 안내는 다음과 같습니다.

| 지역 | 이름 | 가격(원) | 가능한 패스 |
|---|---|---|---|
| 나라 | 사슴 공원 | 20,000 | 관서 |
| | 고궁 | 18,000 | 관서 |
| 교토 | 죽림원 | 25,000 | 관서 |
| | 평등원 | 30,000 | X |
| | 여우사찰 | 17,000 | 관서 |
| 오사카 | 관람차 | 8,000 | 관서 |
| | 천수각 | 13,000 | 주유 |
| | 시내보트 | 20,000 | 주유 |

○ 가능패스 칸에 있는 패스를 사용하면 해당 여행 코스를 무료로 관람할 수 있으며, 다른 지역의 지하철도 무료로 이용할 수 있습니다.
○ 관서패스는 1일권이 30,000원, 2일권이 50,000원, 3일권이 60,000원이고, 주유패스는 1일권이 20,000원입니다.

<상 황>

주원은 관서 지역을 여행하려고 하며, 팜플렛에 나온 8개의 관광지를 3일 동안 여행하려고 하며, 비용을 최소화하고자 한다. 주원은 기본적으로 하루에 3곳의 관광지를 여행할 수 있으며, 만약 하루 안에 다른 지역의 관광지를 여행하면 지하철비 5,000원이 추가로 발생하나, 패스를 사용하면 지하철비가 무료다. 다만, 오사카에 있는 관광지를 여행할 때는 거리상의 문제로 인하여 나라나 교토에 있는 관광지를 여행할 수 없다.

① 105,000원
② 108,000원
③ 110,000원
④ 118,000원
⑤ 151,000원

17. 다음 글과 <상황>을 근거로 판단할 때, 이번 심사에서 승급예정자로 지정되는 자는?

<승급심사 공고>

○ 승급 기준

7단 승급은 품새 점수가 70점, 겨루기 점수가 60점 이상인 자를 승급시킨다. 단, 7단 승급은 1회에 2명에 한하여 이루어지며, 만약 2명을 초과하는 자가 이 기준을 충족시킨다면 다음 기준에 따른다.

○ 선발 기준

승급 기준을 충족한 자 중 평가 점수가 높은 순서대로 승급한다. 3위인 자는 특별히 승급예정자로 지정하여 다음 심사 때에 기본 심사를 면제한다. 평가 점수는 다음과 같이 산정한다.

(평가 점수) = (품새 점수)+(겨루기 점수)
+(메달 점수)×10+(논문점수)×3

<상 황>

다음은 7단 승급 대상자 甲~戊이다.

| 구분 | 품새 점수 | 겨루기 점수 | 메달 점수 | 논문 점수 |
|---|---|---|---|---|
| 甲 | 71 | 77 | 4 | 26 |
| 乙 | 88 | 65 | 2 | 30 |
| 丙 | 65 | 71 | 3 | 31 |
| 丁 | 91 | 91 | 5 | 12 |
| 戊 | 84 | 61 | 7 | 27 |

① 甲
② 乙
③ 丙
④ 丁
⑤ 戊

18. 다음 글과 <상황>을 근거로 판단할 때, 오늘 □□ 팀이 의뢰받은 업무를 모두 끝내는 시각은?

□□ 팀은 속기사 3명으로 구성되어 있으며, 매일 8개의 의뢰를 받고 있다. 다음은 □□ 팀의 업무 매뉴얼이다.

<업무 매뉴얼>

○ 속기사 2명 이상이 한 의뢰를 동시에 진행하지 않으며, 동시에 각자 다른 의뢰를 수행할 수는 있다.
○ 업무시간에 쉬는 시간은 없으며, 의뢰를 가장 빨리 끝낼 수 있도록 이를 분배한다.
○ 업무는 오후 1시에 시작한다.

<상 황>

오늘의 의뢰 목록과 그 예상 완료시간은 다음과 같다.

| 이름 | 시간 |
|---|---|
| A구 의회 회의록 | 2시간 10분 |
| B시 소위원회 회의록 | 40분 |
| C벤처회사 회의록 | 20분 |
| D광역시청 회의록 | 30분 |
| E회사 이사회 회의록 | 1시간 20분 |
| F고등법원 회의록 | 1시간 50분 |
| G군청 회의록 | 50분 |
| 국회 회의록 | 3시간 |

① 4시
② 4시 20분
③ 4시 40분
④ 5시
⑤ 5시 20분

[19~20] 다음 글을 읽고 물음에 답하시오.

우리가 듣는 음악은 여러 조화로운 화음으로 되어있다. 이 화음에는 크게 3화음과 7화음이 있다. 3화음은 세 개의 음을 쌓아 만든 도미솔과 같은 화음이고, 대표적으로 장3화음, 단3화음이 있다. 장3화음은 밝은 느낌, 단3화음은 어두운 느낌을 갖는다. 장3화음은 으뜸음을 써서 표기하며, 단3화음은 으뜸음 뒤에 m을 붙여 표기한다.

7화음은 이런 3화음에 7번째 음을 하나 더 쌓아 만든 화음이다. 예컨대, 도미솔시 같은 것이라 할 수 있겠다. 이런 7화음은 장7화음, 단7화음, 속7화음이 있다. 장7화음은 으뜸음 뒤에 M7을 붙이고, 속7화음은 으뜸음 뒤에 곧바로 7을 붙여 표기한다. 단7화음은 으뜸음 뒤에 m7을 붙여 표기한다.

이런 기본화음만으로 이루어진 음악을 듣다보면 이따금 밋밋하고 평범하다는 느낌을 받을 때가 있다. 하지만 크리스마스에 길을 걷다 보면 평범한 캐롤인데도 멋스럽게 편곡된 곡이 들리곤 한다. 이는 기존의 밋밋한 코드에 텐션을 추가하여 만든 특수한 코드들을 이용한 덕이다. 이러한 텐션코드는 기존의 7화음에 9번째나 11번째, 13번째 음을 붙이는 등의 작용을 통해 화음에 우울한 느낌, 신비한 느낌, 기괴한 느낌 등 다양한 느낌을 불어넣는다.

이러한 텐션코드는 기존의 화음과 멀리 떨어져 있는 음정에서 오는 신비로움과 긴장감에서 그 특색을 발휘하기 때문에, 자리바꿈을 하지 않는다. 자리바꿈은 음정을 가까이 붙여 버리기 때문에, 자칫 신비로움과 긴장감이 아닌 불협화음을 유발하는 음이 되어 버릴 수도 있다.

텐션코드에는 크게 두 종류가 있다. 내추럴 텐션인 9, 11, 13음을 추가하는 내츄럴 텐션코드가 있고, 얼터드 텐션인 ♭9, #9, #11, ♭13음을 추가하는 얼터드 텐션코드가 있다. ♭은 반음을 내리는 기호, #은 반음을 올리는 기호이다. 이때, 반음관계에 있는 음정은 불협화음이 나기 때문에 기존의 화음을 구성하는 음과 반음관계를 이루는 음은 기피하게 된다.

이러한 텐션코드를 표기하는 방법에는 여러 가지가 있다. 기본적으로, 내츄럴텐션을 차례차례 쌓아 만든 화음은 뒤에 마지막에 쌓은 음을 써서 표기한다. 예를 들어 단7화음에 11음까지 차례로 쌓았다면 으뜸음 뒤에 m11, 속7화음에 13음까지 차례로 쌓았다면 으뜸음 뒤에 13을 써서 표기하는 것이다. 만약 장7화음에 9음까지 쌓았다면 으뜸음 뒤에 M9를 써서 표기할 수 있다.

하지만 음을 차례로 쌓지 않거나, 얼터드 텐션을 사용하는 경우에는 마지막으로 쌓은 내츄럴텐션을 적고, 나머지 음은 윗첨자를 사용하여 표기한다. 예를 들어, 속7화음에 11음만을 쓰는 경우, 으뜸음 뒤에7$^{(11)}$을 붙여 표기한다. 장7화음에 9음과 #11음, 13음을 쓰는 경우, 으뜸음 뒤에 M9$^{(\#11, 13)}$ 을 붙여 표기한다. 여기서 13음을 윗첨자로 쓴 것은, 13음은 #11음 뒤에 쌓여 내츄럴 텐션이 차례로 쌓인 것이 아니기 때문이다. 만약 #11음이 아닌 11음이 쓰였다면 으뜸음 뒤에 M13을 붙여 표기한다.

19. 윗글을 근거로 판단할 때 옳은 것은?

① 7화음은 7개의 음으로 구성되어 있다.
② 만약 으뜸음이 C인 장7화음을 표기하려면, 장3화음 표기 뒤에 7을 덧붙여 표기한다.
③ 텐션코드는 멀리 떨어져 있는 음정에서 오는 불협화음을 유발하여 긴장감을 유발한다.
④ 얼터드 텐션 중에는 11음을 반음 내린 음은 없다.
⑤ 속7화음에 #9, #11음을 쌓았다면 으뜸음 뒤에 #11을 붙여 표기한다.

20. <상황>을 볼 때, 성하가 찾으려는 텐션코드를 올바르게 작성한 것은?

<상 황>

성하는 재즈풍의 리드미컬한 곡을 작곡하고 싶어하는데, 이때 주로 쓸 코드를 정하고자 한다. 기타를 주로 사용하기 때문에 으뜸음이 E인 속7화음을 기반으로 사용하고자 한다. 그리고 잔잔하면서도 신비로운 느낌을 주기 위해 9음과 13음의 얼터드 텐션을 사용하고 싶어한다. 이 중, 9음은 반음을 올려서, 13음은 반음 내려서 사용하고자 한다.

① EM13
② E7$^{(\#9, 13)}$
③ E9$^{(\flat 13)}$
④ EM7$^{(\#9, \flat 13)}$
⑤ E7$^{(\#9, \flat 13)}$

21. 다음 글을 근거로 판단할 때 옳은 것은?

> 제○○조(등록) ① 게임제작업 또는 게임 배급업을 영위하고자 하는 자는 특별자치시장·특별자치도지사·시장·군수·구청장(이하 시장 등)에게 등록하여야 한다. 다만, 다음 각 호의 어느 하나에 해당하는 경우에 등록하지 아니하고 이를 할 수 있다.
> 1. 국가 또는 지방자치단체가 제작하는 경우
> 2. 게임기기 자체만으로는 오락을 할 수 없는 기기를 제작하는 경우
>
> ② 인터넷컴퓨터게임시설제공업(이하 인터넷게임제공업)을 영위하고자 하는 자는 시장 등에게 등록하여야 한다.
>
> 제□□조(준수사항) 게임물 관련사업자는 다음 각 호의 사항을 지켜야 한다.
> 1. 게임물을 이용하여 도박 그 밖의 사행행위를 하게 하거나 이를 하도록 내버려 두지 아니할 것
> 2. 인터넷게임제공업을 영위하는 자는 이용자가 연령등급구분을 위반하여 게임물을 이용하지 아니하도록 할 것
> 3. 인터넷게임제공업을 영위하는 자는 22시부터 익일04시까지 청소년의 출입을 제한할 것
>
> 제◇◇조(허가취소 등) 시장 등은 게임제작업 또는 게임배급업의 등록을 한 자가 다음 각 호의 어느 하나에 해당하는 때에는 6월 이내의 기간을 정하여 영업정지를 명하거나 영업폐쇄를 명할 수 있다. 다만, 제1호 또는 제2호에 해당하는 때에는 영업폐쇄를 명하여야 한다.
> 1. 거짓 그 밖의 부정한 방법으로 등록한 때
> 2. 영업정지명령을 위반하여 영업을 계속한 때
> 3. 제□□조의 규정에 의한 준수사항을 위반한 때
>
> 제△△조(벌칙) 다음 각 호의 규정을 위반한 자는 5년 이하의 징역 또는 5천만원 이하의 벌금에 처한다.
> 1. 제□□조 제1호, 제2호의 규정을 위반한 자
> 2. 제◇◇조에 따른 영업 제한을 위반한 자
>
> 제◎◎조(과태료) 제□□조 제3호의 규정을 위반한 자는 1천만원 이하의 과태료에 처한다.

① 인터넷게임제공업을 영위하고자 하는 자는 시장 등에게 신고하여야 한다.
② 게임제작업 영업자가 게임물을 이용하여 도박을 하게 하였다면 시장 등은 그 영업폐쇄를 명하여야 한다.
③ 인터넷게임제공업자가 만12세에게 만15세 이용가의 게임을 제공한 경우, 3월의 영업정지에 처해질 수 있다.
④ 게임배급업자가 거짓된 방법으로 등록한 경우, 3년의 징역에 처할 수 있다.
⑤ 인터넷게임제공업자가 03시에 청소년의 출입을 허용하였다면 1천만원의 벌금에 처할 수 있다.

22. 다음 글을 근거로 판단할 때, <보기>에서 옳은 것만을 모두 고르면?

> 제○○조(농지의 전용허가 등) ① 농지를 전용하려는 자는 농림축산식품부장관의 허가를 받아야 한다.
>
> ② 농지를 다음 각 호의 어느 하나에 해당하는 시설의 부지로 전용하려는 자는 제1항에도 불구하고 시장·군수·구청장에게 신고하여야 한다.
> 1. 어린이놀이터·마을회관 등 농업인의 공동생활 편의 시설
> 2. 농수산 관련 연구 시설과 양어장·양식장 등 어업용 시설
>
> 제□□조(전용허가의 취소 등) 농림축산식품부장관, 시장·군수·구청장은 제○○조에 따른 농지전용허가 또는 농지전용신고를 한 자가 다음 각 호의 어느 하나에 해당하면 허가 등을 취소하거나 조업의 정지 또는 사업규모의 축소를 명할 수 있다. 다만, 제3호에 해당하면 그 허가를 취소하여야 한다.
> 1. 거짓이나 그 밖의 부정한 방법으로 허가를 받거나 신고한 것이 판명된 경우
> 2. 부담금을 내지 아니한 경우
> 3. 허가를 받은 자가 조업의 정지 등 이 조 본문에 따른 조치명령을 위반한 경우
>
> 제◎◎조(농지보전부담금) ① 다음 각 호의 어느 하나에 해당하는 자는 농지의 보전·관리 및 조성을 위한 부담금(이하 "부담금"이라 한다)을 농지관리기금을 운용·관리하는 자에게 내야 한다.
> 1. 제○○조 제1항에 따라 농지전용허가를 받는 자
> 2. 제○○조 제2항에 따라 농지전용신고를 하고 농지를 전용하려는 자
>
> ② 다음 각 호의 어느 하나에 해당하는 경우에는 부담금을 나누어 낼 수 있다.
> 1. 공공기관에서 산업단지의 시설용지로 지정한 경우
> 2. 부담금이 토지 가액의 10%를 초과하는 경우

<보 기>

> ㄱ. A군에서 농지를 상업시설로 전용하려는 자는 A군수에게 허가를 받아야 한다.
> ㄴ. 농수산 관련 연구 시설의 부지로 쓰기 위해 농지를 전용하더라도 부담금을 납부하여야 한다.
> ㄷ. 甲이 B시에서 부정한 방법으로 농지전용허가를 받은 경우, B시장은 이를 취소하여야 한다
> ㄹ. C군에서 토지 가액이 1억인 농지를 마을회관으로 전용하려 하는 자의 부담금이 2천만원인 경우, 이를 나누어 낼 수 있다.

① ㄱ, ㄴ
② ㄱ, ㄷ
③ ㄴ, ㄷ
④ ㄴ, ㄹ
⑤ ㄷ, ㄹ

23. 다음 글을 근거로 판단할 때 옳지 않은 것은?

제00조(등록금) ① 한 학기의 등록금은 다음과 같다.
1. 학사 과정 : 120만원
2. 석사 과정 : 150만원
3. 박사 과정 : 180만원
② 각 학기의 등록기간과 개시일은 다음과 같다.
1. 1학기 : 3월 1일
2. 2학기 : 9월 1일
제00조(반환) 등록금 납부 후 등록을 취소하는 경우 등록금은 다음 각 호에 따라 반환한다. 단, 신입생이 납부하는 입학금 20만원은 반환하지 아니한다.
1. 입학일 전 또는 해당학기 개시일 전 : 등록금 전액
2. 학기 개시일로부터 23일까지 : 등록금 6분의 5 해당액
3. 학기 개시일로부터 23일이 지난 날부터 57일까지 : 등록금 3분의 2 해당액
4. 학기 개시일로부터 58일이 지난 날부터 90일까지 : 등록금 2분의 1 해당액
5. 학기 개시일 90일 지난 날 : 반환하지 아니함
제00조(분할납부제) ① 등록금 일시 납부가 어려운 학생에 대하여 신청·승인을 받아 다음 각호에 따라 등록금을 2회에 나누어 납부할 수 있다. 이는 차등 납부 시에도 같다.
1. 1차분 : 등록기간까지 등록금의 1/3 납부
2. 2차분 : 1학기는 4월 30일, 2학기는 10월 31일까지 등록금의 2/3 납부
② 본 등록기간 중 1차분 납부금을 납부하지 않으면 자동으로 분할납부 신청이 취소된다.
제00조(차등납부제) 초과학기를 등록하는 학생은 다음과 같이 신청학점에 따라 등록금을 차등 납부한다. 단, 초과학기는 3학년부터 인정된다.
1. 학사학위 이하의 과정
가. 1~4학점 : 등록금의 3분의 1
나. 5~10학점 : 등록금의 2분의 1
나. 11학점 이상 : 등록금 전액
2. 석사학위 이상의 과정
가. 1~4학점 : 등록금의 2분의 1
나. 5학점 이상 : 등록금 전액

① 학기 개시일 이전에 등록을 취소하더라도 납부한 금액의 일부만 반환받는 경우가 있다.
② 학사과정 1학년 학생이 4월 30일에 1학기 등록금 반환신청을 하였다면, 60만원을 반환받는다.
③ 분할납부제에 따라 등록금을 납부하더라도, 결과적으로 납부하는 등록금의 총액은 같다.
④ 석사과정 2학년 학생이 분할납부 신청 후, 9월 1일까지 20만원을 2학기 등록금으로 납부하였다면, 신청이 취소된다.
⑤ 초과학기 등록 중인 석사과정 학생이 4학점을 수강하는 경우, 납부해야하는 등록금은 50만원이다.

24. 다음 글과 <상황>을 근거로 판단할 때, 옳지 않은 것은?

제○○조(등록 등) 석유대체연료 수출입업·판매업을 하려는 자는 시·도지사에게 등록하여야 한다. 다만 다음 각 호의 어느 하나에 해당하는 경우에는 그러하지 아니하다.
1. 석유대체연료의 수출만을 업으로 하는 경우
2. 자기가 사용할 목적으로 석유대체연료를 수입하는 경우
제◇◇조(준수사항) ① 석유대체연료 수출입·판매업자는 다음 각 호의 사항을 지켜야 한다.
1. 석유대체연료 수출입·판매하거나 인도하려는 경우에는 품질검사를 받아야 한다.
2. 가짜석유제품을 제조·수입·저장·운송·보관 또는 판매 하여서는 아니 된다.
② 시·도지사는 석유대체연료 판매업자 등이 제1항을 위반한 경우에는 6개월 이내의 기간을 정하여 그 영업의 전부 또는 일부를 정지하거나 영업소를 폐쇄할 수 있다.
③ 제◇◇조 제2항의 명령을 위반하여 영업을 계속한 경우 시·도지사는 영업소를 폐쇄하여야 한다.
제◇◇조의2(게시문 부착) 시·도지사는 석유수출입업자가 가짜석유제품을 제조·수입 또는 판매하여 영업정지처분을 받거나, 그에 갈음한 과징금 처분을 받은 경우, 그 영업정지기간에 상당하는 기간 동안 처분의 내용 및 사유를 명시한 게시문을 영업장에 붙이게 하여야 한다.
제□□조(과징금) 시·도지사는 석유대체연료 판매·수출입업자가 제◇◇조 제1항 제2호, 제3호에 해당하는 경우에는 제◇◇조에 따른 사업정지처분을 갈음하여 5억원 이하의 과징금을 부과할 수 있다.
제△△조(등록 제한) 석유대체연료사업의 등록을 하려는 자는 다음 각 호의 사유가 있은 후 2년이 지나기 전에는 석유대체연료사업에 대한 등록을 할 수 없다.
1. 제◇◇조 제1항 제1호를 위반하여 영업소가 폐쇄된 경우
2. 제◇◇조 제2항에 의하여 영업소가 폐쇄된 경우

<상 황>

석유대체연료 수출입업자 甲은 가짜석유제품을 수입하여 2022.1.13.에 영업정지 6개월 처분을 받았다. 그리고, 2022.5.30.에 임의로 영업을 재개한 뒤, 2022.7.21.에 석유대체연료를 수입하면서 품질검사를 받지 아니하였다. 결국 시·도지사는 2022.8.1.에 甲의 영업소를 폐쇄하였다.

① 만약, 甲이 석유대체연료 수출만을 업으로 하였다면, 시·도지사에게 등록하지 아니하여도 된다.
② 시·도지사는 甲에게 내린 영업정지 6개월 처분 대신 3억원의 과징금을 부과할 수 있다.
③ 甲이 석유대체연료 수입 시에 품질검사를 받았다 하더라도, 시·도지사는 甲의 영업소를 폐쇄하여야 한다.
④ 甲은 2022.5.27.에 가짜석유제품 수입 사실을 적시한 게시문을 영업장에 부착하고 있어야 한다.
⑤ 甲은 2024.7.25.에 석유수출입업을 등록할 수 있다.

25. 다음 글과 <상황>을 근거로 판단할 때, 옳은 것은?

<관세청 생활법령정보>

Q1. 해외여행을 갈 때, 선물용도로 면세품을 구입하려고 하는데, 구입 한도가 따로 정해져있습니까?

A1. 출국하는 내국인은 외국 면세품을 제한 없이 구매할 수 있습니다. 다만, 이를 다시 국내에 재반입할 때에는 재반입한 물품에 한하여 해외의 면세품을 국내에 반입할 때의 규정을 적용받습니다. 만약, 출국시, 입국시 모두 면세품을 구입하였다면, 이를 합산합니다.

Q2. 해외여행에서 돌아올 때, 가족 선물을 사려고 하는데, 이때의 구입 한도는 정해져있습니까?

A2. 네, 해외의 면세품을 국내에 반입할 경우, 개별 물품에 대하여는 술 2병(합산 2L 이하, 400달러 이하), 궐련 200개비, 향수 60ml까지 면세됩니다.

Q3. 그 외의 물품에 대하여는 어떤 기준이 적용되나요?

A3. 술, 궐련, 향수 외의 기타 물품에 대하여는 개별품목 면세를 하지 않습니다, 다만, 종합 면세 단계에서 면세점에서 구입한 모든 품목의 가격을 합산하여 800달러 이하의 품목에 대하여 과세를 면제합니다.

Q4. 만약 면세 한도를 넘어 물품을 구매하면 어떻게 되나요?

A4. 개별 품목에 대한 한도만 초과하고, 면세점에서 구입한 모든 품목의 가격의 합이 800달러 이하라면, 한도를 초과한 해당 개별 품목에 대하여만 과세합니다. 다만, 면세점에서 구입한 품목의 가격의 합이 800달러를 초과하면 모든 품목에 대하여 과세합니다. 위의 답변은 1인 기준이며, 여행 인원이 n인이라면 함께 입국심사를 받아 여행 인원 전체가 구입한 모든 품목에 대한 세관 심사가 한꺼번에 이루어지게 되며, 위의 기준에 n배한 값을 적용합니다.

※ 궐련 1보루는 10갑, 1갑은 20개비이다.

※※ 1000ml=1L

<상 황>

○ 甲은 해외여행을 가며, 출국할 때 면세점에서 1갑당 10달러의 궐련 10갑을 사갔다. 이 중 6갑은 현지의 친구에게 선물로 주고, 남은 궐련은 가지고 입국하기로 하였다. 이때, 입국하며 면세점에서 향수(55ml, 280달러), 보드카(270달러, 1.2L, 주류) 1병, 전통주(90달러, 500ml, 주류) 1병, 지갑(50 달러)를 새로 사서 입국하였다.

○ 乙은 친구 丙과 해외여행에서 돌아와 출국하는 중, 면세점에서 A맥주(60달러, 1.2L 주류) 2병, B와인(290달러, 700ml 주류) 1병을 샀고, 이를 그대로 들고 입국하던 중, 면세점에서 A맥주를 한 병 더 사서 입국하였다.

① 만약, 甲이 면세점에서 출국 시 샀던 궐련을 7갑 더 구매한 뒤 입국하였다면, 모든 품목에 대하여 과세한다.

② 만약, 甲이 면세점에서 전통주를 1병 더 사서 입국하였다면 모든 품목에 대하여 과세한다.

③ 만약, 乙과 丙이 면세점에서 다른 물품은 구매하지 않고, A맥주 4병만을 구입하여 반입하면 과세 대상이나, B와인을 4병만 구입하여 반입하면 면세 대상이다.

④ 乙과 丙이 면세점에서 A맥주 한 병 대신 B와인을 한 병 더 사서 입국하였다 하더라도, 면세 상황이 달라지는 것은 없다.

⑤ 만약, 甲, 乙, 丙이 같이 여행을 가 함께 입국 심사를 받게 되었다면, 주류에 대하여 과세한다.

26. 다음 글과 <상황>을 근거로 판단할 때 옳은 것은?

바우처는 어떤 상품을 구매할 수 있는 증서의 의미를 갖는다. 바우처는 다른 물품을 구매하는 데에 사용할 수 없기 때문에, 특정 물품의 바우처를 지원하면, 해당 물품을 현물로 지원한 것과 같은 효과를 가져온다. 따라서 바우처는 농산물 등 산패하기 쉬운 물품을 현물의 형태로 지급하고 싶을 때 자주 쓰는 방법이다. 특히, 현금 지원을 하게 된다면 기존의 일반 소득과 같이 현금지원액의 절반을 생필품에, 나머지 절반은 비필수 재화에 사용하는 현상은 이러한 주장의 타당성을 더욱 높여주었다.

그러나 생필품 바우처에 관한 보고서에 따르면, 국민의 소비 행태는 이러한 예상과 다르게 나타나고 있었다. 국민의 일반적인 소비 행태는 지원받은 바우처 상당액의 70%를 생필품에, 30%를 비필수 재화에 쓰는 것이었다. 즉, 기존 소득 100만원인 사람이 바우처 100만원을 받는다면, 기존 소득의 50만원과 바우처 상당액의 70%인 70만원, 합쳐서 120만원 상당액을 생필품에 사용한다는 것이다. 정부가 예상한 바로는 바우처 상당액의 90%를 생필품에 쓸 것으로 예상되었으나, 결과적으로 국민의 소비행태를 통제하는데 실패한 것이다. 단, 생필품 바우처는 비필수 재화를 구매하는 데에 사용할 수 없기에, 기존의 소득이 적다면 지원받은 바우처 상당액이 그대로 생필품 소비로 이어지는 경우도 있다. 예를 들어, 기존 소득이 10만원인데, 생필품 바우처 100만원을 지원하면 100만원은 그대로 생필품에 쓰이고, 기존 소득 10만원은 비필수 재화에 사용하는 행태를 보일 것이다.

<상 황>

甲은 국민의 일반적인 소비 행태를 따른다. 甲은 이번 달에 30만원 상당액의 일반 소득을 벌었다. 이때, A시는 다음 달에 甲에게 90만원 상당액의 생필품 바우처를 지급하기로 하였다. 甲의 다음 달 일반 소득은 이번 달과 같다.

① 甲은 다음 달에 생필품을 사는 데에 78만원 상당액을 사용할 것이다.

② 甲은 다음 달에 비필수 재화에 지출하는 총액을 이번 달보다 27만원 증가시킬 것이다.

③ 정부의 예상대로라면, 甲은 다음 달에 105만원 상당액을 생필품을 사는 데에 사용한다.

④ 정부의 예상대로라면, 甲이 다음 달에 비필수 재화에 지출하는 총액의 증가율은 50% 미만이다.

⑤ 만약, 甲에게 100만원 상당액의 생필품 바우처를 지급하였더라도, 비필수 재화에 대한 지출액은 늘어나지 않는다.

27. 다음 글을 근거로 판단할 때, <보기>에서 옳은 것만을 모두 고르면?

> 최근 웰빙이 새로운 트렌드로 떠오르면서 다이어트 음료가 유행하고 있다. 다이어트 음료란 열량이 100ml당 4kcal 미만인 제로칼로리 혹은 100ml당 4kcal 이상 20kcal 미만인 로우칼로리 음료를 말한다. 열량을 섭취하면 일단 살이 찌기 때문에, 이 수치를 줄여주는 것만으로도 다이어트에 상당한 도움을 주는 음료라고 할 수 있다. 다이어트 음료를 만드는 데에는, 기존의 설탕 대신 인공감미료를 사용하는데, 이러한 인공감미료의 종류에는 대표적으로 아스파탐과 에리트리톨이 있다.
>
> 아스파탐은 설탕보다 200배 정도 단맛이 나는 인공감미료이다. 설탕과 달리 단백질이기 때문에 혈당 조절에도 매우 탁월하고, 단맛을 내는데 필요한 양도 적기 때문에 다이어트 음료의 주재료로 각광받고 있다. 세계보건기구에서 설정한 1일 권고 섭취량은 50mg/kg 이하인데, 이건 체중 60kg인 사람 기준으로 3000mg이다. 가장 대중적인 다이어트 음료인 A 1캔당 아스파탐이 87mg이 들어간다는 것을 생각해 볼 때, 인체에 영향이 없다고 볼 수 있다.
>
> 에리트리톨은 당알코올의 일종이다. 에리트리톨의 열량은 1g당 0.3kcal이고, 혈당도 거의 오르지 않는다. 다만, 설탕보다 단맛의 강도가 낮아, 설탕을 5숟갈 넣을 때, 에리트리톨은 7숟갈을 넣어야 같은 단맛이 난다. 하지만 대사가 제대로 이루어지지 않아 섭취량 중 10%만이 열량, 즉 칼로리로 흡수되기 때문에, 사실상 0kcal나 다름없는 수준이다.

<보 기>

ㄱ. 다이어트 음료는 아무리 섭취하더라도 살이 찌지 않는다.
ㄴ. 체중 70kg인 사람이 다이어트 음료 A를 하루에 40캔 마시더라도, 아스파탐 1일 권고 섭취량을 초과하지 않는다.
ㄷ. 에리트리톨 100g을 섭취하였다면, 실제로 섭취한 칼로리는 5kcal 미만이다.

① ㄱ
② ㄷ
③ ㄱ, ㄴ
④ ㄴ, ㄷ
⑤ ㄱ, ㄴ, ㄷ

28. 다음 글과 <상황>을 근거로 판단할 때, 회계부서가 밀가루를 주문하는 간격은?

> T제과점에서는 식빵, 단팥빵, 맘모스빵, 호두과자만을 판매하고 있으며, 각 빵을 만드는 부서가 나누어져 있다. 각 부서에서는 밀가루가 필요할 때마다 회계부서에 요청을 한다. 이에 회계부서는 밀가루 주문을 일원화시키기 위하여, 빵을 만드는 네 부서가 10포대 분량을 사용하는 데에 걸리는 일수마다 밀가루를 주문하기로 하였다.

<상 황>

> 현재, 식빵 부서는 3일에 한 번, 호두과자 부서는 4일에 한 번 밀가루 포대 1개를 요청한다. 단팥빵 부서는 식빵 부서가 2포대를 요청할 동안 1포대를 요청하고, 맘모스빵 부서는 호두과자 부서가 1포대를 요청할 동안 2포대를 요청하였다.

① 8일
② 9일
③ 10일
④ 11일
⑤ 12일

29. 다음 글과 <상황>을 근거로 판단할 때, 오늘 F햄버거 가게의 최대 순수익은?

F햄버거 가게에서는 햄버거, 콜라, 감자튀김을 팔고 있는데, 이를 단품으로도 판매하고, 세트로도 판매하고 있다.

○ 다음은 F햄버거 가게에서 판매하고 있는 품목과 가격이다. 세트는 햄버거, 콜라, 감자튀김이 포함되어 있다.

| 종류 | 햄버거 | 콜라 | 세트 |
|---|---|---|---|
| 가격 | 3,000원 | 1,000원 | 4,500원 |

○ 원가는 고정비용 20,000원만이 들어간다. 순수익은 총판매액에서 원가를 뺀 값이다.

<상 황>

○ 손님들은 자신이 해당 품목을 구매했을 때 느끼는 순효용, 즉, 효용 값에서 가격을 뺀 값이 가장 큰 품목을 구매한다.
○ 같은 효용을 누릴 수 있을 때에는 소비액이 큰 쪽을 선택한다.
○ 가게에 온 손님은 한 개의 품목당 한 개까지만 구매한다. 즉, 햄버거와 콜라를 같이 구매할 수는 있으나, 햄버거를 2개 구매할 수는 없다.
○ 세트를 구매하였다면 다른 품목은 구매하지 않는다.
○ 다음은 오늘 햄버거 가게에 온 손님들의 종류와 손님들이 각 품목에 대하여 느끼는 효용 값이다.

| 구분 | 햄버거 | 콜라 | 감자튀김 |
|---|---|---|---|
| A | 4,000 | 500 | 500 |
| B | 3,000 | 1,500 | 200 |
| C | 2,000 | 1,500 | 1,500 |

○ A손님은 10명, B손님은 8명, C손님은 10명 왔었다.

① 83,000원
② 87,000원
③ 107,000원
④ 112,000원
⑤ 127,000원

30. 다음 글을 근거로 판단할 때, 주사위에서 반드시 나오는 수가 아닌 것은?

각 면에 1~8 중 하나의 숫자가 적혀 있는 정육면체의 주사위가 있다. 각 면에 적혀있는 숫자는 각각 겹치지 않는다. 이 주사위를 던졌을 때, 소수가 나올 확률은 3분의 1, 짝수가 나올 확률은 3분의 2, 홀수가 나올 확률은 3분의 1이다.

① 1
② 2
③ 3
④ 6
⑤ 8

31. 다음 글과 <상황>을 근거로 판단할 때, 甲, 乙, 丙이 버튼을 누른 총 횟수의 최솟값은?

○ K노래방은 사람들이 다양한 음역대로 노래를 부를 수 있도록 키(key)를 조정하는 장치를 만들었다.
○ +버튼을 누르면 한 키를 올릴 수 있고, -버튼을 누르면 한 키를 내릴 수 있다.
○ 남자 키 버튼은 원곡보다 4키를 낮춘 상태, 여자 키 버튼은 원곡보다 4키를 높인 상태로 키를 조정하며, 기존에 +버튼과 -버튼으로 키 조정이 되어있던 것은 초기화된다. 즉, 여자 곡에서 +버튼을 두 번 누른 후 남자 키 버튼을 누르면 원곡에서 4키 내려간 상태가 된다.
○ 남자 키나 여자 키 버튼을 누른 후에도 +버튼과 -버튼으로 키를 조정할 수 있다.
○ 남자 키 버튼과 여자 키 버튼은 각각 여자 곡과 남자 곡일 때만 누를 수 있다.
○ 단, 남자 곡을 여자 키로 바꾸거나, 여자 곡을 남자 키로 바꾼 것을 원래의 키로 되돌릴 때도 각각 남자 키와 여자 키를 누를 수 있다. 이때도, 기존에 +버튼과 -버튼으로 키 조정이 되어있던 것은 초기화된다.
○ 남자 키 버튼은 여자 곡일 때 누를 수 있고, 여자 키 버튼은 남자 곡일 때 누를 수 있다.
○ 같은 곡을 연달아 부르면 이전에 조정한 키가 유지된다.

<상 황>

甲, 乙, 丙은 K노래방에서 같은 노래(여자 곡)를 1번씩 연달아 부르려고 한다. 甲은 원곡보다 6키를 낮추어 불렀고, 乙은 원곡보다 2키를 높여 불렀다. 丙은 원곡보다 4키를 낮추어 불렀다.

① 7
② 9
③ 10
④ 11
⑤ 12

32. 다음 글과 <상황>을 근거로 판단할 때, 甲의 4지망은?

○ S회사에서는 신입사원에게 여러 과목의 연수를 제공하고 있다. 그 중 하나는 선택과목으로 제공한다.
○ 사원들은 개설된 8개의 선택과목 중에서 1지망부터 8지망까지를 작성하여 제출한다. 다음은 S회사 신입사원들의 대화이다.

甲 : 이번에 개설된 선택과목 봤어?
乙 : 응 봤어. 넌 어떻게 정할거야?
甲 : 난 우선 회사 사람들하고 친해지고 싶어서, 활동 형태가 그룹인 것을 우선적으로 앞쪽 지망에 쓸거야.
丙 : 오 그렇구나. 그러면 그 활동 형태가 같은 과목 중에서는 지망 순서를 어떻게 정하게?
甲 : 그다음에는 내가 조금 늦게 일어나는 편이어서, 활동 형태가 같다면 시간은 오후에 있는 것으로 선택할래! 시간도 같다면 종류가 인사인 과목을 먼저 써야지.
丁 : 그래도 정해지지 않은 부분은 어떻게 할 생각이야?
甲 : 종류마저 같다면 과목명을 가나다순으로 정렬했을 때 앞에 오는 것부터 지망해야지.

<상 황>

다음은 개설된 8개의 선택과목이다.

| 과목명 | 종류 | 시간 | 활동 형태 |
|---|---|---|---|
| 경영 일반 | 경영 | 오전 | 개인 |
| 기술 경영 | 기술 | 오후 | 개인 |
| 리더십 강화 | 경영 | 오전 | 그룹 |
| 재무 관리 | 경영 | 오후 | 개인 |
| 발표 실무 | 인사 | 오전 | 그룹 |
| 협상 실무 | 인사 | 오후 | 그룹 |
| 역량 교육 방안 | 인사 | 오후 | 그룹 |
| 기초 프로그래밍 | 기술 | 오후 | 개인 |

① 리더십 강화
② 발표 실무
③ 협상 실무
④ 역량 교육 방안
⑤ 기초 프로그래밍

33. 다음 글을 근거로 판단할 때, 정현이 졸업하기 위해 공부하여야 하는 시간의 최솟값은?

○ 정현은 이번 학기에 졸업하기 위하여 최소한의 시간을 들여 졸업 요건을 채우고자 한다.

○ 정현이 이번에 듣는 수업과 그 특성은 다음과 같다.

| 이름 | 종류 | 학점 | 필요시간 |
|---|---|---|---|
| 정책학 | 전공 | 1 | 2 |
| 정보체계론 | 전공 | 2 | 2 |
| 지방행정론 | 교양 | 2 | 2 |
| 비교정치론 | 전공 | 3 | 3 |
| 연구방법론 | 심화 | 2 | 2 |

○ 정현은 각 과목을 아예 공부하지 않으면 0점을 받으며, 각 과목의 필요시간만큼 공부하면 10점을 올릴 수 있다.

○ 과목에 따른 최종 점수 산정방식은 다음과 같으며, A는 4점, B는 3점, C는 2점, D는 1점의 최종 점수를 부여한다.

| 구분 | A | B | C | D |
|---|---|---|---|---|
| 전공 | 90점 이상 | 80점 이상 | 70점 이상 | 60점 이상 |
| 교양, 심화 | 70점 이상 | 60점 이상 | 50점 이상 | 40점 이상 |

○ 만약 D의 기준에 미치지 못하는 점수를 받으면 F를 받게 되며, 한 과목이라도 F를 받으면 졸업하지 못한다.

○ 졸업하기 위하여는 이번 학기의 평균 최종 점수가 3점 이상이어야 하며, 이는 각 과목의 학점과 최종 점수를 곱한 값을 모두 더한 뒤, 이를 총 학점의 합으로 나눈 값이다. 이번 학기 총 학점의 합은 10이다.

① 76시간
② 77시간
③ 78시간
④ 79시간
⑤ 80시간

34. 다음 글과 <상황>을 근거로 판단할 때 옳지 않은 것은?

甲회사는 성과 평가 점수에 따른 성과 등급을 매겨 직원들에게 성과급을 지급하고 있다.

○ 성과 등급은 1~4등급으로 나뉘고, 그에 따른 기준 점수와 산정 비율은 다음과 같다.

| 성과 등급 | 1 | 2 | 3 | 4 |
|---|---|---|---|---|
| 기준 점수 | 90 이상 | 80~89 | 70~79 | 70 미만 |
| 성과급 기준 | 75% | 40% | 15% | 0% |

○ 2분기까지는 분기별 평가를 진행하여 성과 등급에 따른 성과급 기준을 연봉의 절반에 곱해 성과급을 지급했다.

○ 3분기부터는 반기별 평가를 진행하기로 하여, 분기별로 성과 평가 점수를 낸 뒤, 이를 산술평균한 값에 따라 성과 등급을 매기고, 그에 따른 성과급 기준을 연봉에 곱한 값을 성과급으로 지급하기로 하였다.

※ 전반기는 1, 2분기를 의미하고, 후반기는 3, 4분기를 의미한다.

<상 황>

올해 1~4분기 甲회사 소속 직원 A~C의 연봉과 성과 평가 점수이다.

| 구분 | 연봉 (만 원) | 1분기 | 2분기 | 3분기 | 4분기 |
|---|---|---|---|---|---|
| A | 6,000 | 85 | 75 | 73 | 95 |
| B | 5,000 | 65 | 98 | 65 | 83 |
| C | 8,000 | 78 | 71 | 95 | 68 |

① A의 후반기 성과급은 2,400만 원이다.
② 후반기에도 분기별 평가를 진행하였다면, A~C 모두 성과급이 증가한다.
③ 전반기 대비 후반기에 받은 성과급 총액의 변화율이 가장 큰 사람은 C이다.
④ A와 C는 전반기 대비 후반기 성과급이 증가한다.
⑤ 전반기에 받은 성과급 총액이 가장 많은 사람은 B이다.

35. 다음 글을 근거로 판단할 때, 민서가 구입할 미술용품의 조합은?

○ 민서는 미술을 배우기 위해 붓, 물감, 종이를 각각 1개씩 구입하여 만족도를 최대한 높이고자 한다.
○ 민서의 예산은 300,000원이다.
○ 다음은 미술용품의 목록과 그 특성이다.

| 종류 | 이름 | 가격 | 만족도 |
|---|---|---|---|
| 붓 | A | 80,000 | 13 |
| | B | 110,000 | 18 |
| | C | 150,000 | 22 |
| 물감 | D | 70,000 | 30 |
| | E | 90,000 | 40 |
| 종이 | F | 50,000 | 7 |
| | G | 70,000 | 9 |
| | H | 130,000 | 15 |

① A, E, H
② B, D, H
③ B, E, G
④ C, D, G
⑤ C, E, F

36. 다음 글을 참고할 때, 승권이가 화요일에 반드시 하지 않는 운동은?

○ 승권이는 매일 정확히 2시간씩 운동하려 하며, 이 시간에는 휴식 시간도 포함된다.
○ 각 운동이 끝나면 5분간의 휴식을 가져야 한다.
○ 승권이는 화요일에 등, 전완근, 하체 부위를 운동한다.
○ 등, 하체 부위는 프리웨이트와 머신운동을 각각 1개 이상 포함하여야 한다.
○ 각 부위별로 2개 이상의 운동을 하여야 한다.
○ 다음은 각 운동에 관한 정보이다.

| 이름 | 부위 | 종류 | 시간 |
|---|---|---|---|
| 풀업 | 등 | 프리웨이트 | 15분 |
| 랫풀다운 | 등 | 머신운동 | 12분 |
| 케이블로우 | 등 | 머신운동 | 10분 |
| 덤벨풀오버 | 등 | 프리웨이트 | 10분 |
| 리스트컬 | 전완근 | 프리웨이트 | 9분 |
| 리버스컬 | 전완근 | 프리웨이트 | 9분 |
| 해머컬 | 전완근 | 프리웨이트 | 10분 |
| 스쿼트 | 하체 | 프리웨이트 | 20분 |
| 익스텐션 | 하체 | 머신운동 | 8분 |
| 레그프레스 | 하체 | 머신운동 | 10분 |
| 런지 | 하체 | 프리웨이트 | 15분 |

① 풀업
② 랫풀다운
③ 리스트컬
④ 스쿼트
⑤ 익스텐션

37. 다음 글을 근거로 판단할 때, 현서와 창우가 선택할 비행기표로 옳은 것은?

현서와 창우는 이번 여름에 유럽 여행을 가려고 한다. 다음은 그 채팅목록이다.

현서 : 평점이 3.5점 이하인 곳은 피하자. 수하물 파손 같은 문제가 하나 이상은 있을 거야.

창우 : 7월 23일까지는 도착해야 해: 7월 24일에 바티칸 투어를 하기 때문에 이때 늦으면 곤란해.

현서 : 환승할 때 다른 공항에서 선택하는 경우는 반드시 피해야 해. 이러면 피로가 누적 되어서 쉴 수가 없어.

창우 : 아 맞다. 난 A사에 마일리지가 있어서 A사1과 A사2 비행기표는 원가보다 20% 할인된 가격으로 발권받을 수 있어.

현서 : 좋아. 그러면 여러 개 고를 수 있으면 마일리지나 할인이 모두 포함된 최종 가격이 낮은 것을 고르자.

<상 황>

○ 다음은 도미도 교통 사이트에서 예약할 수 있는 비행기표와 그 특성이다.

| 구분 | 원가 | 평점 | 도착 | 환승 |
|---|---|---|---|---|
| A사1 | 1,100$ | 4.9 | 7.23. | 없음 |
| A사2 | 870$ | 4.1 | 7.22. | 다른 공항 |
| B사 | 980$ | 3.8 | 7.23. | 같은 공항 |
| C사 | 690$ | 3.2 | 7.22. | 같은 공항 |
| D사 | 1,200$ | 4.4 | 7.24. | 같은 공항 |

① A사1
② A사2
③ B사
④ C사
⑤ D사

38. 다음 글과 <상황>을 근거로 판단할 때, <보기>에서 옳은 것만을 모두 고르면?

○ 교린이는 CPU, 램, 그래픽 카드, 저장장치의 4가지 항목을 평가하여 가족과 함께 쓸 컴퓨터를 한 개 사려고 한다.

○ 이때, 가족마다 각 항목에 부여하는 가중치가 다른데, 이는 다음과 같다.

<가족 구성원의 항목별 가중치>

| 구분 | CPU | 램 | 그래픽 카드 | 저장장치 |
|---|---|---|---|---|
| 아빠 | 3 | 3 | 1 | 3 |
| 엄마 | 2 | 2 | 2 | 4 |
| 교린 | 3 | 2 | 3 | 2 |

○ 총 점수는 각 요소와 그 요소의 가중치의 곱을 모두 합한 값이며, 총 점수가 높은 컴퓨터를 산다. 만약 총 점수가 같은 제품이 있다면 그래픽카드의 점수가 높은 것을 선택한다.

<상 황>

다음은 甲전자회사 카탈로그에 나온 컴퓨터들의 정보이며, 교린이는 이 컴퓨터들 중 하나를 선택할 생각이다.

| 구분 | CPU | 램 | 그래픽 카드 | 저장장치 |
|---|---|---|---|---|
| A | 3 | 1 | 4 | 2 |
| B | 4 | 2 | 1 | 3 |
| C | 1 | 2 | 2 | 5 |

<보 기>

ㄱ. 아빠의 기준에 따르면 B 제품을 구입한다.
ㄴ. 만약 컴퓨터를 두 대 산다면 C 제품은 어떤 기준에 따르더라도 구입한다.
ㄷ. 엄마의 기준에 따를 때, 만약 C제품의 저장장치 항목의 점수가 4점이 되면, 구입하는 컴퓨터는 달라진다.

① ㄱ
② ㄴ
③ ㄱ, ㄴ
④ ㄴ, ㄷ
⑤ ㄱ, ㄴ, ㄷ

[39~40] 다음 글을 읽고 물음에 답하시오.

체스는 2인용 보드게임으로, 바둑과 더불어 대표적인 마인드 스포츠로 꼽힌다. 체스의 승리 방법은 상대방의 킹을 공격하여 내 기물의 공격에서 벗어날 수 없는 체크메이트 상황으로 몰아넣는 것이다. 특이한 점은, 체스에서는 자살수, 즉 다음 차례에 곧바로 나의 킹이 잡히는 수를 둘 수 없다는 점이다. 만약, 그런 수 밖에 둘 수 없는 상태, 즉 체크메이트라면 그 상태에서 게임이 끝난다.

킹은 상하좌우와 모든 대각선으로 한 칸씩 이동할 수 있다. 퀸은 상하좌우와 모든 대각선으로 원하는 간큼 이동할 수 있다. 룩은 상하좌우로 원하는 만큼 이동할 수 있다. 비숍은 원하는 만큼 마음대로 이동할 수 있다. 나이트는 상하좌우 중 한 방향으로 한 칸, 그리고 그 방향의 양 대각선 방향 중 한 방향으로 움직이는 이동 패턴을 갖고 있다. 즉, 날 일(日)자로 이동 가능하고, 기물을 뛰어 넘을 수 있다. 폰은 1칸씩 전진만 가능하며, 첫회 한정으로 2칸 이동이 가능하다. 타 기물을 잡을 때에는 앞쪽 대각선으로만 공격할 수 있다. 다음 턴에 상대 기물을 잡을 수 있도록 행마하는 경우에 이를 공격한다고 표현한다.

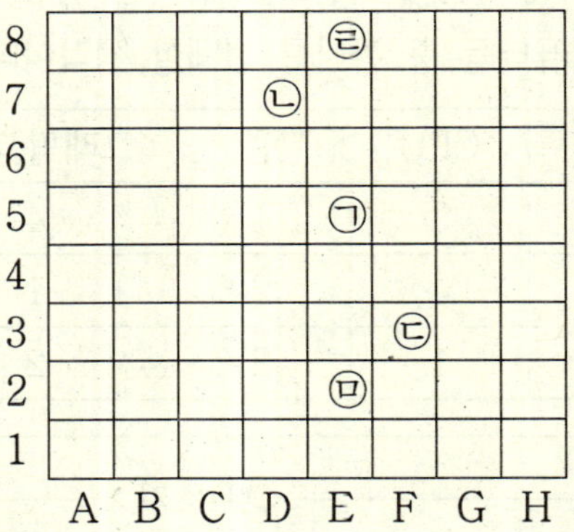

<그림 1>

체스는 8X8 보드 위에서 진행된다. 과거 체스대회 진행 시에 이를 기록하기 위해 행마와 기물의 위치를 표기하는 방법을 개발했다. 우선, 각 기물은 고유의 알파벳으로 표기한다. 킹은 K, 퀸은 Q, 룩은 R, 비숍은 B, 나이트는 N으로 표기하고, 폰은 P 등의 표기 없이 곧바로 기물의 위치만을 쓴다. 기물의 위치는 그 기물 표기 뒤에 해당 칸의 영어와 숫자를 기입하여 표기한다. 예를 들어 <그림 1>의 ㉠의 위치는 e5인 것이다. 또한, 기물의 행마를 표현할 때는 원칙적으로 이전의 위치를 표시하지 않는다. 즉, 나이트가 <그림 1>의 ㉡에서 ㉠의 위치로 이동하면, Ne5가 되는 것이다.

다만, <그림 1>에서 ㉡과 ㉢에 나이트가 있고, 다음 행마에 ㉠으로 나이트를 옮기게 된다면, 이는 ㉡의 나이트를 움직인 것일 수도, ㉠의 나이트를 움직인 것일 수도 있다. 이때는, 옮기기 전의 위치도 써주어야 한다. 이때도 위치를 전부 표기하는 것이 아니라, 좌표의 다른 부분만 쓰면 되는데, 알파벳을 우선하여 쓴다. 즉, ㉡에 있는 나이트를 ㉠으로 옮겼다면, Nde5로 써야 한다. 만약 <그림 1>에서 룩 두 개가 각각 ㉣과 ㉤에 있고, ㉣에 있는 룩을 ㉠으로 옮기면 이는 숫자 좌표만 달라졌기 때문에, R8e5로 표기하는 것이다.

만약 기물을 잡게 되면 기물 표기와 위치 표기 사이에 x를 넣는다. 즉, 나이트가 <그림 1>의 ㉠에서 ㉡의 위치로이동하며 기물을 잡았다면, Nxd7이 되는 것이다. 또한, 기물을 움직여 킹을 공격한 경우, 이를 체크라고 하는데, 이는 위치 표기 뒤에 +를 붙여 표기한다. 그리고 앞서 설명한 체크메이트는 위치 표기 뒤에 #을 붙여 표기한다.

이 외에도, 모든 표기 뒤에, 그 수를 평가하는 문자를 표기할 수 있다. 바로 !와 ?이다. !는 훌륭한 수에, ?는 실수에 쓴다. !!는 탁월한 수, !는 훌륭한 수, ?는 실수, ??는 블런더(심각한 실수)에 쓴다. 전략적으로 좋은 수지만, 보통 잘 쓰이지 않는 특이한 수라면 !?를 쓰고, 보통 잘 쓰이지 않고, 그 의도를 알 수 없는 전략적으로 부정확한 수는 ?!를 뒤에 붙인다.

39. 윗글을 근거로 판단할 때 옳지 않은 것은?

① 체스를 할 때, 킹은 잡히지 않는다.
② 킹이 움직일 수 있는 방향으로 원하는 만큼 움직일 수 있다면, 퀸과 같은 행마법이 된다.
③ 어떤 자리에서 나이트가 한 번 움직여 갈 수 있는 곳은 같은 자리에서 퀸이 출발한다고 가정할 때, 두 번 움직여야 갈 수 있다.
④ 폰이 a2칸에서 a4칸으로 움직였다면, 이는 Pa4로 표기하여야 한다.
⑤ !와 ?를 같이 쓴 표기더라도, !를 먼저 쓴 쪽이 전략적으로 더 좋은 수로 평가받는다.

40. 다음 <상황>에서 백의 움직임을 정확히 표기한 것은?

<상 황>

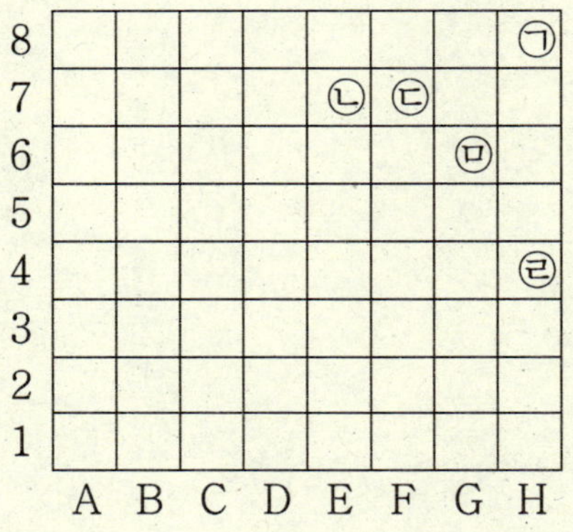


㉠에는 흑의 킹이, ㉡과 ㉣에는 백의 나이트가, ㉢에는 백의 퀸이 있다. 이 상태에서 백이 ㉡의 나이트를 ㉤으로 옮겨 체크메이트하였다.

① Ng6+
② Ng6#
③ N4g6+
④ Neg6#
⑤ N4g6#